2010年度教育部人文社会科学研究项目(编目:10YJA820112)

社会治安综合治理法治研究

肖金明　主编

山东大学出版社

图书在版编目(CIP)数据

社会治安综合治理法治研究/肖金明主编. —济南:山东大学出版社,2015.12
ISBN 978-7-5607-5438-3

Ⅰ. ①社… Ⅱ. ①肖… Ⅲ. ①社会治安综合治理—研究—中国 Ⅳ. ①D631.4

中国版本图书馆 CIP 数据核字(2015)第 307878 号

责任编辑:尹凤桐
封面设计:牛 钧

出版发行:山东大学出版社
社 址 山东省济南市山大南路 20 号
邮 编 250100
电 话 市场部(0531)88364466
经 销:山东省新华书店
印 刷:济南新科印务有限公司
规 格:720 毫米×1000 毫米 1/16
17 印张 301 千字
版 次:2015 年 12 月第 1 版
印 次:2015 年 12 月第 1 次印刷
定 价:36.00 元

目　录

导 论

社会治安综合治理由起初的社会治安工作思路，逐步发展为实现社会安全稳定的必由之路，从解决社会治安问题的基本工作方针，逐步发展为具有中国特色的社会管理模式。“坚持社会治安综合治理，是具有中国特色的治安方略，是解决我国社会治安问题的根本途径。”①“社会治安综合治理”之“社会治安”，关系着人民群众的生命、人身和财产安全，是社会安全体系中与人民群众切身利益息息相关的、最基本的安全。社会治安综合治理尽管有多个目标指向，但基本目标指向社会的基本安全，即与人民群众生产、生活密切相关的社会安全秩序，这是社会和谐文明安全稳定的前提和基础。“社会治安综合治理”之“综合治理”，就是指集中和整合各种力量和资源，包括政治、行政、司法、社会等各种力量，包括文化、制度、财政、人力等各种资源，采取和运用各种方式和手段，包括行政、经济、法治等各种方式，包括强制性、激励性、指导性等各种手段，综合有序地管理各类重大公共事务、应对各项重大公共需求以及处置各种重大社会问题，这是社会管理或者说社会治理的基本模式。毫无疑问，政府是社会治安综合治理的主导力量，社会管理在政府的基本职能体系中具有十分重要的地位；政法部门是社会治安综合治理的重要力量，从某种意义上讲，一直受到质疑的“严打”亦属于社会治安综合治理的一部分；社会组织是社会治安综合治理的基本力量，从某种意义上讲，社会治安综合治理体现了社会治理的一般规律和社会治安的特别逻辑，是新中国成立以来逐步形成和成熟的社会管理经验。

社会治安综合治理法治建设处于两个交叠的宏观命题之中，一个是平

① 汪永清:《完善社会治安综合治理体制机制》，载《求是》2015年第22期。

安中国建设，一个是法治中国建设。在平安中国建设的伟大实践中，社会治安综合治理是一项基础工程，是社会建设、社会治理创新和社会安全体系构建的重要内容。完善社会治理体制，构建社会治理格局，健全利益表达、协调和保护机制，完善社会信用体系，创新社会治安综合治理体制机制，管控社会稳定风险，维护社会秩序，以及安全发展和安全生产等，均以平安中国建设为目标，构成加强和创新社会治理的主体内容。[①] 在法治中国建设的伟大实践中，社会治安综合治理法治建设是一个重大项目，是全面推进依法治国、建设法治国家、建设法治社会的重要组成部分。坚持民主科学依法立法，以保证每一项关涉社会治安的立法能够反映规律、体现民意并符合宪法精神；坚持严格规范公正文明执法，以规范政府社会治安权力和保障公民、法人和其他组织与社会治安密切相关的各项权益；坚持依法独立公正司法，以维护社会公平正义和提升社会治安质量与水平；坚持推进全民守法由观念到实践，以加快建设法治社会，为社会治安综合治理奠定坚实的社会基础。这些均以法治中国建设为目标，构成全面推进法治中国建设的主体内容。平安中国建设与法治中国建设的交集，对创新社会治理和社会治安综合治理提出了新的命题。

一

社会治安综合治理形成的多途归一、多方合力、多法并用的经验已经被广泛应用到不少领域。“综合治理”已经成为一个多用词，不仅指社会治安方面的综合治理，还包括食品安全领域的综合治理、环境整治上的综合治理甚至税收环境方面的综合治理等。但一般地，综合治理首先就是指社会治安综合治理。创新是一个时代发展的永恒主题，社会治安综合治理也处在不断创新和发展过程中。社会治安综合治理理论与实践创新是一项系统工程，它是由思想观念创新、政策法律创新、体制机制创新、方式方法创新、能力水平创新、效果效应创新等构成的社会治安综合治理创新体系。

一是思想观念创新，就是要强调社会治安综合治理领域解放思想和观念创新的重要性，为社会治安综合治理创新发展提供足够的精神动力。既要树立、普及和强化相对于人治观念和法制观念的法治观念、相对于统治观念和管理观念的治理观念，与权力本位观念相对立的权利保障观念、与实体

---

① 参见《中共中央关于制定国民经济和社会发展第十三个五年规划的建议》，2015 年 10 月 29 日。

正义观念相对应的程序正义观念、与管理观念相对应的服务观念、与硬法观念相对应的软法观念，又要恢复、承继和坚守公仆观念、群众观念、政策观念、实质正义观念等传统观念，尤其需要处理好观念创新和观念传承的关系，融合政策观念与法律观念、权利观念和群众观念、程序正义观念与实质正义观念等。推进社会治安综合治理思想观念创新，重在创新和发展科学、完整的社会治安综合治理思想观念体系。

二是政策法律创新，就是要强调社会治安综合治理制度规范创新发展，将制度规范内容创新与制度规范体系创新结合起来，通过政策创新与法律创新，形成完整统一的社会治安综合治理制度规范体系，为深入推进社会治安综合治理创新，不断提升社会治安综合治理水平提供充分有效的制度保障。推进社会治安综合治理制度规范创新，首先要创建以职能体系和结构、职责和权限、过程和程序、后果和责任等连为一线的制度规范框架体系。其次要坚持法律创新和政策创新，推出良法善策，并且推进政策与法律关系创新，促进政策与法律兼容互动，重在形成科学合理的制度规范框架体系。再次要强调社会规范对社会治理和社会治安综合治理的价值和意义，将政策规范、法律规范与社会规范甚至道德规范协调统一起来，充分发挥社会规范和道德规范在社会治安综合治理过程中的作用，重在充实切实有效的制度规范内容体系。

三是体制机制创新，就是要重新改造社会管理不同方面、不同层面和不同侧面的关系，确立以职能分工明确、职责分配合理、职权分归得当为基础和以决策、执行、监督分离为特征的社会治安综合治理体制。既要完善和发展科学民主依法决策体制、综合治理和执法体制、有效监督问责体制，又要健全和完善行政执法和刑事司法衔接机制、管理和执法信息共享机制、责任落实和倒查机制，以及公众参与机制、政社协同机制、公私协作机制等，以体制机制创新为深入推进社会治安综合治理创新提供更加强大的动力。推进社会治安综合治理体制机制创新，必须加快构建更加完整的通过司法推进社会治安综合治理的机制，既包括通过行政诉讼制度和行政审判工作、行政检察制度和法律监督工作完善推进政府及其部门认真履行社会管理职能和社会治安综合治理责任的体制机制，也包括创设与“民告官”相对应的“官告民”的新诉讼机制和通过诉讼实施法律的新机制，为司法推进政府及其部门履行社会治安综合治理职责提供机制保证。

四是方式方法创新，就是要不断改进社会治安综合治理的方式和方法，强调方式的正当性和人性化、方法的多样化和综合性，促使负有社会治安综合治理职责的政府部门和政法部门更多地以服务的方式面向社会治安需求,以合作的方式面向社会问题,以着重说理和调解的方式面对社会争端和纠纷,以执法的方式体现社会管理,融服务于管理之中,以柔性执法替代刚性管理,适度利用公私合作方式,充分利用社会协作模式,防止选择性执法、运动式执法和"钓鱼式"执法等非常态执法方式,强化法治思维、法治方式和法制措施、法律手段在社会治安综合治理中的地位和作用,借力社会,借助民间,借用私力,还有社会自律、自治,实现社会治安综合治理新常态。创新社会治安综合治理方式方法,应当特别强调法治思维和法治方式对社会治安综合治理的意义。通过信息化方式、协议方式、诉讼方式、自治方式等有效达成社会治安综合治理目标,正在成为社会治安综合治理的新态势。

五是能力水平创新,就是要不断增强运用法治思维、法治方式、法律手段、法律措施推进社会治安综合治理工作的能力水平。根据政府职能转变、政法职能重构、社会组织职能转型的要求,重塑政府及其部门的社会管理职能和能力结构,重整政法部门的社会稳定职能及其能力体系,重建社会组织形态的自我管理、自我服务职能和自律、自治能力,尤其应当强化适应改革、发展和稳定需要的依法办事和群众工作的能力水平,或者说提升运用法治思维和法治方式解决事关群众利益的经济社会问题的能力水平,提升不同社会组织形态自我治理的能力水平。从一定意义上讲,行政执法队伍和司法队伍依法办事的能力水平决定着社会治安综合治理的效果水平。推进依法行政、公正司法能力水平创新,重在按照党的十八届四中全会决定关于建设"社会主义法治工作队伍"和"法治专门工作队伍"的总体要求,按照职业化、专业化标准,加强专业培训和职业教育,建立一支适应深入推进依法行政、保证公正司法需要的法治工作队伍。

六是效果效应创新,就是要重构社会治安综合治理的价值追求,创新社会治安评价指标体系和综合治理评估指标体系,追求社会治安综合治理的法治效果和善治效应。一方面,通过社会治安综合治理实现兼顾公平与效率的协调效果,同时实现管理与服务的双重效果以及法律效果、社会效果、政治效果相统一的综合效果;另一方面,以社会治理创新和社会治安综合治理的需求推动科学立法,以政府和政法依法运作促进社会治理创新,以推进依法行政、法治政府建设和保证公正司法、司法文明建设,带动法治社会建设和社会治安综合治理法治建设。推进社会治安综合治理效果效应创新,通过有效的治理过程达成良好的治理效果,就必须发挥法治精神、原则和制度引领、指导和规范作用,充分运用法治方式、方法和法律手段、法律措施,将自由、平等、公正、法治的核心价值与政府管理和政法工作有机统一起来，将政府、政法和社会治理密切连接起来，将政府、市场、社会治理三者紧密结合起来，通过民主化、科学化、法治化、现代化的治理，促进国家和社会共同走向善治状态。

毫无疑问，创新和发展社会治安综合治理，必须坚持社会治安综合治理规范化、制度化和程序化的方向。创新社会治理，提升社会治安综合治理水平，有必要更加明确社会治安综合治理法治概念，并强调它的重要性。① 社会治安综合治理法治可以简称为“治安法治”“综治法治”等，意味着法治理念、法治思维、法治规范、法治机制、法治方式、法治方法、法治能力、法治效果等在社会治安综合治理中的地位和作用。治安权力不能滥用，应当纳入法治轨道；要善于运用法治思维和法治方式应对社会治安问题；完善和发展信访制度，规范和保障信访权利的行使；完善行政处罚制度与刑罚制度的无缝隙对接，促进行政执法与刑事司法有效衔接；完善人民调解、社会调解、行政调解、司法调解组构的大调解格局②，有效应对各类社会矛盾和纠纷；将群众工作能力和依法办事能力结合起来，充分发挥法律手段和措施在社会治安综合治理中的作用；要贯彻社会效果与法律效果统一的原则，在社会治安综合治理中达成法治效果和善治局面；等等。社会治安综合治理法治建设，是社会治安综合治理理论与实践创新的重大课题。具体而言，在全面推进依法治国的进程中，社会治安综合治理必须遵循既定方针，按照依法治理的要求，善于从人民主体地位和权益上着想，从法治价值及其实现的意义上着眼，从法治方式、法律手段上着力，在制度规范框架内面对社会治安问题，不断提高运用法治思维和法治方式维护社会稳定的能力，采取法治方式和法律方法来协调社会关系，化解社会矛盾和纠纷，维护社会平和与稳定，依法推进人民内部矛盾的解决，依法严厉打击各种犯罪活动，创新社会治安综合

---

① 尽管很少有人使用“立法法治”“执法法治”“司法法治”的说法，但立法、执法、司法应当受到法律规制是不言而喻的。立法不贯彻法治就难以做到科学立法，难以为良法善治奠定制度基础；执法不贯彻法治就无法做到严明执法，无法实现严格规范公正文明执法；司法不贯彻法治就不能保证公正司法，不能保证依法独立司法以实现维护社会公平正义的使命。所以，将立法权、执法权、司法权纳入法治轨道，是全面推进依法治国的传统课题。人们说当今时代是“互联网＋”的时代，我们认为它更是一个“＋法治”的时代。所以就有了“决策法治”“执行法治”“监督法治”的提法，就有了“安全法治”的说法，当然也就有了“社会治安综合治理”的概念。

② 从化解社会矛盾的角度看，社会仲裁是社会治安综合治理体制中的新兵，仲裁调解是大调解格局中的新成员。就调解法治而言，健全由人民调解、社会调解、行政调解和司法调解组构的大调解格局，是完善社会治安综合治理体制和加强社会治安综合治理法治的重要表现。

治理工作格局，创造良好的社会治安新常态。

二

完善党委领导、政府主导、社会协同、公众参与、法治保障的社会治理体制，推进社会治理精细化，构建全民共建共享的社会治理格局，是创新社会治理的主线。在平安中国和法治中国建设进程中，应当根据社会治安综合治理的基本规律和实践经验，逐步健全和完善党委领导、人大主导、政府负责、政法保障、社会协同、公众参与的社会治安综合治理新体制。

一是推进社会治安综合治理法治建设，坚持和改善党对社会治安综合治理工作的全面领导。社会治安不仅是一个重大的社会问题，也是一个重大的政治问题。无论是从党委领导、政府负责、社会协同、公众参与、法治保障的社会治理体制讲，还是从党政统一领导、综治机构组织协调、各部门各方面各负其责与齐抓共管、广大人民群众积极参与的工作格局看，无论是综合治理社会治安的重大决策部署、社会治安综合治理的观念更新，还是社会治安综合治理工作方针的调整完善，都充分体现了党的领导的首要性和关键性。党统揽全局、协调各方，领导社会治安综合治理的各项工作，制定社会治安综合治理大政方针，通过组织领导和思想领导推进社会治安综合治理的各项工作。我党关于“提高社会管理科学化水平，必须加强社会管理法律、体制机制、能力、人才队伍和信息化建设”“创新社会治理，必须着眼于维护最广大人民根本利益，最大限度增加和谐因素，增强社会发展活力，提高社会治理水平，全面推进平安中国建设，维护国家安全，确保人民安居乐业、社会安定有序”“坚持系统治理、依法治理、综合治理、源头治理，提高社会治理法治化水平”等重要论断，对社会治安综合治理具有重大的现实和深远意义。

二是推进社会治安综合治理法治建设，充分释放人民代表大会制度在社会治安综合治理中的政治效应。人民代表大会制度是我国的根本政治制度，是中国特色社会主义政治文明建设的制度保障，是全面加强民主政治和全面推进依法治国的基本依托，也是推进国家治理现代化和社会治理现代化的基本依循。创新社会治理，推进社会治安综合治理法治建设，必须紧紧依靠人民代表大会制度，充分发挥各级人民代表大会组织在社会治理创新和社会治安综合治理中的作用。创新社会治理，推进社会治安源头治理、依法治理、系统治理、综合治理，必须发挥立法的引领和规范作用，平衡社会治安综合治理中的权力与权利关系，必须发挥立法的规范和保障作用。人民代表大会主导地方治理、基层治理和社会治安综合治理，就是要充分发挥立法职能，包括对社会治安综合治理重大问题的决策职能；政府和政法共同构成宪法确立的一府两院体制，一府两院由人大产生，对人大负责，受人大监督，各级人大要监督实施与社会治安综合治理相关的法律法规执行情况，以监督职能体现主导地位。

三是推进社会治安综合治理法治建设，坚持以政府及其部门依法履行社会管理职能为基础。在全面推进依法治国战略实施的伟大实践中，社会治安综合治理法治建设必须与深入推进依法行政、加快建设法治政府相结合。推进社会治安综合治理法治建设，需要强化政府社会管理职能，完善社会管理职能体系和结构，进一步厘清政府社会管理职责权限，明确政府及其部门社会管理的权力清单和责任清单。在全面深化改革政府与社会关系过程中，培育和发展社会组织，让社会在社会治理中发挥基础性作用。[①] 适应政府职能转变，与社会治安综合治理相适应，进一步完善综合执法体制机制。完善管理和执法规程，做到依法行政，实现依法独立、严格规范、公正文明执法。坚持重大治安决策于法有据，做到社会治安综合治理政策出台必经公众参与、专家论证、风险评估、法制审查和集体讨论决定等环节，推进社会治安综合治理信息公开，加强对社会治安综合治理领域行政执法的法治监督，确保在社会治理中的执法到位，防止社会治安综合治理中的政府缺位。

四是推进社会治安综合治理法治建设，坚持发挥政法各部门在社会治安综合治理中的法治保障作用。无论是化解社会矛盾纠纷，还是打击各类刑事犯罪，均与社会治安综合治理密切相关。政法各部门是社会治安综合治理体制中的主要成员，它们通过履行法律职能，依法独立公正行使司法职权，化解社会矛盾纠纷，依法打击刑事犯罪，维护社会公正和社会稳定，在社会治安综合治理中发挥职能作用。推进社会治安综合治理法治建设，也应当要求政法各部门明确与社会治安综合治理有关的权力清单和责任清单，以政法职能和法律为依据，在“政府的归政府，政法的归政法”的前提下，在着重划清政府及其部门与政法部门的职能界线的基础上，明确它们在社会治安综合治理中的地位和作用，建立政府与政法的分工协作体制机制。政

---

① 全面深化改革的主题是改善政府与市场、社会的关系。在政府与市场的关系上，贯彻法不禁止即自由、法不授权不可为的法治原则，让市场在经济生活中发挥决定性作用；在政府与社会的关系上，应当贯彻“法不干预必自律，政府干预有法据”的法治原则，让社会在社会治理中发挥基础性作用。

法部门必须转变或者说重构职能体系，凡需要政府及其部门履行社会管理职责的，政府及其部门不能缺位，政法部门也不能替位。政府、政法组织各就各位，是社会治安依法治理、系统治理的根本要求。

五是推进社会治安综合治理法治建设，坚持发挥社会组织和社会规范在社会治安综合治理中的基础地位和作用。要充分重视基层群众性自治组织、城乡社区、社会单元以及各类新生社会组织在社会治安综合治理中的基础性作用，使其成为社会治安综合治理必须依靠的社会力量。一方面，在由熟人社会向陌生社会转型过程中，要充分发挥各类社会组织在社会治安综合治理中的作用，包括在社会治安领域引入志愿机制，像首都治安巡逻志愿者协会一样的公益事业志愿者组织介入社会治安综合治理体制，成为社会治安综合治理体制的新生力量[①]，形成政府、政法组织与社会组织、单元良性互动的局面；另一方面，要加强社会组织、单元自身建设，重构社会组织规章制度体系，逐步形成和加强社会自律、自治体制机制，为社会治安综合治理奠定坚实的社会基础。

六是推进社会治安综合治理法治建设，坚持发挥社会公众在社会治安综合治理中的主体地位和作用。无论国家治理还是地方治理，无论社会治理创新还是社会治安综合治理创新，都必须实践民主治理原理，突出人民在社会治安综合治理中的主体地位，使社会治安综合治理不仅为了人民，为了人民的财产和生命安全，为了满足人民群众对安定环境、安全需要和安宁生活的需求，而且要紧紧依靠人民，使“广大人民群众积极参与”成为全民共建共享的社会治理格局和社会治安综合治理工作格局不可或缺的组成部分。在社会治安综合治理工作中实践“为了人民，依靠人民”的民主原则，就必须加强社会治安综合治理法治建设，用法治思维和法治方式拓展公众参与社会治安综合治理的途径和渠道，完善公众参与社会治安综合治理的机制和

① 2006年成立的首都治安巡逻志愿者协会是由北京市热爱社会公益事业，志愿参加基层社会治安巡逻防范工作的各界人士共同组成的全市性社会团体。首都治安巡逻志愿者协会在区县、街乡镇、社区村组建了治安志愿者分会、工作站和工作队，大力发展群防群治队伍，还在建设、交通、旅游、商务、宣传文化等重点行业系统建立了治安志愿者组织，动员组织了行业系统治安志愿者10万人，有效加强了行业系统的内部安全防范。治安志愿者组织接受首都社会治安综合治理委员会办公室及北京市民政局的指导、管理和监督，有自己的会歌、会徽、章程及相关的工作制度，坚持自我管理、自我服务，依托综治工作的体系框架，对各层次、各领域、各方面的社会力量进行动员整合，治安志愿者队伍已突破80万人。

形式，依法保障社会公众的知情权、参与权、建议权和监督权[1]，依法激励社会公众成为社会治安综合治理的“朝阳群众”[2]。

三

社会治安综合治理制度的形成、转型与发展，依循着制度变迁的基本逻辑。改革开放以来，社会治安之所以需要综合治理，必然是基于社会治安的现实需要，这是社会治安综合治理制度形成和发展的逻辑起点。以当前的眼光看，综合治理是法治在善治面向上的追求，但在法治化进程中，社会治安综合治理经历了一个从过低的制度化走向较高的制度化的过程。在社会的安全需求上，综合治理是主线，但其制度实践必将与法治思维和法治方式相结合，最终以“善治、共治和法治”的治理理念和模式融入现代法治，成为法治运行的重要组成部分和重要表现形式。

新中国成立初期，我党通过分散社会的再组织化确立起现代转型的国家治理体系的逻辑起点，通过组织化调控方式实现权力组织网络的全面渗透和国家政权体系的建立，社会治安及其治安效果也正是在这个体系架构下通过政治运动与权力组织网络互动得以实现。但问题在于，与革命战争年代通过武装斗争夺取政权不同，新中国成立后的主要任务是国家建设与经济发展。为此，从民主因素中孕育而成的党的权力组织网络将经济、社会、文化等一切要素进行了政治内卷化，组织化调控和运动式治理成为执政者治理常态。到“文革”的特殊时期，国家机构体系，特别是公检法机构被砸烂，社会治安治理的法制化机遇则转瞬即逝。这是改革开放前社会治安法治化发展的权力困境所在。具体而言，一是公检法权力的实用关系替代了公检法权力的制度关系，二是组织化调控的功能弥散与效能递减。当组织化调控与制度化悖论在实践中走向极端，政治动员以非体制性、权力意志性的方式出现时，群众动员和大众参与的民主将无法实现对政权组织的制度化约束，政治运动最终由于缺少足够的激励和约束机制而流于形式化，最终

---

① 2015 年 4 月 13 日，中办国办印发《关于加强社会治安防控体系建设的意见》，其中包括“积极扩大公众参与”的标题，提出依法保障公众的知情权、参与权、建议权和监督权等内容。但是鉴于该文件本身的行政指导性质，不仅内容中没有权利行使的具体程序机制规定，也没有对权利人的救济途径进行指引。

② “朝阳群众”在首都社会治安综合治理中发挥了重要作用。无论是引起社会舆论关注的明星涉毒案件，还是小到路边猜瓜子诈骗的治安警情，因被“朝阳群众”举报而被警方打击惩治的案件已不胜枚举。有网友戏称“朝阳群众”成为继中情局、克格勃等世界王牌情报组织之后的又一“王牌”。

削减政治运动的治理效能。在突破功效的边际界限后，其后果是对社会价值信仰体系、社会的结构关系、社会发展逻辑以及制度的权威维系的颠覆性破坏。

重建国家治理体系是人民对安定环境、安全秩序和安宁生活的需要。如何重组民主、权力、组织和制度要素并决定国家治理和发展的进路，是我党当时的重要选择。随着法治的兴起，在知识与权力层面上，作为"迂回隐蔽而又精致"的现代社会新型治理术，法律制度在多种权力技术中初显主导地位和制约权力的功能。社会治安综合治理方针的确立，是"严打"局限性反思与超越后的治理选择，同时也是法治技术与"严打"方式较量的结果。

与1980年代初期主要解决"文革"遗留的社会治安后遗症不同，1990年代中期以来市场化改革导致社会开始出现阶层分化，不同的利益群体必然出现不同的利益诉求和不同的价值取向，体制改革也带来了"弱势群体"的概念及其实体化。由于价值多元化、社会诉求机制缺失、社会保障机制缺失，各种新的社会问题、社会矛盾不断集聚，逐渐形成社会矛盾高发与凸显的状态。这是市场化改革以来国家和社会转型的结构性矛盾所产生的社会治安问题。基于实用主义的功效以及更加高发的社会治安现实问题，社会治安综合治理得以进一步强化。但对社会治安问题背后的结构性变化和矛盾产生，以及社会治安依法治理和综合治理法制运行的制度功能并没有清晰的认识，社会治安综合治理的体制机制以及权力运行在一定程度上仍停留在一元结构下政法治理思维模式中，这就意味着社会治安综合治理在很大程度上仍然趋附于政治稳定的价值取向。而实际上，在"国家—社会"二元结构逐渐形成过程中，社会稳定已经成为社会治安的核心内涵，社会治安综合治理应当逻辑地指向以社会公众为安全需求主体和与社会治安高度关联的社会稳定。

新世纪的第一个十年，社会治安综合治理实践中逐步延展空间，平安建设成为社会治安综合治理的重要导向。[①] 平安建设是社会治安综合治理制度转型的一个探索与先声。平安建设从性质上所要撬动的核心问题是调整经济社会关系的法律和政策，这是解决结构性矛盾所呈现的社会治安问题的基础和前提，因此平安建设着眼于经济社会发展中的社会治安模式与体制问题，实际上涉及了社会发展模式与社会治理的问题，尽管其最初并非具

① 平安建设的核心诉求在于：如何重点直面和直接解决人民群众最关心、最直接和最现实的利益问题，如何平衡不同群体的利益诉求和怎样化解由此而生的矛盾纠纷，如何建构利益诉求表达、社会利益协调和社会纠纷调处等。

有促动调整经济社会发展模式的原意，但从社会治安切入，平安建设确实开始以社会层面的稳定、公共安全和公众安全需求为指向展开。这从一个角度和侧面折射出社会治安综合治理在全面法治建设中的逻辑和功能。作为新近的一个趋势，社会治安综合治理与社会管理创新、社会治理创新密切联系，当然也与平安中国建设高度关联。2011 年，社会治安综合治理一度被置于社会管理创新框架下进行考虑。从反思的角度，首先是对社会管理的认识。相对于社会治安而言，社会管理更具有基础性，所涉及的领域和范围也更宽更广。在治安综治中，管理是其重要环节和内容，但属于传统的行政管理且仅限于与治安相关的行政管理。平安建设使得社会管理得到新的认识和重视，社会管理功能重建和社会和谐稳定之间不断建立起高度关联。

社会管理体制有效性为社会治安秩序提供良好的环境条件。社会管理是社会治安的基础性工作，强调社会管理的综合治理，实际上是社会治安对社会面向的回归和重视。从一定意义上讲，强调社会管理的综合治理有可能使社会治安在社会面向上得以改善并促进社会治理的发展。在社会治安综合治理实践的转型发展中，"治理"理念的变迁在一定程度上是对经济社会发展关系的反思，这与以市场化竞争为动力的法治建构的反思具有一致性。社会治安综合治理在不断促进法治的善治追求，而法治也在不断提升社会治安综合治理的制度化程度。梳理和分析综治的形成、进展和转型发展的制度演进，可以认为，社会治安综合治理与法治是中国法治建设的不同面向，两者基于新的历史阶段国家治理和经济社会发展孕育而出，在彼此交织中不断发挥各自对于经济社会整体的制度功能，也在相互促进和作用下构成中国特色社会治理体系的重要组成部分。

四

在改革开放初期，社会治安问题非常突出，影响着民心和社会稳定，也干扰了改革开放的进程，中央为此提出综合治理社会治安问题的思路。1981 年，在中央政法委员会召开的座谈会上第一次出现"综合治理"这一术语。[①] 在 20 世纪 80 年代，综合治理社会治安的工作一直处在不断探索实践中，积累了不少经验，当然也存在不少问题。1991 年，在总结经验和不足的基础上，两个有关社会治安综合治理的决定出台，一是中共中央、国务院发

① 1981 年 5 月，中央政法委员会召开北京、天津、上海、广州、武汉五大城市的座谈会。会议认为，综合治理是解决社会治安问题、实现长治久安的方针。解决社会治安问题，必须全党动员，实行综合治理。这是首次在社会治安问题上提出"综合治理"的概念。

布的《关于加强社会治安综合治理的决定》,二是全国人大常委会第十八次会议通过的《关于加强社会治安综合治理的决定》。社会治安综合治理是中央总结历史经验教训提出的社会治安工作的正确方针,它是解决我国社会治安问题的根本出路。1991 年,中央社会治安综合治理委员会成立,继而从中央到地方甚至各企事业单位、各社区都成立了相应的综治组织,开展了全面的社会治安综治工作。这些系列重大举措标志着我国社会治安综合治理的历史发展进入了新的阶段。两个"决定"作为社会治安综合治理的纲领性文件,把执政党的战略决策用法律文件的形式加以确定,我国社会治安综合治理初步走上了法制化轨道。经过十几年的社会治安综合治理实践,社会治安综合治理工作着力解决影响社会治安的突出问题,有力地维护了社会政治稳定,对促进经济发展和社会进步起到了重要作用。实践证明,加强社会治安综合治理是建立和保持良好的社会治安秩序、维护社会政治稳定的基本方针,是解决社会治安问题的根本途径。2001 年 9 月,中共中央、国务院发布《关于进一步加强社会治安综合治理的意见》,充分肯定了社会治安综合治理的积极意义,将进一步加强社会治安综合治理工作,提升到落实"三个代表"重要思想的必然要求的高度。在随后十几年的实践中,平安建设成为社会治安综合治理的主要导向,而社会管理创新也带来了社会治安综合治理观念和体制上的变化。随着创新社会管理的实践需求和政法职能的扩充,2011 年,中央决定将"社会治安综合治理"更名为"社会管理综合治理",由"社会治安"到"社会管理",初衷是扩大了综合治理的范围,但社会管理综合治理委员会的职能实质上仍然主要致力于社会秩序的平安。

党的十八大以来,社会治安综合治理进入一个全新的状态。党的十八大提出:"提高社会管理科学化水平,必须加强社会管理法律、体制机制、能力、人才队伍和信息化建设。"

党的十八届三中全会通过的《关于全面深化改革若干重大问题的决定》指出:"创新社会治理,必须着眼于维护最广大人民根本利益,最大限度增加和谐因素,增强社会发展活力,提高社会治理水平,全面推进平安中国建设,维护国家安全,确保人民安居乐业、社会安定有序。"党的十八届四中全会通过的《关于全面推进依法治国若干重大问题的决定》指出:"坚持系统治理、依法治理、综合治理、源头治理,提高社会治理法治化水平。"党的十八届五中全会通过的《中共中央关于制定国民经济和社会发展第十三个五年规划的建议》也强调指出,要"完善社会治安综合治理体制机制"。党的十八大以来,社会治安综合治理观念和体制发生了一些变化。2014 年 7 月 15 日,中央政法委书记孟建柱在司法体制改革试点工作座谈会上宣布：中央决定，将中央社会管理综合治理委员会恢复为中央社会治安综合治理委员会，目的是为了集中精力抓好平安建设。如前所述，社会治安综合治理与社会治理创新、政府社会管理职能密不可分。政府转变职能的一个重要趋向就是强化社会管理职能，这需要将政府职能与政法职能统一起来加以规划，既要防止政府与政法部门之间过密交集，避免以政法工作替代政府运作，又要形成政府与政法的无缝隙对接，政府与政法协调一致地推进社会治安综合治理。推进社会治安综合治理法治建设，需要进一步健全和完善社会治安综合治理体制机制，尤其应当进一步明确社会治安综合治理机构的枢纽地位和职能作用，明确社会治安综合治理工作指针。

一是关于社会治安综合治理委员会职能定位。在国家层面，中央社会治安综合治理委员会功能定位于“协助党中央、国务院领导全国社会治安综合治理工作”，职能从属于党中央和国务院，性质属于跨部门协调组织，其实体性办事机构与中央政法委合署。在省级地方层面，省（自治区、直辖市）社会治安综合治理委员会是省（自治区、直辖市）委、省（自治区、直辖市）政府的议事协调机构，负责协调、指导各地各部门贯彻落实省（自治区、直辖市）委、省（自治区、直辖市）政府关于加强和创新社会治安工作决策部署，重点协调、推动涉及多个部门的社会治安重要事项的解决；对各地各部门开展社会管理工作情况进行督导检查；总结推广各地各部门在社会管理工作中的成功经验和做法；加强对社会管理有关重大问题的研究，提出加强和创新社会管理的重大政策措施建议；协调、指导社会管理法律制度建设；办理中央社会治安综合治理委员会以及省（自治区、直辖市）委、省（自治区、直辖市）政府交办的其他事项。设区的市、行署、自治州以及县、区、自治县（旗）的社会治安综合治理委员会的职能也是聚焦在维护所辖行政区的和谐稳定工作，“全面深化平安建设”，“着力排查调处矛盾纠纷，着力创新社会管理，着力完善社会治安防控体系，着力加强基层基础建设”，全面推进政法综治维稳工作。

二是关于社会治安综合治理的工作指针。一般说来，对社会治安综合治理实践考察，可以以 1981 年初现“综合治理”概念、1991 年出台两个关于社会治安综合治理的决定、2001 年出台《关于进一步加强社会治安综合治理的意见》和 2011 年“社会治安综合治理”更新为“社会管理综合治理”为节点。对社会治安综合治理工作指针的考察分析与这些时间节点基本接近。改革开放之初到 1991 年，这个阶段社会治安综合治理的工作指针是“打防并举，标本兼治，重在治本”。1991～2003 年，社会治安综合治理的工作指针调整为“打防结合，预防为主”。2004～2013 年，社会治安综合治理工作指针进一步细化为“打防结合，预防为主，专群结合，依靠群众”。2014 年以来，自从党的十八届三中全会提出国家治理体系和治理能力现代化以来，社会治安综合治理整体上也在发生变化，总的目标和总的要求聚焦“平安中国”建设，注重运用法治思维和法治方式解决平安中国建设中的问题，不断创新社会治理方式方法，确保社会既充满活力又和谐有序。

五

社会治安综合治理是维护社会稳定、化解社会矛盾的重要途径之一，加强社会治安综合治理的研究对于构建和谐社会的意义不言而喻。改革开放三十多年来，社会治安综合治理各项工作不断落实，并随着形势的发展逐渐被赋予新的内涵，走出了一条维护社会治安、保持社会稳定的具有中国特色的新路径，在很大程度上满足了人民群众对安定环境、安全秩序、安宁生活的需求，也为改革开放和社会主义现代化建设营造了和谐稳定的社会环境。当然，这与地方的实践探索与创新有密不可分的关系。对社会治安综合治理的研究，既需要高屋建瓴的理论分析，又需要脚踏实地的实践考察。我国社会治安综合治理实践的主阵地在地方，上层理论构建和制度设计的灵感源头也在地方，对社会治安综合治理地方实践的考察与总结，对于社会治安综合治理的理论研究与问题解决，无疑是十分必要的。

全国各地在社会治安综合治理领域都进行了积极的探索和有益的实践，甚至可以说，地方的社会治安综合治理实践与国家的社会治安综合治理方略的提出与推进相伴始终。社会治安综合治理的制度创新与实践创新都源于地方实践，社会治安综合治理方略的理论创新与制度完善离不开地方实践的探索与检验。地方社会治安综合治理相关地方立法也取得了显著成效，使各地的社会治安综合治理工作基本做到了有“法”可依。社会治安综合治理的地方性法规和规章在一定程度上为规范和保障地方社会治安综合治理工作的顺利进行发挥了重要作用。与此同时，随着社会的发展和科技的进步，社会治安也面临很多新问题，综合治理也出现很多新理念和新举措，地方实践也随之产生很多创造性尝试。

从 1991 年至今，除港澳台外，全国 31 个省、直辖市、自治区均通过地方立法推进社会治安综合治理。根据中国法律法规检索系统的数据统计，目前以社会治安综合治理为调整对象的地方性法规共有 88 部。从制定时间来看,社会治安综合治理地方立法落后于地方社会治安综合治理工作的开展,一些在实践中行之有效的制度尚未在立法中予以体现。社会治安综合治理地方立法存在着与实践脱节的情况,难以满足不断发展变化的社会出现的新情况、新问题。社会治安综合治理地方立法必须紧紧跟随社会治安综合治理发展的步伐,针对由经济发展、思想多元、利益冲突等因素引起的社会关系的变化,社会治安综合治理地方立法应当及时调整其调控的重点、方式和内容,使社会治安综合治理地方性法规的规范作用适应社会治安综合治理的内涵变化及社会发展的需要。我国各地的社会情况、经济发展水平差异较大,不同的省、直辖市、自治区制定的社会治安综合治理法规也各有特色,但各地的地方性法规总体上来说仍是以全国人大常委会《关于加强社会治安综合治理的决定》为蓝本制定的,因而也具有相同之处。各地方立法,无论是在结构形式上,还是在总则、分则和附则内容上,既具有较强的一致性,又具有一定的差异性。比如总则中,《山西省社会治安综合治理条例》中关于县级人大常委会应加强对条例实施的监督的规定,以及新疆维吾尔自治区地方性法规中关于治安实绩入政和一票否决权制的规定,便具有一定的地方特色。在分则中,像北京市、上海市等外来人口容易流入的地方,地方性法规就有关于流动人口管理制度的规定,而像新疆维吾尔自治区和西藏自治区这样处于国家的边境地区同时又多少数民族聚居的地方,法规就重点规定了边境管理制度和宗教事务管理制度,目的是着重加强对边境安全和民族团结的维护。

地方是我国社会治安综合治理开展的前沿阵地,也是综治创新的关键领域,地方党委和政府便成为地方综治创新的关键主体。各地方党委和政府首先在社会治安综合治理理念方面有所突破,并在实践检验的基础上进行了有益的经验传播,逐步推广至全国,目前已经形成了法治、以人为本、和谐与协调和重在基层等理念共识。上述基本理念中,法治理念已经成为所有理念中的核心理念,处于优先地位。“完善相关立法”“依法综合治理”“依法解决纠纷”“开展以法治村”等制度举措已经成为地方社会治安综合治理领域的理论热词。地方各级党委和政府同样认识到以人为本理念的重要性,并将其运用到社会治安综合治理之中。其中,最重要的体现就是服务民生举措在综治领域中的大量运用。在我国服务型政府建设背景下,社会治安综合治理正由管制式向公共服务式转变。以富民、安民为依托,加快平安建设成为各地方普遍坚持的综治指导思想和基本方略。和谐与协调的理念也是综合治理必须秉承的基本理念,否则就算不上综合治理。制定区域综治整体规划、建立健全安全防控体系、切实形成齐抓共管局面、扩充群防群治力量、构建社会治安服务多元供给机制等创新性举措，都是和谐与协调理念的具体体现。在顶层规划设计的指引下，切实提升基层工作的长效性，夯实基层基础建设，是地方社会治安综合治理长期工作中总结的基本经验，也是地方在社会治安综合治理实践中发挥核心作用的重要领域。在上述基本理念的指引下，地方进行了积极的制度创新，在实践探索的基础上形成了目标管理责任制和领导责任制、群防群治原则制度化、治安评估制度、经费保障制度等一系列行之有效、彼此结合的具体制度，并向全国推广。而在制度创新涌现的同时，如何通过立法实现各种制度的整合，保证其合力作用，是摆在各地立法机关面前的一个重要难题。在立法时，着重把握各项制度之间的内在联系，加强有关制度的关联性，形成制度的协调与衔接机制，是推进社会治安综合治理法治建设的重点工作。社会治安综合治理的实践创新成熟后上升为制度，而在制度固化为地方立法的同时，地方社会治安综合治理的实践创新并未停止。目前，地方党委和政府正在进行社会治安综合治理市场化、社会治安综合治理社会化、社会治安综合治理信息化三方面的摸索创新，并且已经取得的一定的成效，尤其是社会治安综合治理信息化方面，成果显著。

随着时代发展、经济腾飞和社会进步，在极大丰富物质生活的同时又带来更多的社会问题和稳定隐患，地方面临的社会治安问题日益严重，已经取得的社会治安综合治理的创新性成果又面临过时的危险。与此同时，随着法治国家、法治政府、法治社会一体建设的稳步推进，社会治安综合治理工作面临自我革新和自我发展的迫切需要。这迫切要求地方党委和政府在社会治安综合治理领域加快创新脚步，继续实践探索和制度完善。目前可见的社会治安综合治理的地方发展大趋势，一是地方立法体制的逐步完善，二是社区治理的重视与强化。社会治安综合治理的地方立法仍存在着整体规模质量落后、发展不均衡、缺乏可操作性等问题。现有的社会治安综合治理地方立法已经难以满足现代社会的要求，再加之社会治安综合治理工作涉及面广，需要协调数十个部门的工作，在立法技术上就有更大的难度，这些因素致使已有的社会治安综合治理地方立法大多不合时宜。地方立法体制的完善需要坚持立、改、废相结合的原则，通过加强立法理论和技术研究，提高立法质量，同时加强社会治安综合治理地方立法协调机制建设。而在社会治安综合治理的实践方面，地方党委和政府已经逐步认识到社区治理在社会治安综合治理中的重要地位，社区治安维系的好坏直接关系到整个社会治安综合治理的成败。我国一些地方已经在社区治安治理中引入治安承包、市场供给等依赖市场机制的模式,也开始在社区试点居民自发提供社会治安服务的工作。不同于社会治安服务由政府单一供给的传统模式,社区自治为主的治安治理方略有其独特优势,通过社区自治体系的完善推进社区治安治理工作,也是地方正在摸索的重点领域和方向。

六

客观而言,“治安问题是社会诸多矛盾的综合反映。只要有阶级存在,有利益冲突,社会治安问题就不可避免”①。世界上许多国家和地区在经济社会发展过程中,几乎普遍经历过“经济发展→犯罪上升→治安恶化”的怪圈。世界不同国家和地区所面临的社会治安难题不同,其应对社会治安的策略和措施也有所不同。当然,世界各地也有许多共性的社会治安问题,在社会治安领域的不少经验可以交流和共享。② 西方国家 20 世纪 70～90 年代的治安私营化趋势、社区自治运动和警务运动与我国社会治安综合治理的理念存在一定程度的契合,具有较强的借鉴意义。③

一是关于社会治安治理与私营化问题。从世界范围来看,越来越多的国家将部分政府职能委托给私人执行,20 世纪 80 年代以来体现得尤为明显。④ 不但某些“扩展型”的政府职能逐渐回归社会,比如,很多社会监管职能和经济监管职能,已经有相对完善的法律和制度对其委托的主体、事项、程序等内容作出规范⑤;即便是更为传统的政府职能,如治安保障、抢险救

---

① 王力丁:《关于进一步加强社会治安综合治理的几个问题》,载《中国特色社会主义研究》2000 年第 12 期。

② 从近十五年来的文献看,西方学者研究的治安问题主要围绕恐怖分子与恐怖组织引发的治安问题、移民政策变化与难民潮引发的治安问题、私营安保公司军事服务引发的治安问题,等等。尽管上列问题目前还不是我国社会治安领域面临的迫切问题,借鉴价值并不明显,但着眼于特殊地区局部地看,或者用发展的眼光看,上述问题及其应对经验仍有重要意义。

③ 关于国外社会治安情况的介绍和分析,主要是基于 20 世纪 80 年代的国外学者的作品和近年来探讨私营化、社区自治等社会治安问题的国内学者作品。从结构安排上来说,由于私营化趋势、社区自治运动和警务运动是普遍出现在西方国家的现象,故本书并未以国家作为区分标准。

④ See Richard Frankel, “Regulating Privatized Government through 1983,” *The University of Chicago Law Review*, Vol. 76, No. 4, 2009, pp. 1449-1516.

⑤ 所谓扩展型职能主要是指国防、税收等传统职能之外的政府职能。Cass R. Sunstein 认为,美国 1929～1932 年爆发经济危机后,政府职能出现了极大的扩张,国会通过了有关银行、证券、保险等一系列经济性监管的法规以及针对失业、贫困、教育、医疗和社会保障等社会性监管的措施,即本书所指的扩展型职能。(See Cass R. Sunstein, Congress, “Constitutional Moments, and the Cost-benefit State,” *Stanford Law Review*, Vol. 48, No. 2, 1996, pp. 247-310)

灾、军事行动等内容，政府也逐渐探索恰当的方式将之纳入私营化的制度框架。近年来，社会治安的私人治理逐渐成为部分发达国家的一种常态，了解域外社会治安私营化的趋势，探讨社会治安私营化的主要模式，评价社会治安私营化对地区治安水平的意义，发现社会治安私营化会产生的法律问题，在现有制度框架内探寻解决途径，等等，这些都是在研究社会治安综合治理的域外经验中应当注意的问题。

二是关于社会治安治理与社区自治问题。随着社会生活组织从单位到社区的转变，社区成为社会生活的基本单位，尤其是城市生活最为基础的组成部分。而随着农村城市化趋势的加强，社区也逐渐成为我国农村的社会生活单位。在我国社会治安综合治理的结构中，社区治安综合治理应该是重要组成部分，社区安宁也是整个社会安宁的基本前提之一。从社会基本组成单位着眼来完善社会治安综合治理的主体结构应该说极为有益，而从国外社会治安来看，社区也是最为重要的治安单位之一。社会自治则是实现社区治安的主要方式。“东西方国家的事实都表明一个基本的政治原理：有效的国家治理，不是通过国家权力无限扩张来完成的，相反，是通过合理范围内的国家权力运作、社会自治的有效展开以及二者相互配合和合作来实现的。”[①]对西方社区自治进行专门考察和研究，着重分析西方社区自治对社会治安的影响，可以为我国的社会治安综合治理进一步改善提供借鉴。

三是关于社会治安治理与警务运动。社区自治的作用在于改善社区环境，消除犯罪土壤；警务运动则直接面对恶化的治安状况，致力于消除犯罪现象，两者相辅相成，缺一不可。我国很早就已经出现具有治安职能的政府官吏，但我国的现代警察制度却引自西方。大卫·贝莱将现代警察制度的特征总结为公共性、专门性与职业性。公共性指的是现代警察作为政府机构的代表承担着维护公共安全的职责，专门性指的是现代警察具有执行法律和防止犯罪的明确使命，职业性指的是现代警察是一种全身心投入的、赖以为生的职业。[②] 现代警察制度相比于古代警察制度，无论是职业形态还是职业目的都已经发生了巨变。然而，近代以来，社会犯罪状况也发生了极大变化。警察制度在应对犯罪问题时也逐渐力不从心，因此不得不进行自我革新以应对社会变化。如何完善我国的警察制度需要我们从理论和实践两个层面予以探索。西方的警察制度在某些方面确实走在世界前列，尤其是

---

① 林尚立：《社区：中国政治建设的战略性空间》，载《毛泽东邓小平理论研究》2002 年第 2 期。

② 参见谢闻歌：《英美现代警察探源及其社会控制职能透析》，载《世界历史》2000 年第 6 期。

现代西方的警务运动值得关注。对西方警务革命进行专门考察和研究，着重分析西方警务革命对社会治安的作用，无疑对我国社会治安综合治理的改进具有借鉴意义。

七

社会治安综合治理作为国家治理体系和治理能力现代化在社会领域的重要投射，其治理能力的扎实提升及其治理体系、制度规范、机制建设、路径探索的现代化、法治化和常态化，是社会管理理念和方式的全新升级，是维护社会稳定，增强公众安全感、幸福感的有效途径。在过去几十年的理论和实践演进中，我国在社会治安综治领域积累了不少可适用、推广的成熟经验，探索出了一些适合我国社会治安情势、状况的成功做法，社会治安总体水平、综治能力、治安指数、民众满意度等指标都相较以往有了巨大进步。2004 年，我们党把建设社会主义和谐社会作为一项新的社会发展战略目标，致力于谋求一种和睦、融洽、进取、向上的社会氛围和各阶层凝心聚力、共谋奋进的社会状态；十八届三中全会作出“创新社会治理”宏大规划，提出要最大限度地增加和谐因素，增强社会发展活力，提高社会治理水平，注重改进社会治理方式，激发社会组织活力，创新有效预防和化解社会矛盾体系，将维护社会和谐稳定视作社会治安综合治理的基本任务，这无疑给新时期社会治安综治向纵深领域推进、向更高水平迈进提出了契合时代特征、回应民众需求、顺应社会大势的时代要求，也是我们党在实现中华民族伟大复兴和中国梦的进程中，在社会建设领域给全体民众许下的庄重承诺、描绘的美好图景。历史证明，只有将社会治安综合治理提升到与其内涵和外在要求相匹配的地位，切实将其作为解决社会治安问题的总方针，全面深化社会治安综合治理的体系建设、制度构建、资源统合，以抓好排查和预警、打击和防范、服务和管理为切入点和抓手，将社会治安综合治理工作整体纳入到法治的轨道、法制的框架内，运用法律思维，采取法律方式，才能真正扎实、稳妥地维护好社会和谐稳定，逐步形成体系健全、逻辑分明、联动协调、关联紧密、顺畅无阻的社会治安综合防治体系。

一是探寻社会治安综合治理的改革路径，要着重考量时代环境、政策背景，重点考虑我国国情的特殊性，尤其是社会治安问题的复杂性、现实性、多发性、易变性等特征，还要基于对社会治安综合治理在现实运作中暴露的突出问题的科学解析，进而形成一个可为社会治安综治发展提供导引、示范和借鉴意义的发展进路，探索出一条深植中国国情、有机对接问题表征、融合时代特色的社会治安综治的路径。从历史渊源上看，社会治安综合治理是对传统社会管制方式的深刻反思，是代表国家的传统政府力量、代表社会的民间组织力量和代表个人的新兴力量的博弈与协作。从现实层面上分析，社会治安综合治理是国家治理现代化的重要组成部分，是执政党在建设中国特色社会主义伟大实践中，总结基层广大群众在实践中积累的经验而作出的重大决策和部署，是具有中国特色的解决社会治安问题的新思路、新视角，是建立和保持良好平稳的社会秩序、维护社会长治久安的主旋律和总方针，是解决社会治安问题、化解社会矛盾、实现国家治理现代化的根本途径。

二是探寻社会治安综合治理的改革路径，要着眼于当代中国社会治安综合治理的改革举措、路径导向，以及实然目标和应然价值的统一。伴随社会形态的演变、社会力量的分化、利益群体的重组，在新的时代背景中，社会治安问题呈现出复杂性、动态性、群体性的鲜明特征，且兼具难于预测、掌控，以及引发社会治安问题的矛盾源多重隐蔽、不易识别的特点，并且在社会治安综合治理改革的法治化进程面临缺乏一部统一规制、总揽的专门法的客观瓶颈下，该领域的路径探索向着法治化、科学化、整体化、协作化、民主化的方向发展，尽管是大势所趋、势所必然的选择，但也存在一定的阻隔和屏障。社会治安综合治理改革路径的探索，既是其内在发展的客观需要，也是时代进步、民众诉愿的根本趋向。无论是目标设定、体制改革、体系建设、制度规范，都非常鲜明地表征着所处环境的时代特征，高度一致地遵循着法治化、科学化、规范化、常态化的演变趋势。理论与实践的结合，情境与形势的契合，问题与路径的融合，这是社会治安综合治理在谋求消解问题、调适冲突、缓和矛盾、重构关系的过程中，寻求路径变革的真实依归与必由之选。社会治安综合治理必须注重实然目标，即实现社会稳定，重大恶性案件和多发性案件得到有效控制并逐步有所下降，社会丑恶现象大大减少，治安混乱的地区和单位彻底改观，治安秩序良好，群众有安全感的宏观目标。实然目标既要与社会治安综合治理所面临的现实情境紧密关联，又要与自由公正、公平正义、正当程序、人权保障等应然价值相结合，找寻目标确立依据、目标评价标准、目标层次设定，为社会治安综治深入推进明标定向。

三是探寻社会治安综合治理的改革路径，要着力于社会治安综合治理的体制改革，重点聚焦于社会治安综治进程中政府与社会的二元关系，通过实施“社会化”发展战略、“多中心”治理模式和政府宏观调控下社会治安综合治理市场化的举措，借此重构政府与社会的合作形态，矫正二者的力量对比，调适相互间在社会治安治理领域的矛盾纷争，从而最大限度优化政府的角色发挥，引入社会力量改善社会治安综合治理工作格局。同时，经由培育社会组织治理实体，明确社会组织职、权、责关系，进一步丰富载体，增强综合治理实效，适时引入“社区警务”“农村联防警务室”等新形式，全方位盘活社会可用资源，激发社会组织内生动力。构建社会治安综合治理的法治体系，是社会治安综合治理路径探索的中枢和抓手，也是夯实其内在基础、规范实务操作、厘清职能边界的重要环节。社会治安综合治理的体系建设，应当围绕构建“六位一体”的综合性工作体系展开，保证社会控制体系、法律规制体系、监督评测体系、激励制约体系、群防群治体系和资源整合体系彼此间联系紧密、互动频繁、协调顺畅、协作得当，促动社会治安综合治理向着更加科学、高效、统一的方向迈进。

四是探寻社会治安综合治理的改革路径，应当加强社会治安综合治理制度规范建设。长期以来，社会治安综合治理法治表征并不十分明显，但在依法治国战略实施过程中，依法治理已经成为社会治安综合治理的基本特征。在全面推进依法治国的新形势下，法治正在逐步成为创新社会治理理念、制度、体制、方式等内含的要素和成分。① 加强社会治安综合治理制度规范建设，重在为社会治安综合治理的未来走向提供基本的制度依循。在社会治安综合治理处于制度规范长期缺位、制度作用发挥乏力的现实环境下，构建内涵丰富、外延周全、条分缕析、完备齐全的制度规范，是社会治安综合治理法治的制度基础，也是对相关改革措施予以制度化确认的外在表现。建立周全到位的法律规范是制度建设的核心，也是贯穿社会治安综合治理法治建设始终的主线，要力求在社会治安治理整体纳入法治的框架中，使各项活动都能做到于法有据、依法行事，从根本上杜绝长官意志或主观随意造成的肆意违法的乱象。这也是全面推进依法治国进程中需要着力寻求突破的重点领域。“严打”“专项整治”“社区矫正”等作为社会治安综合治理中应用频度最高、面向群体最广泛的三种制度规范，都存在一定的问题和局限

---

① 20世纪90年代初，关于社会治安综合治理，有中共中央和国务院的决定和全国人大常委会的决定，从前一个决定到后一个决定体体现了社会治安综合治理领域的法治取向。但遗憾的是，新世纪初中共中央、国务院作出《关于进一步加强社会治安综合治理的意见》后，全国人大常委会并没有跟进，这也可以视为社会治安综合治理法治不足的一个例证。社会治安综合治理法治建设的基础是健全和完善社会治安综合治理法律制度规范体系。由国家最高立法机关为社会治安综合治理专门立法，制定一部专门性的法律规范，作为社会治安综合治理领域的牵头法，统领全国社会治安综合治理工作，包括推进配套立法和地方立法，协调与社会治安综合治理相关的法律法规，构筑社会治安综合治理法律规范体系，明确社会治安综合治理成员单位的职责权限，为社会治安综合治理体制机制建设、方式方法创新以及规范治理手段措施等提供制度支撑。

性，需要具体分析和对照症状修正制度执行中的偏差；制度的关联整合与科学设计需要聚焦制度本身，通过对治安治理协作制度、治安应急管理制度和平安建设制度的实例分析，强调制度间的协调互动、资源整合，要在制度的顶层设计和预想导向上下功夫，努力发挥制度间聚合的最大功效；推进制度层面的技术创新，着眼于国家推进大众创业、万众创新的新视角，力求在制度建设的技术角度实现创新。归根结底，还是要把社会治安综合治理的内在要求、目标任务、现实意义和其所处的时代背景、国情特色、问题表征相联系，通过运用技术手段、引入新型模式，谋求制度层面的技术突破。

五是探寻社会治安综合治理的改革路径，应当建立科学合理的社会治安评估指标体系。无论政府管理，还是社会治理，评估已经成为它们不可或缺的组成部分。实践证明，管理和治理质量、绩效、水平评估，是提升管理和治理水平的重要促进和保障，社会治安综合治理也是如此。社会治安综合治理评估无疑是社会治安综合治理的有机组成部分，它对创新社会治安综合治理、提升社会治安综合治理水平具有重要的推动作用。从社会治安综合治理评估工作的评估目的出发，加强对评估标准、评估指标、信息收集与分析方法、评估主体、定量评估等问题的深入探讨，对于推进社会治安综合治理创新，促进社会治安综合治理的规范化、科学化，无疑具有重大的现实意义。

第一章
社会治安综合治理的基本理论

全球化时代的中国，面临着社会事务日益复杂化和社会生活多样化的新形势，这一富有挑战性的特有格局，意味着社会治安综合治理应成为未来社会体制建构的基本形态。百年罕见的国际金融危机2008年席卷全球以来，人类历史和中国历史发展均处于重要转折关头，不同社会制度、不同文明背景下的人们都在深思世界究竟应向何处去。中共十八大提出，继续高举中国特色社会主义旗帜，坚定不移走中国特色社会主义道路，全面推进改革开放，加快转变经济发展方式，为中国续写奇迹确立了路线图。以习近平为总书记的党中央将马克思主义基本原理同中国实际和时代特征进一步紧密结合，并借鉴人类优秀文明成果，作出了一系列基于实践、指导实践的重大理论创新，制定了令全世界为之瞩目的远景规划和战略部署。当前，在“四个全面”指引下的时代中国，公共安全形势总体是好的。但是，面向未来，中国的公共安全与社会稳定能否经受住各种风险考验，在世界大转折中、人类文明新发展中始终走在时代的前列、世界的潮头，需要我们以历史演进的逻辑、以实践发展的自证和以未来为导向的高瞻远瞩的谋划，对社会治安综合治理问题进行持续和深入的观察与研究，构建可持续发展的制度演进机制。在依法治国的新常态下，安而不忘危、治而不忘乱，准确把握机遇，深入学习贯彻党的十八届三中、四中、五中全会和习近平总书记系列重要讲话精神。把社会治安综合治理工作放在全面推进依法治国大局中来谋划，深入推进平安中国建设，发挥法治的引领和保障作用，坚持运用法治思维和法治方式解决矛盾和问题，加强基础建设，应对各种复杂局面的挑战，将社会治安综合治理工作提升到一个新的水平，已经成为社会各界普遍关注的现实问题。而社会治安综合治理实践工作的有效推进需要明晰社会治安综合治理的概念、时代背景以及正当性来源等基本理论问题。

第一节 社会治安综合治理的概念

概念的内涵是指对象所具有的本质属性和特有属性的总和，概念的外延则是指具有概念内涵所反映属性的各种具体事物。“社会治安综合治理”作为解决我国社会治安问题的总方针，是中共中央在“文革”结束以后，为了适应改革开放形势的客观需要提出来的。但是，这一概念从提出之初就体现着丰富而深刻的学术内涵。三十多年来，尽管这一词汇频频出现在党和政府机关以及人民代表大会的文件中和各种媒体上，甚至成为各种机构、组织名称的核心部分，但是，迄今还没有任何一个权威机关对这个词给出一个权威定义。[①] 正如有学者指出的：“由于各家的管理层次、管理对象的不同，由于各人认识的角度、侧重点的不一，目前对‘社会治安综合治理’的定义就二三十种。”[②]目前，无论实务界还是学术界对“社会治安”“综合治理”以及“社会治安综合治理”的学术表达与实践指征都不够清晰和固定。作为本书讨论的基础性问题，本节我们将对社会治安综合治理及相关概念作出规范性界定。

一、社会治安的多元化透视

“治”和“安”二字在我国古代就已经出现。在古代文献中，“治”是对“乱”而言，是治理或管理的意思；“安”与“危”相对，是安全、安稳或安定的意思。儒家经典《周易・系辞下》中就有“黄帝尧舜垂衣裳而天下治”和“君子安而不忘危”的表达。而“治安”一词的联合出现，最早见于韩非子的《显学》。[③] 其后，西汉时期贾谊在呈给汉文帝的《治安策》中指出“固国家而治天下，治国家而安天下”，则进一步揭示出“治安”这一词汇的最初含义，即“通过对社会的治理，来巩固国家政权”。此处的“治安”一词则是政治清明、国家昌平与社会安定之意。

到了现代，“治安”一词的含义有所变化。根据刘惠恕教授的总结，现代

---

① 参见田小穹：《社会治安综合治理定义探析》，载《河北法学》2010 年第 8 期。

② 杨来胜、郭之文：《社会治安综合治理辞义新解》，载《云南公安高等专科学校学报》2000 年第 1 期。

③ 参见夏菲主编：《治安管理研究》，中国方正出版社 2005 年版，第 4 页。

社会对“治安”一词的理解存在两种意见。其一，以王仲方主编的《中国社会治安综合治理的理论与实践》一书的观点为代表，该书指出：“现代意义的社会治安，是指国家通过法律和行政管理所建立起来的一种社会秩序。”①这种观点可以称作“广义说”。另一种观点认为，社会治安有其特定的内容与范围，主要是刑事犯罪活动状况以及治安行政管理状况。这种观点立足于司法学（犯罪学）的角度来定义“社会治安”的概念，又可称为“狭义说”。如马结认为：“现代意义的治安即社会治安，是指符合统治阶级和大多数公民的意志和利益，由法律规定，国家所维护的一种社会秩序。”②

我们认为，“社会治安”一词从初创伊始，其内涵和外延就处于不断演变的过程之中，而且，总体上看，“社会治安”的词语外延是不断扩大的。但是，对于“社会治安”的学理诠释或许会有所不同，而其所蕴含的对秩序和安全的核心表述始终没有变化。换言之，现代意义上的社会治安，重在强调社会中人们各项合法的权利不受他人侵扰和损害的安稳状态（安稳状态指的就是秩序和安全）。它应当是指国家通过法律和行政管理建立起来的一种社会秩序，大致包括犯罪率、刑事案件发案率、违法案件数、公共场所秩序、群众安全感、交通事故、火灾以及其他与治安有关的社会状况等内容。社会治安的现代含义既肯定了治安是一种安稳状态，同时又隐含了治安存在着被侵扰和损害的危险。“社会治安”与“治安问题”甚至是一体两面，这一概念映射出的是二者之间的密切关联，即要想维护好社会治安，解决“治安问题”，确保秩序和安全不被破坏，就需要做好“治安工作”。③

二、“治理”一词的渊源流变

“治理”一词在中西方长期存在，英语中的“治理”（governance）一词源于拉丁文和古希腊语，初始含义是“管理”“统治”“统辖”“控制”。长期以来，它与统治（government）一词交叉使用，并且主要用于与国家的公共事务相关的管理活动和政治活动中。但是，作为现代国家所特有的概念，“治理”是在扬弃国家统治和国家管理基础上形成的。1989 年，世界银行在《撒哈拉以南非洲：从危机到可持续增长》一文中，为了便于概括当时非洲的社会动荡、生态破坏、经济失速的危机情形，首次使用了“治理危机”（crisis in governance）

① 王仲方：《中国社会治安综合治理的理论与实践》，群众出版社 1989 年版，第 2 页。

② 马结：《中国社会治安综合治理研究》，法律出版社 1990 年版，第 15 页。

③ 参见李晓明、何星：《论“社会治安问题”的内涵》，载《法治研究》2012 年第 2 期。

的表达方式，指出非洲发展的问题根源。① 1992 年世界银行年度报告的标题更是直接沿用了“治理与发展”的表达方式，并认为治理是在管理一国经济和社会资源中行使权力的方式。自从 1990 年代以来，西方发生的社会、经济和管理危机，推动了公共管理和公共行政理论研究的范式变革。西方政治学家和经济学家又赋予“governance”以新的含义，不仅其涵盖的范围远远超出了其原来的经典意义，而且其含义也与“government”相去甚远。它不再局限于政治学领域，而被广泛运用于社会经济领域，不仅在英语世界使用，而且开始在欧洲各主要语言中流行。正如研究治理问题的专家鲍勃·杰索普(Bob Jessop)所指出的那样：“过去 15 年来，治理在许多语境中大行其道，以致成为一个可以指涉任何事物或毫无意义的时髦词语。”②

尤其是 20 世纪中后期以来，在新科技革命的推动下，各国社会矛盾不断激化，进而演变成社会危机。在此背景下，公民要求参与社会管理过程的呼声不断高涨。与此同时，以美国为代表的西方各国在社会管理的研究方面，也相继掀起了理论探索的高潮。“治理”概念被政治学、经济学和管理学等学科相继引入，并在治理理念发展和完善各自的学科理论的思潮引导下，出现了众多的治理理论研究成果。③ “治理”蕴含的深层意义伴随着时代发展不断被重新诠释。如美国学者罗西瑙在其《没有政府的治理》一书中将“治理”定义为：“一系列活动领域里或隐或现的规则，它们更依赖于主体间重要性的程度，而不仅是正式颁布的宪法和宪章。”④他认为治理是一种在共同目的和规则支持下的活动，治理主体不一定是政府，也不需要依靠国家强制力量来实现。英国学者格里·斯托克则从治理主体多元、治理责任的模糊、主体间的权力依赖、治理网络的自主以及专利工具的现代性等五个层面对治理内容作出了较为丰富的拓展和深化。⑤ 1995 年，全球治理委员会在《我们的全球之家》的研究报告中，则更为详尽地表达了“治理”的深层含义，认为

---

① 参见向德平、苏海：《“社会治理”的理论内涵和实践路径》，载《新疆师范大学学报》2014 年第 6 期。

② [美]鲍勃·杰索普：《治理的兴起及其失败的风险：以经济发展为例的论述》，载《国际社会科学》1999 年第 2 期。

③ 参见俞可平等：《中国离“善治”有多远——“治理与善治”学术笔谈》，载《中国行政管理》2001 年第 9 期。

④ [美]詹姆斯·罗西瑙：《没有政府的治理》，张胜军、刘小林译，江西人民出版社 2001 年版，第 3 页。

⑤ [英]格里·斯托克、华夏风：《作为理论的治理：五个论点》，载《国际社会科学》1999 年第 2 期。

治理是各种公共或私人机构在管理共同事务时所采用的方式总和，是在调和各种社会冲突和利益矛盾时采取联合行动的持续性过程。治理的典型特征体现在：治理不是一整套规则和一种活动，而是一个过程；治理过程的基础不是控制，而是协调；治理既涉及公共部门，也包括私人部门；治理不是一种正式的制度，而是持续的互动。①

在全球化的开放时代，西方国家的社会治理理论也很快被引介到中国，并在国内引发了研究热潮。以毛寿龙教授 1998 年出版的《西方政府的治道变革》和俞可平教授 2000 年出版的《治理与善治》为开端，国内学界关于社会治理理论的文章和著作如雨后春笋，引发了众多学科学者的热烈关注。尽管如此，人们对"治理"概念的认识和理解，基于不同的应用背景和研究志趣，始终没有形成一致的、明确的定义。各路学者争论热烈，不同观点异彩纷呈。这一空前的争论热潮，"一方面说明治理理论对社会诸领域的影响范围之广，另一方面也说明该理论仍需要对其进行精细定位，明确其概念内涵，从而更好地构建治理的理论体系"②。不过，为了论述的方便，我们认为，所谓"治理"是指在一个既定的范围内运用权威维持社会秩序，满足社会公众的需要。"从政治学的角度看，治理是指政治管理的过程，它包括政治权威的规范基础、处理政治事务的方式和对公共资源的管理。它特别地关注在一个限定的领域内维持社会秩序所需要的政治权威的作用和对行政权力的运用。"③治理的目的就是在各种不同的制度关系中运用权力去引导、控制和规范公民的各种活动，以最大限度地维护和增进公共利益。④

三、社会治安综合治理的理论界定

如上所述，治理理论在 20 世纪年代末期被提出使用之后，在 21 世纪得以与时俱进的阐释，被广泛应用于国家和政府管理、企事业组织管理和社会组织的自主管理的几乎所有领域。甚至，如果单纯从"治理"一词的援用历程看，它也基本伴随了"社会治安综合治理"的整个发展史。

20 世纪 80 年代末期，党和政府依据历史唯物主义的基本原理，从"两个文明"一起抓出发，提出了社会治安综合治理的方针，其目的是促进社会治安秩序的根本好转，为社会主义"两个文明"建设服务。"社会治安综合治

① 参见张国庆：《公共行政学》，北京大学出版社 2007 年版，第 7 页。

② 吴家庆、王毅：《中国与西方治理理论之比较》，载《湖南师范大学学报》2007 年第 2 期。

③ 俞可平：《治理与善治引论》，载《马克思主义与现实》1999 年第 5 期。

④ 滕世华：《全球治理进程中的政府改革》，载《当代世界社会主义问题》2006 年第 2 期。

理”的方针一经提出，就在国内引起了法学界和社会学界的重视，并吸引了政治学、法学、社会学甚至伦理学等诸多不同学科学者们的广泛关注，都积极对此作了深入而全面的探讨。不过，与对“社会治安”和“社会治理”两个概念的认识和理解类似，对于社会治安综合治理的内涵和外延，学者们也是见仁见智。有学者认为，“社会治安综合治理”这一词汇显然是“社会治安”与“综合治理”这两个词汇的合义，前者是就目的而言，后者是就手段而言。综合治理，无非是指达到“社会治安”目的的综合工作手段，主要包括“打击、防范、教育、管理、建设、改造六个方面”①。有学者认为：“综合治理是党和国家确定的同犯罪作斗争，搞好社会治安，维护社会稳定的根本方针。这个方针的基本精神就是要在各级党委和政府的统一领导下，依靠全社会的力量，充分运用政治的、经济的、思想的、教育的、文化的、行政的、法律的各种手段，打击犯罪、挽救失足者，积极消除产生犯罪的原因和条件，预防犯罪，减少犯罪，争取社会风气、社会治安根本好转，保证国家长治久安。”②也有学者指出：“社会治安综合治理，是指在各级党委和政府的统一领导下，动员和协调全社会各方面的力量，综合运用政治的、经济的、行政的、法律的、文化的、教育的等多种手段，整治社会治安，建立和维护良好的社会秩序。对社会治安实行综合治理，既是保证我国长治久安的战略方针，也是一项改造社会、改造人类的具有深远意义的社会系统工程。”③另有学者认为，社会治安综合治理是指在“各级党委、政府的统一领导下，各有关部门充分发挥职能作用，协调一致，齐抓共管，依靠广大人民群众，运用政治、经济、行政、法律、文化和教育的等多种手段，整治社会治安，打击和预防犯罪，完善社会管理，化解社会矛盾，维护人民权益，保障社会稳定，促进社会和谐，为社会主义现代化建设和改革开放创造良好的社会环境，推进中国特色社会主义事业深入发展”④。

总之，尽管学者们的观察角度和定义方式稍有差异，但是文字表面的差异并没有掩盖实质内容的共通性，实际上，各种不同的学术表达方式大都较为准确地表达了社会治安综合治理的目的和途径、方式、方法等基本要素。从目前来看，中共中央提出的社会治安综合治理的基本含义是：在党和政府

① 刘惠恕：《社会治安综合治理理论》，上海社会科学院出版社 2006 年版，第 42 页。

② 康树华：《犯罪学通论》，北京大学出版社 1996 年版，第 639 页。

③ 施祖麟：《社会治安综合治理实践与探索》，人民武警出版社 2005 年版，第 272 页。

④ 中央社会治安综合治理委员会办公室：《社会治安综合治理工作读本》，中国长安出版社 2009 年版，第 5 页。

的统一领导下，动员和组织全社会力量，充分运用政治、法律、行政、经济、文化、教育等多种手段和机制，打击犯罪和预防犯罪，保障社会稳定，为社会主义现代化建设和改革开放创造良好的社会环境。①

不过，需要强调的是，社会治安综合治理是我国公共安全和公共秩序维护的重要治理工具之一。它所指涉的内涵与20世纪末期“governance”被引介进来的含义存在着很大的差异。② 也就是说，从这一概念的提出背景和本质要求看，“社会治安综合治理”概念中所说的“治理”和治理理论所讲的“治理”不是同一个概念。治理理论所讲的“治理”，是公民社会高度发达、公众参与机制便捷通畅、公私伙伴关系彼此信任、政府回应能力灵敏高效以及政府决策过程民主科学等条件下的多主体或多中心的治理，意味着社会多元主体的合作共治。③ 而“社会治安综合治理”所说的“治理”不是这个意义上的治理，而是传统管制型政府条件下政府为了履行维护社会治安的职能而对社会治安综合进行统治、管制和整治的简称，本质上乃是一种“组织化管制”。④ 甚至，直到目前，我国社会治安综合治理制度中的“治理”机制与现代意义上的“治理”无论是在理论上还是在实践上都没有实现有机对接。

“从哲学的角度来看，综合治理是一种方法论。”⑤因此，我们对于“社会治安综合治理”概念的理解，也必然是一个认识逐步深化、走向真理的发展过程。仅从政策定位来看，对社会治安综合治理的定位就有不同观点：有的学者将其定性为我国的总刑事政策⑥，有的学者将其定性为基本刑事政策⑦，也有的学者将其定性为我国预防犯罪的基本模式。⑧ 社会治安综合治理无论是从治理内容的全面性、治理手段的多样性还是治理力量的多方性，都是综合的，是其他基本刑事政策所不能相比的。作为总刑事政策，社会治安综

---

① 参见邹爱国、张益俊：《加强政法工作，维护社会稳定——乔石、任建新答记者问》，载《瞭望》1991年第1期。

② 参见谢子传：《基于公共治理理论的社会治安综合治理治道变革研究》，载《福建警察学院学报》2013年第1期。

③ 参见郭为桂：《从社会管理到社会治理：中国语境下的治道变革》，载《中共福建省委党校学报》2013年第12期。

④ 参见唐皇凤：《常态社会与运动式治理——中国社会治安治理中的“严打”政策研究》，载《开放时代》2007年第3期。

⑤ 张应立：《论枫桥经验与社会治安综合治理》，载《山东警察学院学报》2009年第2期。

⑥ 参见侯宏林：《刑事政策的价值分析》，中国政法大学出版社2005年版，第240页。

⑦ 参见王牧主编：《新犯罪学》，高等教育出版社2005年版，第394页。

⑧ 参见许章润主编：《犯罪学》第2版，法律出版社2004年版，第296页。

合治理应当在理论上统领其他刑事政策，在实践中发挥着纲领性作用。[①] 我们认为，社会治安问题是一种“社会综合征”，是诸多社会矛盾和消极因素的综合反映。既然如此，就不能开一张简单的“药方”，不能采取单一的治理手段和措施来解决。因此，社会治安综合治理实则反映了社会治理的复杂性和社会治理方式的综合性与现代性诉求。其本身即是一个内容较多、涉及面较广的完整的机体，它旨在建立一种国家与社会、政府与非政府组织、公共机构与私人机构等多元主体协调互动的社会治安治理状态，是在科学合理的规章制度的规范和引领下强调多元主体参与互动的社会治安治理过程。

从历史实践看，我国的社会治安综合治理工作，在经过三十余年的发展之后，之所以取得了很大的成绩，就在于这一制度既体现出国家刑事总政策在具体实践中的具体运行，也能够促进刑事打击与犯罪预防双重功能的发挥和实现，这对于我国社会公共秩序及社会稳定的维护起到了关键性的作用。这一特定历史时期产生的特色鲜明的制度，尽管在运作机制上依然带有较为浓厚的政治运动色彩，与以法治为核心表征常态社会的司法理性和科学民主要求之间存在明显的差距，但是，实践证明，社会治安综合治理全面、正确地解决了我国在新的历史时期社会治安工作中客观存在的专政与民主、打击犯罪与预防犯罪、惩罚犯罪与改造罪犯、专门工作与群众路线等方面的辩证关系。它不但是我们搞好社会治安工作的正确指南，而且在国际上为寻求解决违法犯罪问题的途径赢得了声誉。

第二节　社会治安综合治理的时代背景

社会治安综合治理，是我们党和国家在新的历史时期，正确分析和估量我国现阶段阶级斗争和社会治安出现的新情况和新问题，科学地总结新中国成立以来社会治安工作的经验，并从新时期社会治安的实际出发，于1978年以后明确提出来的。[②] 社会治安综合治理作为解决我国社会治安问题的总方针，是基于现代化建设客观要求而作出的重大治安决策。它是我们党和国家动员全社会力量，发挥社会主义制度优越性，使专门机关与全社会结成一体，及时对违法犯罪等社会治安问题进行多角度、多层次、多手段的防

① 参见辛科：《社会治安综合治理：问题与对策》，载《中国政法大学学报》2011年第3期。

② 参见王仲方：《论社会治安综合治理》，载《中国法学》1989年第4期。

治活动，是科学管理社会治安的行为，是立足国家长治久安和社会稳定的具有我国特色的带有长期战略性的方针和政治任务，也是跨行业、跨部门的全社会范围的系统工程。历史地看，这一重大战略决策的提出与发展有着特定的时代背景和确定的发展方向。

一、社会治安综合治理源于对传统社会管理模式的深刻反思

新中国成立以后，秉持“从群众中来，到群众中去”的基本思路和“依靠广大人民群众，依靠社会力量”解决治安问题的优秀传统，国家逐步确立了一整套社会治安管理的工作体制和方法，做到了社会治安专门工作与群防群治的有机结合。但是，囿于对“群众路线”的浅层次理解，社会治安的整治工作基本上还是主要依靠政法机关。随着时局的发展，尤其是改革开放以后，社会主义现代化建设事业百废待兴，社会紧急应对和风险管控能力方面出现了一系列新情况新问题，原有的治安管理模式难以应对复杂的社会控制要求。同时，由于“文革”期间的极“左”思潮盛行，作为革命事业接班人的青少年，从“文革”开始即被标榜为“革命小将”推到了第一线。许多无知的青少年在“革命无罪，造反有理”的口号鼓动下，肆无忌惮地践踏法律，到处上演着“打砸抢”的荒诞行径。十年浩劫不但给国家政治、经济、思想、道德、文化造成了严重的破坏与创伤，也伤害了人们的美好心灵，而且这种心灵的伤害在短期内难以得到修复和弥补。加之，特定时代背景中的上山下乡运动席卷长江南北，轰轰烈烈，青少年没有受到很好的教育，与后来的返城难、就业难等种种社会因素叠加之后，青少年违法犯罪现象在这一时期非常集中地暴露出来。在 1978 年的改革开放之初，中国就迎来了“文革”后的第一个犯罪高峰期，刑事犯罪尤其是青少年违法犯罪的情况相当严重，成为危害社会安定的突出问题。全国各地流氓活动猖獗，持械殴斗、聚众侮辱妇女事件时有发生；抢劫案件增加；公共服务人员、执法人员被侮辱、打骂的情况接连不断，群众普遍缺乏安全感。尤其是，北京、天津、上海、广州、武汉等五大城市治安形势更为严峻。

1978 年 10 月，为了尽快争取社会治安状况的根本好转，中共中央批转了《第三次全国治安工作会议纪要》，明确提出统筹解决社会治安问题。但是，鉴于这一时期刑事犯罪尤其是青少年犯罪以至影响社会治安问题的复杂成因，既有历史的、现实的、社会的原因，也有政治、经济、文化教育的原因，而且这些问题也不是通过单一部门或者多部门联合执法所能够在短期内完全解决的，公安部上海工作组率先调研形成了《关于整顿城市治安情况

的报告》。报告要求各公安派出所要着重抓好治理青少年犯罪的工作，必须实行打击与教育相结合、治标与治本相结合的原则，深挖团伙，管理好放回社会的违法犯罪人员。[①] 1979 年 12 月，中共中央转发了这一报告。在这一时期，尽管在国家治理层面并未正式使用“社会治安综合治理”的概念，但是“打击与教育相结合，治标与治本相结合”的“综合治理”理念已经开始显现。1981 年 5 月，中央召开北京、天津、上海、广州、武汉五大城市治安工作座谈会。会议针对当时社会治安的严重情况，提出要依法从重从快惩处严重危害社会治安的犯罪分子；同时对大量有轻微违法犯罪行为的青少年，要加紧进行教育、感化和挽救工作，预防犯罪，实现社会治安综合治理。在会后转发的《五大城市治安座谈会纪要》中，更是进一步提出了“全党动手，认真落实‘综合治理’”的具体要求。至此，社会治安“综合治理”这一概念正式启用。1982 年 1 月，中共中央又出台了《关于加强政法工作的指示》，明确确立了社会治安管控的基本方针，首次把“综合治理”作为解决社会治安问题、实现长治久安的刑事政策。

此后，“社会治安综合治理”的术语开始在各级各类文件、报刊和著作中被广泛地使用，并在接下来的多年中被反复强调。如 1982 年，党中央在《关于加强政法工作的指示》中再次强调加强社会治安综合治理的重要意义，文件指出：“为了争取治安情况的根本好转，必须加强党的领导，全党动手，认真落实‘综合治理’的方针。”“在整顿治安中，各级党委要加强领导，把各条战线、各个方面、各个部门的力量组织起来，采取思想的、政治的、经济的、行政的、法律的各种措施和多种方式，推广适合各种情况的安全保卫责任制，把‘综合治理’真正落实在各个方面。”然而，理想与现实总是存在着一定的距离。从 1979 年到 1983 年，在社会治安综合治理由萌芽到逐渐成长的同时，社会治安状况却在不断恶化，严重影响到国家的稳定。1983 年、1989 年中央都多次在下发的文件中强调，要实现社会治安的根本好转，必须实行社会治安的综合治理。1983 年 9 月 2 日，全国人大常委会作出了《关于严惩严重危害社会治安犯罪分子的决定》。中共中央办公厅《关于印发〈严厉打击刑事犯罪活动，实现社会治安根本好转〉（宣传纲要）的通知》中指出，综合治理包括很多内容。但是，运用专政手段，依法严惩严重刑事犯罪分子，是综合治理中首要的一条，采取坚决打击的办法，再辅之以其他方法，才能收到

---

① 参见郭继：《新时期上海推进社会治安综合治理的实践及启示》，载《上海党史与党建》2008 年第 5 期。

综合治理的效果。这就意味着当时选择了一种以严厉打击为首要方式辅之于其他方法的综合治理模式。学者们经过调查发现："'严打'斗争的实践证明，严惩各种刑事犯罪分子，是实行综合治理的前提，只有坚决贯彻依法'从重从快，一网打尽'的方针，才能收到综合治理的效果。"[①]

但是，在1983年开始的第一次"严打"之后，社会治安综合治理的现实再次引起了普遍的忧虑。更为严峻的现实是，从1985年开始，"严打"的短期效应宣告结束，此后刑事案件尤其是重大刑事案件的发案率不断攀升，社会治安再度面临考验。面对社会治安问题日益复杂的严峻现实，社会各界都普遍开始了针对"严打"政策的深刻反思。人们注意到，社会治安的根本好转仅靠简单、直接的粗暴手段，很难达到预期的效果。[②] 如果仅仅依靠"严打"，而忽视"严打"之后的沟通、协调、教育、预防工作，并不能有效解决犯罪问题和社会治安问题。相反，还容易滋生"重打击，轻预防"甚至"打击万能"的观念。[③] 为此，1990年10月，中央再次明确指出：在开展"严打"的同时，必须把治安防范工作提到应有的位置，努力克服"重打轻防"的倾向，做到"打中有防，防中有打"，从根本上减少刑事犯罪和治安问题。[④] 这种指导思想和治理方针的出台，意味着社会治安综合治理正在从"重打轻防"向"打防并举"转变。

1991年2月19日，在经历第一个十年的探索之后，全国社会治安综合治理工作会议在山东烟台胜利召开，这次会议也成为社会治安综合治理工作的重要里程碑。在此次会议之后，中共中央、国务院下发的《关于加强社会治安综合治理的决定》中指出：综合治理是解决我国社会治安问题的根本出路。同年3月2日，七届全国人大常委会第十八次会议通过了《关于加强社会治安综合治理的决定》。党中央、国务院和全国人大常委会先后作出的这两个决定比较全面系统地阐述了社会治安综合治理的重要意义、工作任务、要求和目标、工作范围、原则、目标管理责任制、领导和组织体制、重大措施等一系列问题，将社会治安综合治理的实践经验上升到了系统的理论的高度，形成了具有中国特色的社会治安综合治理模式，即党委领导、全社会参与、以政治责任为保证的政府推动模式。这一模式的探索总结，不仅奠定

---

① 参见李鸿儒：《关于社会治安综合治理情况的调查》，载《中国法学》1986年第3期。

② 参见陆健：《什么是社会治安综合治理学》，载《社会》1991年第10期。

③ 参见辛科：《社会治安综合治理：问题与对策》，载《中国政法大学学报》2011年第3期。

④ 参见侯利敏：《社会治安综合治理方针的提出与发展》，载《华北水利水电学院学报》2003年第4期。

了社会治安综合治理的法律政策基础，也开启了社会治安综合治理的新篇章。在组织机构上，1991 年 3 月 21 日，中共中央发出《关于成立中央社会治安综合治理委员会的通知》，决定成立中央社会治安综合治理委员会，作为协助党中央、国务院领导全国社会治安综合治理工作的常设机构。1993 年 7 月 1 日，中共中央政治局常委会结合常设机构开展工作的阶段性成就，再次对社会治安综合治理工作作出重要指示。

整体来看，关于社会治安综合治理一系列重大决策和措施的出台，一方面反映了党、政府和人大对综合治理工作的高度重视，另一方面也折射出经过十年多的改革开放，社会治安形势发生了许多变化。这也从另一个侧面验证了，在 1983 年开展的“严打”斗争虽然取得了重大成绩，但并没有解决社会治安的根本好转问题。甚至于，1991 年党中央、国务院和全国人大常委会先后作出的两个《决定》实施十年后的社会治安形势依然严峻。2001 年，中央不得不再次部署开展新一轮“严打”整治斗争。事实上，作为社会治安综合治理重要手段和核心措施的“严打”并没有从根本上扭转严重的社会治安形势，社会治安综合治理的效果评价和走向也面临着极为严峻的形势。[①]2001 年，党中央、国务院又下发了《关于进一步加强社会治安综合治理的意见》。同年 3 月，中央政法委再次强调：要努力适应中国特色社会主义法律体系形成后的新要求，善于运用法律手段加强和改进社会治安综合治理工作，不断提高社会治安综合治理的法制化水平。

实践证明，社会治安综合治理是解决我国治安问题、预防和减少违法犯罪的根本途径。自 1981 年党中央正式提出对社会治安实行综合治理方针以来，社会治安综合治理的指导思想和具体工作在过去的三十年间已经得到不断发展和完善。富有中国特色的社会治安综合治理，不仅客观上打破了传统的、高度集中的、政府一元主导下的等级组织管理模式，也为协调国家、市场和社会三者关系和多元利益融合提供了一个崭新的实现渠道。但是，历史经验也表明，坚持传统的“严打”模式和“刚性维稳”的理念，往往具有一定的时效性，很难在较长时间内产生效果，不但与“依法治国”的科学理念严重背离，也会诱使原有问题“死灰复燃”。正如学者所论述的那样：“自 2005 年以来的维稳实践表明，在社会矛盾多发时期，在还没有找到根本解决方案之前，为了保持社会稳定，只能采用维稳的权宜之策。但维稳并没有治愈社

① 参见张玮：《关于社会治安综合治理的立法问题》，载《东岳论丛》2002 年第 3 期。

会之病，社会矛盾不断累积，治本之策成为新的呼唤。”①社会转型时期的中国，所面临的很多社会治安问题都具有一定的复杂性和关联性，所追求的“社会和谐稳定是指社会生活的和谐性和政治生活的秩序性，不应该以简单的‘维稳’来实现，而需要创新观念、转变思路，创新体制与机制”②。

值得注意的是，期间也出现过“社会管理综合治理”与“社会治安综合治理”的措辞变化和用语反复。1998 年，“社会管理”在《关于国务院机构改革方案的说明》中首次出现后，便被其后党和政府的文件普遍援用。从 2002 年，在党的十六大报告中“社会管理”被列为维护社会稳定的具体途径开始，一直到 2013 年《中共中央关于全面深化改革若干重大问题的决定》的十多年间，中国共产党的执政理念经历了从“社会管理”到“社会治理”的变化。③

2011 年 9 月 16 日，为了更好地贯彻落实中央关于加强和创新社会管理的决策部署，党中央、国务院决定，中央社会治安综合治理委员会更名为“中央社会管理综合治理委员会”，并对职责、任务和成员单位进行了必要调整，同时进一步充实了工作力量。2013 年，党的十八届三中全会通过的《中共中央关于全面深化改革若干重大问题的决定》专列一章部署创新社会治理体制，并从改进社会治理方式、激发社会组织活力、创新有效预防和化解社会矛盾体制，以及健全公共安全体系等方面对如何创新社会治理体制进行了阐述。这是中国共产党成立以来在党的正式文件中第一次提出“社会治理”概念。为了维护国家政治安全、集中精力抓好平安建设，2014 年 10 月，党中央决定将“中央社会管理综合治理委员会”恢复为“中央社会治安综合治理委员会”。同月，党的十八届四中全会作出《关于全面推进依法治国若干重大问题的决定》，明确指出，深入推进社会治安综合治理，健全落实领导责任制。

总之，社会治安综合治理作为解决我国社会治安问题的战略方针，在 20 世纪 70 年代末提出和确立不是偶然的。社会治安综合治理之所以在我国产生，不仅是解决当时一系列社会治安问题的迫切需要，也是由我国社会主义国家的性质决定的。三十多年来，中央在社会治理理念转换和用语表达中，从社会治安综合管理到社会治安综合治理的改变与发展，有着自身独特的

---

① 向鑫：《从社会管理到社会治理的逻辑转换探究》，载《理论建设》2014 年第 4 期。

② 金太军：《创新社会治理与社会稳定长效机制的重点场域》，载《江苏行政学院学报》2014 年第 5 期。

③ 参见邵光学、刘娟：《从“社会管理”到“社会治理”——浅谈中国共产党执政理念的新变化》，载《学术论坛》2014 年第 2 期。

发展背景和社会基础，既是党和政府对社会治安形势与管控手段理性反思的结果，也是在社会转型期对社会治安问题日趋复杂的积极回应。

二、社会治安综合治理是国家治理现代化的重要组成部分

“现代化”，对于每个中国人而言，几乎是一个司空见惯、耳熟能详的词语，但也是一个容易被泛化和简单化的概念。一般认为，所谓“现代化”，即满足人类从现实社会走向理想社会的现代需要的过程。社会治安综合治理作为具有鲜明中国特色的治安方略，尽管从初创开始即带有浓厚的计划经济和社会管控色彩，但是在国家治理现代化的视角看来，也蕴含着对传统统治模式和管理模式的理念超越。因为无论是现代化还是治理理论的深刻认识，都必须和中国的国情相结合，只有在中国语境的范围内讨论才会有客观而积极的意义。

如上既已指出，社会治安实行综合治理是执政党在建设中国特色社会主义的伟大实践中，在总结基层广大群众和实际工作者创造的丰富经验基础上作出的重大决策和战略部署，是具有中国特色的解决社会治安问题的新路子。这一社会治安的治理模式，在现代化意义上，不仅是建立和保持良好的社会治安秩序、维护社会政治稳定的基本方针，更是解决社会治安问题、实现国家治理现代化的根本途径。一方面，就现代化的认识来看，由于现代化进程在各国出现时间的不同，导致了现代化程度的不同，因此西方发达国家往往被视为现代化的典范，成为后现代化国家学习的榜样。但是，值得注意的是，各国发展的实践表明，在向西方发达国家学习的同时，现代化的成功更取决于根据本国国情的创造性转化。① 另一方面，从治理理论的理解来看，“治理理论是在现代化和全球化背景下，面对当代经济和社会的重大转型，对国家传统统治方式造成的各种不可治理的理性回应。相对于传统统治而言，治理是一种趋势，这种趋势意味着国家—社会关系的调整”②。

现在看来，“发端于西方语境下的治理理念有其合理的可借鉴的一面，但要让其很好地为我所用，必须充分考虑我国的现实背景。与西方各国相比，我国社会治理创新面临着一些不同的前提条件：相异的社会制度和经济政治体制，公民社会不成熟以及独特而深厚的传统行政文化等等，这些因素决定了我国社会治理变革不可能完全照搬西方发达国家的治理模式，而应

---

① 参见范逢春、尤佳：《社会治理现代化：理念、制度与过程的三维重构》，载《河南社会科学》2015 年第 1 期。

② 夏德峰：《复合社会治理中的多维联动机制》，载《云南社会科学》2014 年第 6 期。

当探索既符合国情又适应时代潮流的社会治理模式”[1]。换言之，社会治安综合治理在国家治理现代化的语境中，是顺应时代发展潮流的国家宏观管理模式，它是纵横结合，由粗到细，由宏观到微观，涵盖全面的有中国特色的国家社会管理形式，对于探索中的国家治理现代化进程来说，社会治安综合治理是一项全新的工作和系统的社会工程。对于社会治安综合治理在国家治理现代化中的现实地位与作用发挥来讲，只有将治理理论和现代化认识置于中国国情和时代局势中，才有讨论的共识和话语基础。

在这一意义上，社会治安综合治理是国家治理现代化的重要组成部分，社会治安综合治理也必然体现为一种不断优化、治理能力不断提升以适应社会发展的现代化过程，而且这种过程没有终点，它的应然诉求是政府与社会的合作，在合作治理、参与行政、依法行政等观念的指导下，将社会力量引入社会治理中，构建党委领导、政府负责、社会协同、公众参与、法治保障的社会治理体制是创新社会治理与社会稳定长效机制的战略路径，这也是解决社会治安问题、实现国家治理现代化的根本保障。

从社会治安综合治理的实践看，随着改革开放进程的不断推进，我国经济、政治、社会面临着一系列转型升级的问题，社会治安综合治理正遭遇前所未有的困局。一方面，改革过程中的利益分化加剧，社会矛盾加深，群体性事件频发；另一方面，传统的社会治安综合治理方式已经逐渐不适用于复杂变换的社会环境，公众也对政府提供必要的基本社会保障提出了更多、更高的要求。在此新常态下，如何维持社会秩序并提供基本的社会保障成为棘手问题。[2] 从传统运动式治理的“严打”到社会治安现代化综合治理，从社会管理创新再到社会治理体制创新，不仅鲜明地反映了我们党解放思想与时俱进的理论姿态，也真实地记录了改革开放以来我国经济社会发展变迁所导致的治道变革的轨迹。

一方面，由于社会开放性、流动性增强，贫富差距拉大，社会阶层分化，利益多元化，导致的新情况、新问题不断增多，滋生和诱发违法犯罪的因素很多，刑事发案率在高位徘徊，严重暴力犯罪和黑恶势力犯罪在一些地方极为猖獗，重特大安全事故时有发生。在城市，集资诈骗、违法拆迁、非法吸收公众存款、传销以及在企业改制中侵吞国有资产等违法犯罪活动逐渐增多；在农村，社会治安综合治理也面临着一些新情况和新问题，如违法征地、土

---

① 肖文涛：《社会治理创新：面临挑战与政策选择》，载《中国行政管理》2007 年第 10 期。

② 参见朱士群等：《从社会管理到社会治理：动力、逻辑和制度发展》，载《学术界》2015 年第 3 期。

地权属纷争的情形仍然多发，违法赌博现象有禁难止，盗窃、抢劫依然是老百姓最无奈的问题，封建迷信和邪教活动呈死灰复燃之势，越级上访和群体性事件时有发生，宗族势力有抬头趋向。这些都在一定程度上激化了人民内部矛盾，引发了一些群体性事件，给社会稳定带来了不利影响。[①] 如果不坚持“严打”就不能震慑犯罪，就达不到预防和减少犯罪的目的。

另一方面，维稳体制因其单向压制型的工作思维以及具体制度和机制的异化而与当前的公民维权形成尖锐对立，甚至出现“越维稳越不稳”的怪圈。[②] 多年来，为了确保社会治安稳定，尽管我们已经采取了多种措施，但刑事案件上升趋势仍没有得到有效遏制，广大人民群众的安全感不强，群众对社会治安还不太满意，治安形势总体稳定的基础明显脆弱。社会稳定的管控，如果只重视“斗气斗力”，不符合现阶段的社会情势，无助于社会治安管理和刑事司法工作的展开，是一种不科学的社会治安战略思想和政策。因此，很长时期以来，尽管我们在以不同的方式强调和进一步加强社会治安综合治理，但是社会治安的总体形势依然较为严峻。

社会治安综合治理的复杂态势和重要意义，一直吸引着中央高层关注的目光和社会公众的热切期待。人们普遍注意到，我国群体性事件的多发与维稳工作的偏差引发了一系列持续性社会问题，而纠纷解决机制不畅更激化了累积已久的社会矛盾，严重冲击着转型时期本就易于波动的社会秩序。社会治安综合治理存在的这些问题，正是从社会治安综合管理到社会治安综合治理转变的逻辑前提；而消解这些问题的客观需要，则构成这一转变的内在逻辑。顺势而为的党的十八届三中全会提出的“创新社会治理体制”的命题，是对当前中国社会发展基本情况的深刻把握与科学判断。这一理论创新，使国家治理首次在中央全会上被明确提出，并融入全面深化改革的总目标。[③]

从十八届三中全会的视角观察，社会治安综合治理是国家治理的重要组成部分。推进国家治理现代化，必然要求推进社会治安综合治理现代化。没有社会治安综合治理现代化就没有国家治理现代化。十八届三中全会的用语措词，从过去的“社会管理”到当下的“社会治理”，不仅是语词的变化，

---

① 参见徐虎：《河南省农村社会治安综合治理现状与对策》，载《中共郑州市委党校学报》2010年第4期。

② 金其高：《论社会主义法治与社会治安综合治理的关系》，载《江西警察学院学报》2011年第2期。

③ 参见江必新：《推进国家治理体系和治理能力现代化》，载2013年11月15日《光明日报》。

更重要的是理念与内涵的重要转型。[①] 全会认为，加快国家治理体系和治理能力现代化建设进程的首要任务是深刻理解社会管理和社会治理，尤其是社会治安综合治理。创新社会治理，必须着眼于维护最广大人民根本利益，最大限度增加和谐因素，增强社会发展活力，提高社会治理水平，全面推进平安中国建设，维护国家安全，确保人民安居乐业、社会安定有序。这昭示着中国的治理方式正在发生深刻变化。正确处理和调整政府与社会关系的核心就在于进一步深化行政体制改革，转变政府职能，并且将政府与公众参与在社会治安综合治理方式中的角色重新定位。[②] 在当前新的形势下，有效整合资源，坚持齐抓共管，开创了社会治安综合治理工作的新局面，不仅是优化和创新社会治安综合治理的主体结构、运行机制的重要内容，也是社会治安综合治理现代化在当前中国语境中的具体展现。

三、社会治安综合治理发展趋势顺应依法治国的方向

在国家治理现代化的政治图景中，社会治安综合治理应当是多元主体协同共治的一副动态画卷，三十多年来的画卷舒展开来应是“民主”和“法治”的集中呈现。但是，在这一缓缓舒展的画卷中，斑驳点缀的还有太多灰色的暗影和曲折的黑色印迹。

直到目前，社会治安综合治理的实施方式主要以政策性运行机制为主，实施依据也以政府的政策性文件为主。但是，社会治安综合治理政策有很多是在当时的社会背景下制定的，对维护当时的社会稳定和发展起到了积极的作用，可是随着社会的不断发展和进步，以文件进行社会治安综合治理的弊端也逐渐显露出来。如 1982 年的《中共中央关于加强政法工作的指示》就是实施“严打”的一个基本政策依据，而且在该政策文件中“严打”是作为综合治理工作的一个方面提出来的。此时，冠以“综合治理”合法化外衣的“严打”已经被放在比加强基层工作更重要的地位。这是违法犯罪未能有效预防控制、社会治安状况日益恶化时综合治理效果有限的根本原因所在，也为 1983 年 9 月开始的规模空前的“严打”战役“培育”了“市场”，为“严打”取得“丰硕成果”提供了社会基础。[③] 甚至，历史上多次以“严打”进行社会治安集中整治的方式，虽然取得了显著成效，在特定时期维护了社会稳定和社会

---

① 参见魏治勋、白利寅：《法学视域下的社会治理问题》，载《南通大学学报》2014 年第 5 期。

② 参见施煜：《深入推进我国社会治理方式的转型》，载《西安政治学院学报》2014 年第 5 期。

③ 张超：《探索长治久安之路——社会治安综合治理的梳理与展望》，载《河南公安高等专科学校学报》2004 年第 2 期。

秩序,但我们也要清醒地认识到,“严打”的运动式治理方式在促进社会治安好转的同时,也给我们留下了一些值得深思和高度重视的问题:一是,大规模“严打”斗争后由于综合治理的其他各项措施没有及时跟上,警民关系日益疏远,干群距离逐渐拉大,基层基础工作更加薄弱,犯罪反弹现象突出,如1983年、1996年两次“严打”过后均出现了犯罪反弹的现象。可以说,历史上的几次运动式“严打”确实在短期内取得了重大战果,但在十多年这个不算太短的期间,违法犯罪增长的势头并没有改变,严峻的社会治安形势也保持了十多年。二是,作为综合治理首要环节和主要手段的“严打”已经成为脱缰的野马。在“严打”过程中按照“从重从快”的打击原则,非法取证、刑讯逼供等造成了一些冤假错案,使得近几年来司法不公的问题日趋凸现,严重削弱了司法公信力,动摇了社会法治大厦的根基。

几经反复的“严打”得失,引起了人们的普遍反思。回顾历史,多年的综合治理仍然离不开“严打”,固然与国内外多种复杂因素有关,但更与综合治理没有建立系统、完备的法制体系有关。制度建设的落后势必对充分发挥综合治理的作用产生较大影响,也不能长久地保持“严打”所取得的成果,因而难以跳出隔几年来一次“严打”的模式。对于一个将在几十年甚至更长时期适用的重大战略,显然不能仅立足于全社会基于政策和热情的广泛参与,而要使综合治理成为严密、连续、有序、有责的活动,必须依靠法律制度的支持。因此,“法制化是综合治理的必由之路”[①]。也正是在20世纪80年代即将结束的时候,“综合治理”的命运出现了令人可喜的转机。1989年,《中共中央关于批转全国政法工作座谈会纪要》要求“全党全社会都要维护社会安定,进一步落实社会治安综合治理措施”,该《纪要》还明确提出了“综合治理要法律化、制度化”,并“建议国家立法机关对这个问题加以研究,尽快立法,把综合治理纳入法制轨道”。此举似乎预示着中国社会治安综合治理工作将翻开新的一页。

然而,社会治安综合治理的法律化态势并没有迅速向预想的方向发展。尽管我国1991年以来所颁布的各项社会治安综合治理政策措施,在一定程度上体现出向明确化、规范化、制度化、法制化、全面化方向推进的趋势。例如,1991年全国社会治安综合治理工作会议的召开,特别是随后中共中央、国务院《关于加强社会治安综合治理的决定》的公布,以及全国人民代表大会常务委员会《关于加强社会治安综合治理的决定》的颁布,标志着社会治

---

① 张玮:《关于社会治安综合治理实施方式的思考》,载《法学论坛》2002年第6期。

安综合治理的方针以政策和法律的形式确立下来。1992 年 10 月,党的十四大通过的《中国共产党章程》,把“加强社会治安综合治理,保持社会长期稳定”写入了总纲。2001 年,中共中央、国务院下发了《关于进一步加强社会治安综合治理的意见》,明确地指出:“加强社会治安综合治理工作必须与社会主义精神文明建设相结合,与党风廉政建设相结合,与加强社会主义民主法制建设、实施依法治国基本方略相结合。要不断完善综合治理的法律、法规,使社会治安综合治理工作进一步规范化、法制化。”但是在接下来的许多年中,社会治安综合治理的政策性运行并没有发生根本性变化。

社会治安综合治理之所以出现波浪形的治理怪圈,就是因为依据政策进行综合治理的方式,实际上既不能解决经常性工作体制的建设问题,又不能解决因为体制建设滞后而逐渐积累形成的严重治安问题。相反,社会治安状况似乎更为纷繁复杂,尤其是近年来非传统安全风险急剧上升,暴力恐怖主义势力、极端宗教势力、民族分裂势力等也对社会秩序造成了严峻威胁,特别以 2013 年 10 月发生的“金水桥事件”、2014 年 3 月发生的“昆明暴力恐怖袭击事件”为代表,传统的以政策性运行为特征的各自为战、被动适应的综合治理机制已不能满足日益发展的社会客观需要。更让人担心的是,由于缺乏一些必要的法律依据和法律基础,社会治安综合治理政策的实际执行情况,与预想方案肯定会存在一定的差距。在社会治安综合治理的地方实践中,社会治安综合治理缺乏严密的分工层次,治理压力也通过层层分解的方式,形成以综合治理目标责任制为特征的压力型行政模式。加之,社会治安综合治理工作没有严格的监督机制对其进行监督和检查,在责任制的重压之下,地方党政主要领导面临社会治安“一票否决”,更易引发目标置换,出现地方政府“一切都要给维稳让路”的维稳模式,地方政府不计成本地投入,却收效甚微,陷入了维稳的恶性循环。

痛定思痛,人心思改。社会治安综合治理是一项长期、艰巨、复杂的社会工作,它需要有一整套具有普遍约束力、稳定、有效的行为规则加以规范调整,社会治安综合治理也必然要实现法治化。党的十五大首次提出了依法治国、建设社会主义法治国家的基本方略,其后这一治国理政的现代理念,在历次党的重要会议上又被不断重申和深化。党的十八届四中全会提出的全面推进依法治国的总目标,就是对中国法治进程和治国理念的最新诠释,具有里程碑的意义。传统意义上的社会治安综合治理,由于是建立在“两个决定”为主体的政策依据之上的,其法律地位并不明确,且过多强调政治责任,采取政治措施,显然不符合法治要求。

全面推进依法治国的重大决策之于社会治安综合治理而言，也就意味着社会治安综合治理将必须摆脱以权威政府为唯一导向的传统模式，社会治安综合治理工作必须从人治转向法治，“综治”和“法治”将不断走向融合和统一。而且还应当看到，社会治安综合治理作为党的重要工作纳入法治化轨道之后，相关党务活动都要在宪法和法律的范围内开展，这也是党在社会治安综合治理领域执政方式的重大变革，对于提高党的执政能力、实现国家长治久安具有重要意义。

第三节　社会治安综合治理的正当性分析

经验表明，任何社会中的治安问题都是与其特定历史时期的政治、经济、文化的发展进程紧密相连，并会随着社会的大变动而发展变化。从世界范围的现代化进程看，不论是19世纪的工业革命时期，还是20世纪以来一些国家在从农业社会向工业社会的转变过程，尽管各国的政治、经济、文化和社会背景各不相同，但都毫无例外产生了经济结构失衡与发展不平衡、社会二元结构拉大、严重的分配不公、商品经济引发价值观念的变化，也大都因为腐败现象的蔓延以及流动人口增多、城市人口膨胀、下岗失业人员突增等问题，诱发了犯罪激增、治安恶化的现象。社会转型期的中国，也进入了被世界上许多国家公认的敏感阶段，也就是社会矛盾频发、社会问题集中的高风险时代。在这一阶段，社会治安综合治理会始终扮演着重要的角色。在风险与挑战并存的转型发展变局中，社会治安综合治理不仅是一项关乎政府执政能力和管理水平的大事，也是一项事关社会经济发展与维护社会稳定的基础性工作，更是一项系统的民心工程。这一制度的存在和发展，有其内在的逻辑必然性和理论正当性。

一、社会治安综合治理根植于中国特有国情的复杂性

经过三十多年的改革开放，中国进入了一个新的社会转型时期，转型的标志是中国社会正在从自给、半自给的产品经济社会向有计划的商品经济社会转型，从农业社会向工业社会转型，从乡村社会向城镇社会转型，从封闭、半封闭的社会向开放的社会转型等等。由于新旧两种社会体制、秩序体制和机制并存交替局面，将会持续一个较长时期，由此产生的各种摩擦、矛盾和冲突将会在一定时期内表现得异常激烈。

在境内，转型中出现的结构冲突、机制冲突、规范冲突、利益冲突、角色

冲突和观念冲突更加复杂，使得社会治安形势日趋严峻。特别是转型期的体制改革过程，同时也是利益格局调整的过程。利益分配不公导致利益差距拉大的同时，也伴随着各种利益摩擦和冲突。与此同时，在结构转型时期，各种结构性要素都处于变化之中，具有较大的流动性、过渡性和不稳定性。社会管理和防范机制存在诸多弊病和漏洞，诱发、滋生了大量犯罪。在境外，敌对势力加紧对我国进行渗透和破坏活动，境内外民族分裂势力、宗教极端势力和暴力恐怖势力相互勾结，利用所谓“民族、宗教、人权”等问题制造事端，企图破坏我国的社会稳定。而且，可以预见，随着社会转型的日益推进，中国社会治安问题越来越复杂化、动态化与多样化，对传统的治安治理模式的挑战也会更加严峻。

从宏观数据看，近几年来，虽然全国信访总量、集体上访总量、群体性事件总量有所下降，但仍在高位运行。首先，诱致因素存在于农村土地征用、城镇房屋拆迁、劳资纠纷、涉法涉诉等多个领域。其次，矛盾涉及各个行业、多个阶层、多个群体。再次，触点增多、燃点降低，特别是在信息快速传播的大背景下，许多普通纠纷很容易演化为群体性事件。要想在短期内基本消除这些危害社会治安的隐患和问题，显然是不可能的。如果对这些社会矛盾和问题熟视无睹，不加防范与缓解，则可能出现一个累积、扩散、爆发及失控的过程，进而使整个社会陷入动荡、混乱的境地。而且，从现在起到今后一段比较长的时间内，我国所面临的特定时代条件和社会失调现象仍将延续下去，某些不和谐因素还有可能呈加剧之势。可以说，现阶段我国各种社会矛盾、问题的广泛性和数量是新中国成立以来前所未有的，有些社会矛盾和问题的严重性、负面效应不断呈现出来，对于整个社会的安全运行与健康发展开始构成明显的威胁。这些矛盾和问题不同程度地牵动社会治安综合治理的全局，需引起足够的重视。

社会公共秩序在整个社会管理工作中基础性的地位，决定了社会治安综合治理工作的对象是危及社会稳定、破坏社会秩序的社会公共安全问题。在充满高度不确定性与危机的风险社会，保持社会稳定是推进改革开放和现代化建设必不可少的前提条件。在社会管理模式下，政府负责社会矛盾问题的仲裁、解决。不过，事实表明，在纷繁复杂的现代社会，没有哪个机构拥有充足的资源和知识可以独自解决所有的问题。在利益多元化、人群分化、矛盾纠葛难解的情况下，即使政府继续充当救火队长的角色，也难以解决所有的社会矛盾。相反，在面对公共事务时，相互依存的行动者需要通过交换资源、共享知识、谈判目标，才能采取有效的集体行动。因此，在应对社会治安复杂态势的措施和机制上，社会治安综合治理显示出强大的生命力和有效性。通过正确运用经济、行政和法律手段，调动社会各方面的力量，加强社会治安综合治理，坚持“打”“防”结合，预防为主，妥善处理人民内部矛盾特别是涉及群众切身利益的矛盾，保持安定团结的局面，是解决我国社会治安问题的最佳途径，是维护社会稳定、实现国家长治久安的必由之路。

二、社会治安综合治理具有文化传承的特殊基因

“法治”是中国人多年不懈追求的梦想，也正行进在法治国家的路程上。当今世界，个人、社会组织、政府乃至整个社会都是建构法治社会的重要因素。在“全面推进依法治国”的新时期，法治秩序既是社会秩序的内在要求，也成为各项社会建设事业的关键议题。在这一命题下，我们认同并强调“国家治理”而非“国家统治”，强调“社会治理”而非“社会管理”，这种词汇的转换所体现的不是简单的词语变迁，而是思想观念上的变化。然而，中国的法治在集权体制和官僚政治的基础上历经数千年的演化，却始终在人治与法治之间纠结，摇摆不定。“当历史拉开了距离，在我们回顾历史进程中的中国法治时，就会发现，改良、维新、革命、战争、改革无不与法治有关，无不存在着人治与法治的抗争。”[①]甚至直到目前，中国的法治依然具有连绵不断、因因相袭的人治特征。

任何一种治理模式和法律制度的形成发展，都有其深刻的历史文化背景和特定的社会人文环境。综观中国历史，中国的封建社会历时两千多年之久，无论是封建传统的“礼治”，还是革命传统的“权治”，中国在改革开放之前一直秉承“人治”的社会治理模式，法律始终停留在“器物”层面。传统的政治思想相当系统、精密，在中华民族主体形象创造过程中，沉淀为具有中国特色的政治文化，以至于中国共产党十一届三中全会之前，中国的发展轨迹在相当长的一段时间内呈现扭曲的状况。尤其是“文化大革命”的十年浩劫时期，即使传统文化建设也受到极大的破坏。同时，思想上开始盲目排斥先进的现代文明的外来文化，夜郎自大，拒绝同外界的物质与信息的交流，致使文化发展滞缓，人的精神和思想受到严重禁锢。这种故步自封的社会观念和根深蒂固的文化思想，构成了阻碍先进生产方式和生产力加速推进的观念屏障。虽然在打开国门后几十年间，中国民众的思想、行为带来了全方位的深刻变化，但更深层的文化烙印却依然清晰可见，在思想传承、言

① 河浚：《中国社会治理方式的历史考察与现实选择》，载《山西财经大学学报》2000年第5期。

谈举止的各个层面，都可以捕捉到传统文化束缚的印迹。其中的缘由，如果结合中国改革开放的时代进程或许不难理解。因为中国的改革是从总体主义体制起步的，在改革开放的初始阶段，政府在国家与社会的权力分配格局中占据着绝对的主导地位，这既决定了改革本身就是在“总体性社会”之上进行的“政府主导性改革”，又决定了社会建设的动力只可能源自于执政党内部。在这种现实背景下，法治建设的推动必然带有“权治”的历史色彩，法律仍然是被视为一种打击敌人、维护政权统治的工具和手段。[①] 正是由于这种传统政治文化观念对社会治理理念的束缚，以及法治理念和传统的匮乏，使得中国民众早已习惯了政府管理和官民等级，社会组织对政府的依赖性较强，民众参与性较弱。

和谐稳定而健康有序的社会生活，应当内在地渗透并张扬着一种文化精神：人们关心政治，积极参与公共事务治理，相互关心爱护，注重民主协商。但是，在中国社会治安治理的现实中，我们注意到在市场经济逐步得到发展和完善的同时，也由于政治文明建设和法治建设进程的迟滞，反而在某种程度上削弱了民主参与的文化认同。伴随着中国社会的转型过程，中国文化在与世界现代文化观念的交融、摩擦和碰撞中开启了由传统走向现代的征程。面对世界范围各种思想文化的相互激荡和中国文化的发展，具有鲜明时代特征的有中国特色的社会主义文化建设，极大地促进了中国社会治理与社会建设的步伐。但是，截至目前，我国社会治安综合治理甚至社会管理活动中，“以人为本”和“社会公正”的积极理念并未得到很好的贯彻落实。

良好的社会治安秩序离不开优良的文化环境。文化环境不仅以其潜移默化的方式指导着人们的心路历程和行为方式，而且对社会治安秩序的状况起到巨大的能动作用。中国社会治安综合治理必须要借助于优秀文化的传承与法治文化的成长这一基本方式来展开，这不仅是社会治理的本土基因的特殊性要求，也是中国社会治安综合治理总结正反两方面的历史经验而得出的结论。

三、社会治安综合治理工作范围的跨越性

以上已经述及，1991 年中共中央、国务院和全国人大常委会相继颁发的

---

① 参见郭星华、石任昊：《从社会管制、社会管理到社会治理——改革开放以来中国现代法治建设的变迁》，载《黑龙江社会科学》2014 年第 6 期。

《关于加强社会治安综合治理的决定》是社会治安综合治理的纲领性文件。两个文件重点明确了社会治安综合治理的工作范围，主要包括“打击、防范、教育、管理、建设、改造”六个方面。

(1)打击是社会治安综合治理的首要环节，是落实社会治安综合治理其他措施的前提条件。必须长期坚持依法从重从快严厉打击严重刑事犯罪活动的方针，运用打击的手段震慑犯罪分子。

(2)防范工作是减少各种违法犯罪活动和维护社会治安秩序的积极措施。各单位要在党政的统一领导下，发动群众建立起各种形式的群防群治组织，落实治安责任制，建立健全各项规章制度，不断提高自防自卫的能力。

(3)教育特别是加强对青少年的教育，是维护社会治安的战略性措施。各部门和各单位都要根据青少年的特点，开展各种喜闻乐见、寓教于乐的思想教育活动，培养青少年高尚的情操，提高辨别是非的能力，增强自身的免疫力。

(4)管理工作是堵塞犯罪漏洞、减少治安问题、建立良好秩序的重要手段。要加强对重点人员和重点部门要害部位的管理，落实责任，明确措施。

(5)加强基层的组织建设和制度建设，是落实社会治安综合治理的关键。要按照中央的要求，各单位要层层建立社会治安综合治理组织机构，要把基层组织建设作为重点。推行各种形式的综合治理目标责任制和领导干部责任制，加快制定和完善综合治理的法律、法规，使综合治理各项工作做到有法可依，有章可循。

(6)改造工作是教育人、挽救人，防止重新犯罪的特殊预防工作。积极做好刑满释放、解除劳教人员的帮教和就业安置，采取多种渠道为他们解决生活出路问题，以利于对他们的改造和帮教，减少重新违法犯罪。

从上述工作范围看，社会治安综合治理的目标是综合的。既要使已发生的违法犯罪行为受到应有的制裁，又要防范一切可能的治安危害的发生。从社会治安综合治理的实施主体看，也几乎包括了所有各类机关和社会组织的积极参与。换言之，社会治安综合治理是在各级党委和政府集中统一的领导下，保证广泛的社会力量综合于治理社会治安这个目标上，既要发挥公安、法院、检察院、司法、国家安全等专门机关的骨干职能作用，更要发挥各部门、各系统、各团体、各群众组织以及广大人民群众的积极作用。在社会治安综合治理手段和措施上，要求采取多样性、综合性的治理方式，既有政治的、思想的、文化教育方面的手段和措施，又有经济的、行政的、法律方面的手段和措施；既有打击犯罪方面的手段和措施，又有防范方面的手段和措施。

2001 年，中共中央、国务院颁发的《关于进一步加强社会治安综合治理的意见》更是将 1991 年中共中央、国务院和全国人大常委会的两个文件部署的核心工作内容归纳为两个环节：打击和预防，并进而提出“打防结合，预防为主”的方针。在这些措施中，打击、改造是着眼于既发犯罪的，属于治标之策；预防防范、教育、管理、建设是着眼于未然之罪，属于治本之策。① 在接下来的十多年间，全国各地普遍开展了严厉打击严重影响人民群众生命财产安全的黑恶势力犯罪、严重暴力犯罪以及破坏社会主义市场经济秩序的金融犯罪，有针对性地开展了“侦破命案”、打击“两抢一盗”“禁赌”、反扒窃等专项行动，侦破了一批大案、要案和积案，有效维护了地方社会治安的持续稳定。部分地区还针对多发性案件高发等情况，开展了多部门的合作配合，及时制定和调整打击惩处的政策，有效遏止了案件的高发势头。各地普遍实施了对违法犯罪情节较轻的未成年人实行考察教育制度，搭建教育挽救违法犯罪未成年人工作的政策平台，最大限度地给予有帮教条件的失足少年改过自新的机会。公安、检察、法院等部门在团组织、青少年社工和有关学校、家庭的支持下，分别采取缓处考察、诉前考察和判处非监禁刑等形式实施帮教，进一步拓展了未成年人预防犯罪的工作空间，也普遍通过多方面、多角度及时发现社会治安突出问题，齐抓共管，形成合力，积极开展丰富多彩的宣传活动，提高了“严打”整治工作的针对性和有效性。

这一良好态势，在此后的社会治安综合治理工作中被沿袭保持，并得到了发展完善。稳定对于发展中的国家而言，无疑具有重要意义。党中央也多次强调指出，发展是第一要务，稳定是第一责任，越是加快发展，越是需要安全和谐，越是要高度重视社会治安综合治理。在中国特色社会主义的治理模式中，党的十八大报告提出，要加强和创新社会管理，建立健全党和政府主导的维护群众权益机制，完善信访制度，完善人民调解、行政调解、司法调解联动的工作体系，畅通和规范群众诉求表达、利益协调、权益保障渠道。同时，深化平安建设，完善立体化社会治安防控体系，强化司法基本保障，依法防范和惩治违法犯罪活动，保障人民生命财产安全。这一纲领性表述，为我国各级政府未来相当长一段时期的综治工作指明了方向。

也就是说，在党的十八届三中、四中全会战略部署视野中，持续强化社会治安综合治理正面临着新起点和新要求，应对国内外复杂治理要求，增强

① 参见辛科：《社会治安综合治理：问题与对策》，载《中国政法大学学报》2011 年第 3 期。

社会治安治理是构建社会主义和谐社会、促进“四个全面”健康推进的保障工程，是保护人民群众生命财产安全、确保社会安定有序的民心工程，是巩固党的执政地位的基础工程。当前，在全国社会面继续保持和谐稳定的形势下，社会治安综合治理的任务依然繁重，深层次的社会矛盾进一步显现，滋生和诱发违法犯罪的因素不断增多，人民群众对安全稳定的要求进一步提高，社会治安综合治理的有效办法还有待探索建立。由于社会治安是各种社会矛盾的综合反映，靠一两次集中打击不可能根本解决，必须同时采取发动群众、加强防范工作的积极措施。只有广泛动员各方面的力量，加强社会治安进行综合治理，才能有效地控制和逐步消除产生违法犯罪和其他治安问题的土壤和条件，达到遏止和减少违法犯罪的社会效果。这不仅有利于公安、司法机关集中力量打击严重刑事犯罪活动，提高刑事案件的侦破率，缓解社会矛盾，消除不安定因素，而且可以提高改造教育的质量，形成社会治安综合治理的良性循环。

四、社会治安综合治理顺应国家治理现代化趋势

现代化是人类社会不可抗拒的历史大趋势。中国共产党对于现代化的认识横跨了半个多世纪。在 20 世纪中期前后，中国共产党逐步地形成了“工业、农业、国防和科学技术的现代化”即“四个现代化”的认识。在“四化”提出五十多年之后，2013 年，中国共产党十八届三中全会明确地提出：“全面深化改革的总目标是完善和发展中国特色社会主义制度，推进国家治理体系和治理能力现代化。”对此，“可以把推进国家治理体系和治理能力现代化，看成是我们党继提出工业、农业、国防、科技这‘四个现代化’之后，提出的‘第五个现代化’”[①]。实际上，自近代以来，中国就面临社会治理现代化的重大历史课题，即从传统的自上而下的国家权力统治向现代社会治理转型。而改革开放以来，随着经济制度的转轨和社会结构的转型、利益的日益多元化和社会多样性，创新社会治理的诉求越来越强烈。“国家治理体系和治理能力现代化”可谓正当其时，作为一个全新的政治理念，它表明我们党对社会政治发展规律有了新的认识。

如上所述，中国的社会治安综合治理实则酝酿于 20 世纪 70 年代末，提出于 80 年代初，形成于 90 年代初。也就是说，社会治安综合治理的战略决

① 杜飞进：《中国现代化的一个全新维度——论国家治理体系和治理能力现代化》，载《社会科学研究》2014 年第 5 期。

策基本上是在中国社会转型初期，传统性仍然较为浓厚时期所提出和发展起来的。多年以来，在社会治安综合治理的传统格局中，我们依然习惯于用"运动式"集中整治的手段来解决社会治安问题。"运动式"的集中整治不仅表现为雷厉风行、立竿见影的"严打"纠偏，还表现为"依法从重从快"的专项治理。这本质上是传统人治社会的延续。客观而言，这与我国处于社会转型时期面临的国内外多种复杂因素有关。一方面，伴随社会主义市场经济体制改革的深化，劳动力资源调整规模的不断扩大，流动人口激增，社会失业人员大幅增加，给大中城市和经济发达地区的社会治安管理带来严重压力；另一方面，我国的社会转型使社会控制体系正处于新旧交替过程中，企业的"关、停、并、转"导致很多技术工人下岗分流，从一个"单位人"变成了"社会人"，单位的管理控制功能迅速弱化，而又没有建立新的替代性机制，加上各项社会保障制度的缺位，导致社会控制功能弱化。更为重要的是，从实施方式上看，社会治安综合治理没有建立系统、完备的现代化体制机制。

应当认为，我国社会治安综合治理与我国国情和社会主义制度基本上是适应的。而且，"从实现当初设定的政治目标以及政府的视角来看，二十多年的社会治安综合治理是非常成功的，在经济快速增长和社会迅速转型的同时，保持了政治社会稳定，没有出现剧烈的政治社会动荡，实现了政府最初推出这一公共政策的目标"①。从这一点来说，社会治安综合治理工作模式运行到今天，能够取得这样巨大的成果，其实是相当不容易的。但是，也应当看到，世界格局日益复杂，国际思潮相互激荡，意识形态渗透愈演愈烈。国内社会的大变动、大转型时期，社会各阶层的利益结构不断分化、重组，不可避免地引发种种社会治安问题，而这些压力又逐渐形成一种挑战，使得社会治安综合治理工作承受巨大压力。在这样的背景下，实现综合治理工作现代化已经非常迫切。

我们认为，国家治理体系是包括了政治治理、经济治理、社会治理、文化治理、生态治理等多个领域以及基层、地方、全国乃至区域与全球治理中的国家参与等多个层次的制度体系。社会治安综合治理作为社会治理和国家治理体系的一个重要组成部分，当然要顺应时代潮流，迎风而动。事实也多次表明，社会治安综合治理工作所面临的社会公共安全问题的复杂性，社会公共秩序涉及领域的广泛性，都使得仅仅依靠传统治理模式进行社会治理，

① 王焱：《社会治安综合治理理论和工作模式的重新审视》，载《江苏警官学院学报》2012年第1期。

难以适应日益多元化的社会变革。[①] 因此，必须在国家治理体系和治理能力的发展空间中寻找新的突破口和生命力。无论对国家治理现代化做怎样的理解，其中所蕴含的民主化和法治化都是不容置疑的核心内容。换言之，社会治安综合治理在当今中国的正当性只有在治理民主化和治理法治化的语境中才会找到合理的支撑与证成。

一方面，社会治安综合治理应当是具有民主治理的品格。治理现代化是一个单中心治理被多元复合治理代替、权威主导被社会协作网络式治理代替的过程。[②] 从国外经验来看，西方国家政府推进的以新公共管理为代表的改革作为治理改革的起点，开启了以政府内部提升效率为主的管理主义改革、以外包为主要形式的公—私合作关系的建立、以社会组织为重要动力的参与式民主建设这三者的有机结合改革之路。这一系列变化中，除了传统的政府体系之外，越来越多的组织融入到公共管理的领域中，对政策的制定和执行起到了重要作用，政府不同层级间、政府和企业之间以及社会组织间的政策网络得以获取更多的自主空间，从而形成新的治理体系。[③] 而且，社会治安综合治理本身所要求的主体广泛性，与民主化改革方向所体现的参与主体多元性具有内在统一性，也有利于形成法治国家、法治政府和法治社会有机良性互动的多元共治格局。

另一方面，社会治安综合治理的法治化是其发展的必然方向。[④] “法治作为人类社会所追求的基本政治价值，既是现代社会治理体系的重要基石，也是现代社会秩序的基础性保障力量”[⑤]，善于运用法治思维和法律制度是国家治理体系和治理能力现代化的重要体现。推进国家治理体系与国家治理能力的现代化，其实质就是在法治国家、法治政府、法治社会三位一体的建设中，最终实现国家对社会的有效治理。

社会治理现代化是国家治理现代化的核心构成要素，而法治建设则是社会治理现代化的战略突破口。社会治理离不开法治；法治是社会治理的

---

① 游祥斌、李祥：《反思与重构：基于协商视角的社会治安综合治理体制改革研究》，载《中国行政管理》2014 年第 12 期。

② R. A. W. Rhodes, *Understanding Governance: Policy Networks, Governance, Reflexivity and Accountability*, Buckingham: Open University Press, 1997.

③ 参见陈勇、李呈：《城市基层社会治理面临的现实挑战和应对维度》，载《北京政法职业学院学报》2014 年第 4 期。

④ 参见康均心、周亮：《从“综治”到“法治”：犯罪控制的科学之路——写在社会治安综合治理两个〈决定〉颁布 20 周年之际》，载《法治研究》2011 年第 8 期。

⑤ 唐皇凤：《法治建设：转型中国社会治理现代化的战略路径》，载《江汉论坛》2014 年第 9 期。

题中之义，也是实现现代社会治理的必经路径。“社会治理的目标在于维护社会稳定，达成社会秩序，建设美好社会；而法治是维护社会稳定、达成社会秩序的不二路径。”[①]要有效防范和化解社会治理实践中面临的诸多难题，走出社会政治不稳定的阴影，顺利跨越“中等收入陷阱”，避免渐进改革中的“转型陷阱”，有效化解转型社会的秩序危机，必须积极推进法治建设，提升社会治理的水平和能力，稳步推进“综治”走向“法治”的进程。社会治安综合治理也只有在依法治国的框架下推进，才能不断增强综合治理工作的统一性和普遍性，真正实现打防结合、不枉不纵。

① 周红云：《法治与社会治理》，载《马克思主义与现实》2014年第6期。

第二章 社会治安综合治理的历史演进

改革开放以来，治安之所以需要综治，必然基于现实治安的需要，这是制度形成和发展的逻辑起点。综治是法治在善治面向上的追求，但在法治化进程中，综治制度同样经历了一个从过低的制度化走向较高的制度化的过程。在社会的安全需求上，综治是主线，但其制度实践必将与法治思维和法治方式相结合，最终以“善治、共治和法治”的治理理念和模式融入现代法治，成为法治运行的重要组成部分和重要表现形式。全面梳理和回顾社会治安综合治理走过的历史足迹、遗留的时代影响，对客观、准确地认清今日社会治安综治所形成的格局、治理结构，展望未来的发展走向和趋势都是不可疏漏的基础，有助于以更加明确清晰的思维、审时度势的视角去判明和分辨社会治安综合治理的内在发展逻辑和依循路径。根据制度形态和法治化程度不同，可以将社会治安综合治理的历史发展分为萌芽期、探索期和发展期。在不同历史时期，社会治安综合治理的内涵特征、内在逻辑、理念原则、体制机制等均表现出不同的特征。我国社会治安综合治理的历史演进，为细致、深入、系统研究此领域的历史变迁和背景转换提供了纵向的空间视域。追溯新中国成立初期、改革开放前后的制度背景和党的“权力组织网络”的权力形态，对其后分析社会治安综合治理的中国进程和拓展空间都有非常确切的助益和现实需要。

第一节　社会治安综合治理的萌芽期(1949～1978)

虽然近代以来社会治安因去刑法化的走向而在一定程度上出现与政治国家、刑事犯罪和治安行政的制度界分，但新中国政权在废除旧法统基础上的初建，结合中国共产党革命的政法传统，在社会治安的理解上，治安含有对敌斗争、刑事犯罪和行政上的一般违法的含义，一直与政权巩固稳定和国家安全结合在一起，这也不足为怪。新中国成立以来到改革开放前的社会治安以及社会治安的具体维护，是改革开放之后治安施以综治内在逻辑的重要视角和制度背景。

一、新中国成立初期社会治安的治理逻辑

美国学者 R. 麦克法夸尔和费正清编的《剑桥中华人民共和国史》有两段关于“文革”对社会治安和社会秩序破坏的描述：

> 严重破坏了城市的社会秩序……1969 年大动乱阶段的结束并未能使社会秩序恢复到以往那种程度。黑市交易、非法买卖和投机倒把猖獗。在公共汽车和有轨电车上小偷肆虐，晾在外面的衣服及放在外面的自行车稍有不慎就会不翼而飞。人们在晚上独自行走时比过去更加害怕，一些耸人听闻的传说如抢劫、强奸、谋杀更令人毛骨悚然。也许最使人胆战心惊的是犯罪集团或“黑社会”开始在大城市出现，他们的犯罪方式同世界其他地方的一样——占据地盘，制造土武器，同敌对的集团进行火并。城市居民们越来越害怕到这些黑社会活动猖獗的地方去，他们也同样担心自己的孩子会受到这些黑社会势力的影响。比较而言，中国城市犯罪率比世界其他一些国家低得多，然而，中国的市民们已感觉到他们曾无比感激的 50 年代里的社会安全和公共纪律现在已是荡然无存了。[①]
>
> 植根于“文化大革命”的犯罪和青少年犯罪，到了后毛泽东时代还在延续，这使人们感到担忧，的确，逐步结束城市青年上山下乡计划和允许满腹牢骚的青年返城但又不能安排他们充分就业，可能又加重了

---

① ［美］R. 麦克法夸尔、费正清编：《剑桥中华人民共和国史：中国革命内部的革命(1966～1982 年)》下卷，中国社会科学出版社 1992 年版，第 721～722 页。

> 城市犯罪问题。1979 年以后，由于新的新闻政策允许对大的犯罪案情进行报道，加之对执行新刑法所作的广泛宣传，人们感觉到的犯罪风险或许比真正的犯罪率还高。人们留恋过去的好时光，那时候他们能在夜间独自一人无忧无虑地散步，公共道德水平极高。在毛泽东以后时期，这种怀旧情感依然很强烈。①

这两段描述反映出“文革”时期社会秩序和风气遭到严重破坏的状况，“文革”后遗症给社会治安带来了严重的消极后果，青少年违法犯罪成为当时政治和社会危机的典型表现。② 同时，从另一个侧面也反映出新中国成立初期相当长一段时期社会秩序、社会风气的良好状态。在 1979 年 8 月 17 日中共中央批转《中宣部等八个单位〈关于提请全党重视解决青少年违法犯罪问题的报告〉的通知》中也可看出：“建国以来，在一个相当长的时期内，我们的社会秩序和社会风气，青少年的精神面貌和道德品质，本来是很好的。我们的国家曾经引以为豪，并得到众多国际友人的赞颂。”

新中国成立初期，在巩固新生政权和全面恢复国民经济复杂而严峻的形势和任务背景下，令国家引以为豪、国际友人赞颂、中国人无比感激的社会安全和公共纪律是如何建立起来的呢？政治学者通过“组织化调控”的核心概念分析得出这样一个结论：新中国成立之后，中国共产党通过分散社会的再组织化确立起现代转型的国家治理体系的逻辑起点，通过组织化调控方式实现权力组织网络的全面渗透和国家政权体系的建立，社会治安及其治安效果也正是在这个体系架构下通过政治运动与权力组织网络互动得以实现。③ 问题是中国共产党的这一治理形态的逻辑起点和治理有效性的基础是什么？这需要从近代以来中国国家治理的进路中进行寻找。

---

① ［美］R. 麦克法夸尔、费正清编：《剑桥中华人民共和国史：中国革命内部的革命（1966～1982年）》下卷，中国社会科学出版社 1992 年版，第 732 页。

② 根据中宣部等八家单位的联合调查报告显示，当时刑事案件的作案人员中，青少年占很大比重，大、中城市一般占百分之七八十，农村占百分之六七十。这些违法犯罪青少年，从偷摸扒窃、打架斗殴、耍流氓，发展到拦路抢劫、强奸妇女、行凶杀人；有些结成“团伙”，为非作歹，有的已成为刑事惯犯。还有少数青年对社会主义制度、无产阶级专政、共产党的领导、马列主义毛泽东思想发生怀疑和动摇，有的人被坏人煽动利用，借端闹事；有的进行反革命破坏活动，甚至与帝修反特务挂钩联系，出卖情报等等。（参见《中央宣传部等八个单位关于提请全党重视解决青少年违法犯罪问题的报告》，载刘惠恕主编：《社会治安综合治理理论》，上海社会科学院出版社 2006 年版，第 450 页）

③ 参见唐皇凤：《社会转型与组织化调控：中国社会治安综合治理组织网络研究》，武汉大学出版社 2008 年版，第 405～408 页。

（一）从传统到近代转型的国家治理

传统中国社会治理与秩序维系依靠“权力文化网络”[①]，费正清对这一特征作了如下描述：“在帝国的后期出现了大批人口向广大地区扩散的现象，但他们仍具有通过政治统一争取稳定秩序的倾向。这种一致性得到了诸如里甲、保甲、乡约、抬高绅士地位和弘扬帝国崇拜等行政安排的保证。甚至更为重要的是通过根深蒂固的制度支持国家和社会秩序的文化价值和主张：单一的、理论上无所不能的最高权威；在最高权威鼓励下通过家族对人民进行的关于社会秩序的经典学说的教导；物色最有才能的人在国家官僚中担任公职的考试制度；地方上受过训导的社会精英作为官僚集团和民众之间的联系阶层的职能——所有这些被像3/4世纪前的马克斯·韦伯等前辈学者所注意到的晚期中华帝国政体的组成因素，在今天仍很明显，仍旧需要通过对中国社会政治制度的探讨对它们继续分析性的综合。”[②]黄仁宇则用“间架性设计”概念描述了传统中国国家治理手段，中央政府的治理缺乏社会经济和组织基础，依靠理念而非实在的经济观念来治理社会，抽象的理念原则代替了具体的经济原则，这种治理方式实现了主流文化与意识形态的整合，进而道德教育和教化权力成为连接国家和社会、整合基层社会的主要手段与工具。[③] 费孝通进一步认为，“从基层上看去，中国社会是乡土性的”[④]，传统社会结构是以不流动性的村落为单元的熟人社会，呈现差序格局，“社会关系逐渐从一个一个人推出去，是私人联系的增加，社会范围是一根根私人联系所构成的网络，这个网络富于伸缩性，一切的价值是以‘己’作中心的主义，这网络的每一个结都附着一种道德要素，因此不同于基于平等关系和权利界限分明的个人主义和团体格

① 关于“权力文化网络”的理解，杜赞奇认为，权力有其赖以生存与扩展的文化及合法性基础。文化的正统和威信产生、表现以及再生的发源地，是权力角逐的场所以及接近各种资源的工作。“权力的文化网络”是由各种集团和组织交织而成的天衣无缝的网络，传统中国乡村社会中的权力趋向于坐落在较为密集的交叉点上，即文化网络中的中心，文化网络是权威存在和施展的基础（参见[美]杜赞奇《文化、权力与国家：1900～1942年的华北农村》，王福明译，江苏人民出版社1996年版，第13～14页）。另外，政治学者唐皇凤认为，“权力文化网络”不仅包括孔教、绅士或由绅士操纵的体制，而且国家利用合作性的商人团体、庙会组织、神话以及大众文化中的象征性资源等渠道深入下层社会，权力的文化网络集中揭示了传统中国国家政权深入乡村基层社会的多种途径和方式（参见唐皇凤：《社会转型与组织化调控：中国社会治安综合治理组织网络研究》，武汉大学出版社2008年版，第80～81页）。

② [美]R. 麦克法夸尔、费正清编：《剑桥中华人民共和国史：革命的中国的兴起1949～1965年》上卷，中国社会科学出版社1990年版，第14页。

③ 参见黄仁宇：《中国大历史》，三联书店1997年版，第13页。

④ 费孝通：《乡土中国　生育制度》，北京大学出版社1998年版，第6页。

局，也不同于基于宗教观念而产生的道德体系”①。传统法治不过是在“以礼入法”的关系秩序得以成立，法治作为实现国家秩序或者社会治安的手段而已，与西方基于保障个人自由和权利而限制国家权力的法治观念具有根本不同。

费孝通在《乡土中国　生育制度》中说：“在我们社会的急速变迁中，从乡土社会进入现代社会的过程中，我们在乡土社会中所养成的生活方式处处产生了流弊。”②这段话揭示了鸦片战争以来中国国家治理中社会结构处于一盘散沙没有内在凝聚力的状况和流弊。从清末新政开始，中国开始了以国家治理和国家发展为双重诉求的新型威权和现代化建设，这两种方向以激进主义和反传统为特点，逐渐放弃并破坏了权力文化网络，国家直接插手社会公共事务，与乡土社会建立起直接关系，但问题是国家缺少足够的资源来弥补传统乡土关系断裂后的组织真空，既无视重新修补和恢复文化整合基础之上的传统共同体形式，也没有在社会组织化和制度化基础之上实现社会的理性化，其后果和流弊就是基层社会结构日益分裂化与碎片化，也进一步耗散了底层社会的整体凝聚力。

（二）中国共产党的“权力组织网络”及其民主意蕴

一切“流弊”革新在于当传统社会结构破坏之时，现代国家建构能否重组一盘散沙的底层社会结构，这是中国近代以来的重要历史使命。孙中山先生的民主革命和国家治理一直以改变中国“一盘散沙的状况”为使命。民国政府在欧美影响下依靠科层制自上而下推动国家治理和社会治安，但由于科层制成本过高和制度资源不足，导致其治理陷入内卷化困境。应当说，重组底层社会结构的历史使命是在中国共产党手中完成的，始于战争年代的“权力组织网络”，使得中国共产党凝聚了民众力量并夺取了政权，在新中国成立后，以这一鲜明的组织化调控方式实现了分散社会的重组。这是新中国成立以后国家治理体系确立的逻辑起点。③

“权力组织网络”是一种全新的组织和动员技术，作为一套权力技术的

---

① 费孝通：《乡土中国　生育制度》，北京大学出版社 1998 年版，第 28～30 页。

② 费孝通：《乡土中国　生育制度》，北京大学出版社 1998 年版，第 11 页。

③ 民国时期，政府重建保甲制度并使之行政化，确保国家政权组织的触角深入乡村基层社会，打破了传统以乡族为村政单位的格局，并通过建立合作社组织对乡村福利事业进行直接干预，加大了国家政权对底层民众的日常生活的影响力。但仿效西方科层化组织范式的治理体制与行政法制并没有改变“一盘散沙的状况”从而实现有效治理，从制度角度看，是外生性制度和资源不足同时又忽视传统资源利用整合所致。（参见唐皇凤：《社会转型与组织化调控：中国社会治安综合治理组织网络研究》，武汉大学出版社 2008 年版，第 81 页）

组合,在实现底层社会的政治动员中,从基层逐步建立了与国家政权相联结的各级组织,并将这些组织编织在自身的周围,成为自身的权力基础和权力支撑网络的组成部分。谢觉哉曾有过这样一段话:“农民、工人、士兵、商人、自由职业者、青年、儿童、妇女,都有他特殊的要求,因此,必须由个别群众自由的组织,研究并满足他们的要求。……各种民众都有他自己的组织,讨论并解决他自己的利和害问题。两口子吵架,家庭虐待媳妇……属于青年儿童的,有青救会儿童团;工人的事情找工会;农民的事有农会……那行应兴应革的事,群众团体已讨论烂熟,而各群众团体的领导者直接参加各级政府委员会,把他们的意见随时反映到实际政治中来。”①

从农村到城市,“权力组织网络”是中国共产党复杂而有效的组织和动员方式,在夺取政权过程中,体现其制度上极强的组织优势和方式有效的合法性基础是基于民主而动员整合了社会的内生性资源,民主实际上构成了一种重要的治理技术。有学者评价说,包括互助组、合作社、民兵、生产队、调解组织、贫农协会、妇女协会、儿童团等正式的和制度化的组织体系和动员机制完成了自保甲制度以来最大的制度创新的真谛在于:“创造一个忠实于国家的组织,而这一组织又牢固地扎根于自然村之中。”②《解放日报》1943年1月25日发表的社论《把劳动组织起来》,充分体现了民主在权力组织网络中的重要性。社论强调了尊重人民创造性的观点,指出:“劳动互助的组织,必须建立在群众自愿的基础上,防止以任何形式出现的强迫命令。”“对于劳动互助的领导,必须经过群众慎重选择,公举出在群众中有威信、生产积极、有办法的人出头领导。”③

新中国成立以后,根据政治协商会议的民主过程,国家政权体系所需要的一系列机构得以建立,由于国家体系运行的制度化要求,法制建设得以快速展开。但新中国成立所形成的政治架构是党和国家制度并行,在事实上党和政府并无很大区别。基于当时特定的历史环境、条件和任务,相比于科层式政府组织体系功能发挥,中国共产党认为,通过在实践中证明有效的“权力组织网络”的动员机制能够更加有效地完成实现分散社会的再组织化的使命,为社会主义建设奠定基础。1954年,全面推行“互助组”

① 王定国等编:《谢觉哉论民主与法制》,法律出版社1996年版,第40页。

② Schurmann Herbert Franz, *Ideology and Organization in Communist China*, Berkeley: University of California Press, 1968, p. 416.

③ 转引自唐皇凤:《社会转型与组织化调控:中国社会治安综合治理组织网络研究》,武汉大学出版社2008年版,第82页。

制度以及后来"政社合一"人民公社制度，强化了党的权力组织网络以行政化手段自上而下进行经济和社会控制，使得底层社会的组织化重组得到了前所未有的状态，同时国家权力渗入和控制达到了前所未有的规模和深度。由于在城市缺乏有组织的政治支持，从1952年起到1954年城市居民委员会的建立，使得党的权力组织网络延伸到了城市基层和居民个体，随后居民委员会下的治安委员会、人民调解组织及工作单位制、配给供应制实行，使原本薄弱的城市控制得到进一步加强。因此，只有置于党的"权力组织网络"的治理逻辑之下，才能真正理解新中国成立以来一段时期如费正清描述的"无比感激的社会安全和公共纪律、夜间独自一人无忧无虑地散步"的治安美景。

二、改革开放前社会治安的权力困境

从新中国成立到改革开放前，在总体上，社会治安"权力组织网络"以群众运动的治理方式进行维系并且取得了显著功效。新中国成立初期曾展开了社会治安的法制化建设，但这种构建仍然处于权力组织网络的链条之中，为党的体系和国家体系的权力渗透提供了条件。问题在于，不同历史阶段的任务发生了变化，与夺取政权不同，新中国成立后主要任务是国家建设与经济发展，为此，从民主因素中孕育而成的党的权力组织网络将经济、社会、文化等一切要素进行了政治内卷化，组织化调控和运动式治理成为政府治理常态，到"文革"的极端时期，国家机构体系，特别是公检法机构被砸烂，法制化尝试则转瞬即逝。这是改革开放前社会治安法治化发展的权力困境所在。

(一)社会治安维护的法制化尝试

社会治安维护的法制化尝试主要从司法、行政和群众性组织的治安自治三个层面展开。当时的治安维护除了一般的社会秩序维护，镇压反革命是主要任务，因此具有强烈的人民专政的政法政治性质。具体表现为：

第一，司法制度的构建。政治协商会议建立了中央人民政务委员会政治架构下与政务院、革命军事委员会并行序列的最高人民法院和最高人民检察署。在第一次全国司法工作会议后，人民法院得以快速建立，截至1951年4月，全国共建人民法院2458个，其中近2000个人民法院进行了刑事、民事、司法行政等业务划分与机构设置，并在多数省级和部分县级人民法院设置审判委员会。[1] 1950 年 7 月 14 日，政务院通过《人民法庭组织通则》，要求人民法庭“运用司法程序，惩治危害人民与国家利益，阴谋暴乱，破坏社会治安的恶霸、土匪、特务、反革命分子及违抗土地改革法的罪犯，以巩固人民民主专政，顺利完成土地改革”。在“三反”“五反”中相继制定《关于在三反运动中成立人民法庭的规定》《关于在五反运动中成立人民法庭的规定》。与现在所称“人民法庭”概念不同，当时的人民法庭是县级人民法院刑事、民事法庭之外的特别法庭，即以县为单位的人民法庭，这一机构既受县级政府领导，同时也是作为县级人民法院的组成部分，在历史任务完成后就由人民政府予以撤销。在司法系统建构中，新中国成立初期“人民法庭”制度拓展了司法机关的社会治理空间，成为党的权力组织网络与司法系统联结和权力渗透的重要机制，司法系统既是治安维护的重要载体，也是党的权力组织网络链条上的基本环节。

第二，行政制度的构建。政务院建立起一系列法制机构，包括内务部、公安部、司法部和法律委员会，还包括政治法律委员会，前者作为履行政府专门的法律职能而设置，后者则用以指导内务部、公安部、司法部、法制委员会和民族事务委员会的工作。公安机关在维护社会治安和公共秩序的职责上赋予最为重要和最为关键的功能，这与新生政权的社会合法性高度关联。1949 年 12 月，《中央人民政府公安部试行组织条例》对公安部的职责进行了明确界定：主管全国公安事宜，负责国内与国际特务、间谍、盗匪及一切危害人民共和国的反革命分子的侦缉、询问、检举等工作的组织与领导。另外，在没有建立检察机关的地区，公安机关代行检察权。1951 年后，公安机关监管监所和劳改。在新生政权初建的特殊时期，掌管犯罪与惩罚整个体系的公安机关除了行政上的，如前所述，还存在军事意义上的职能；从惩罚对象上看，既有基础性的惩罚，也有专断性惩罚，也正是因为掌握前者的能力而

[1] 其中，最高人民法院及其分院 6 个，省级人民法院 50 个。第一次全国司法工作会议后，新建人民法院 891 个。除西藏外，尚未建立司法机构的县还有 124 个，其中三分之一在解放较晚的西南。已经建立的法院机构尚有 500 多个是司法科，机构尚不完全。（参见韩延龙：《中华人民共和国法制通史》上册，中共中央党校出版社 1998 年版，第 216 页）

获得后者的权力，两者的一致性越强，则政权的合法性基础越强。[①] 除了刑事法上的治安(犯罪惩罚)之外，也依据治安行政法律展开治安行政管理，如前述新中国成立初期大城市治安管理仍部分留用《违警罚法》，1957 年，全国人大常委会通过并施行第一部治安管理处罚法律《治安管理处罚条例》，作为公安机关依法行使治安处罚权的法律依据。

第三，民主参与和自治制度构建。1950 年初，群众自发组织“防护队”“防盗队”和“居民组”等名称不一的群众性自治组织来维护治安，但同时各地也出现了各种不规范现象。为此，1954 年 12 月，第一届全国人大常委会第四次会议颁布了《城市居民委员会组织条例》，城市居民委员会建立。基于镇反运动转入经常性工作需要，城乡治安委员会由公安部门协助建立，并于 1952 年 8 月公安部颁布《治安保卫委员暂行条例》。为了发动和吸收人民群众参与国家政权建设，人民调解组织始于 1953 年，并于 1954 年 2 月政务院通过《人民调解委员会暂行组织通则》。这些组织建立有着明显的制度化和法律化的特征。如居民委员会，法律明确其属于基层群众性自治组织的性质，按照民主方式选举产生开展工作。[②] 新中国成立初期的城乡群众组织，包括居民委员会、村民委员会、治安委员会、人民调解组织以及青年团、工会、妇女联合会等，共同构成了社会组织体系，除了其他职能作用外，为社会治安维护提供了重要的制度化的组织基础。在建设之初，这些组织具有民主参与和自治制度的功能，我们党是清晰的，但也正是政治内卷化的需要，这些制度化的组织在实际上逐渐演变成政权体系的延伸，改变了组织功能与运行规律。

---

① 所谓基础性惩罚，属于一般警察的刑事职能，是指由于直接侵害了社会的利益而为集体意识所不能容忍的行为，比如杀人、放火、抢劫、强奸、盗窃、危害公共安全等犯罪行为，国家对这些犯罪的惩罚是国家统治获得合法性的一个重要途径。所谓专断性惩罚，属于不明晰的政治警察的职能，是指直接针对统治阶级的政治意志或者统治利益的犯罪，主要是政治性犯罪，如古代刑法中的“谋反”和现代刑法中的“国事罪”。(参见强世功:《惩罚与法治——当代法治的兴起(1976～1981)》，法律出版社 2009 年版，第 6 页)

② 1953 年，北京市长彭真给中央的《关于城市街道办事处、居民委员会组织和经费问题的报告》明确指出:“建立城市居民委员会，它是群众自治组织，不是政权组织，也不是政权组织在下面的腿。”主要任务是把工厂、商店、机关、学校以外的街道居民组织起来，在居民自愿的原则下，办理有关居民的公共福利事务，宣传政府的政策和法令，发动居民响应政府的号召，向基层政权反映居民的意见。居民委员会由居民小组通过选举产生，在城市基层政权或者派出机关的统一领导下进行工作，但它在组织上并不是基层政权的下属机关，因此，不应交付太多的事情让它办。

(二)社会治安的权力困境

上述,制度化治理曾是新中国成立初期国家社会生活的一种发展趋向,但现实是,制度资源贫乏,同时巩固政权的肃反形势严峻,国民经济恢复和建设压力巨大,执政者从实用主义的角度思考对策,“权力组织网络”无疑是实践证明有效的治理技术,显然从治理的实际效率上来看,制度化治理不是最好的选择,这应该是法制化尝试转瞬即逝的原因所在。问题在于,权力组织网络的有效性基于民主而产生,而在新的历史阶段和任务中,这种治理技术深深扎根于社会的特点和基础发生改变,权力组织网络的传导方式也从自治的自下而上转变为行政的自上而下,权力组织网络实现了政治内卷化。因此,改革开放之前治安维护也正是在党的权力组织网络和“群众运动式治理”的互动中实现,在取得明显的实际功效的同时也产生了效能递减,并陷入了权力困境。本书从规范和功能视角下具体阐述如下:

1. 公检法权力的实用关系替代了公检法权力的制度关系

1949 年,《中央人民政府组织法》第 5 条、第 18 条规定了公检法三机关在国家政治架构中的地位和作用。① 政务院、最高人民法院、最高检察署和人民革命军事委员会在中央人民政府委员会架构下属于并列、平行和同等序列的国家机构,公安部属于政务院下设部门并受政务院政治法律委员会的工作指导;最高人民法院和最高人民检察署作为国家的最高审判机关及检察机关分别行使审判权和检察权,公安机关主管全国公安事宜,行使这一领域的国家行政权。从法律上,三机关的职权是相互分开的,并在制度实践上也逐渐形成了一定的“分工负责,互相配合,互相制约”关系,作为人民民主专政的武器,共同服务于打击阶级敌人、维护人民当家做主地位的崇高使命。② 分工和配合关系主要基于工作目标的一致性,1950 年,《中共中央关于镇压反革命活动的指示》《政务院关于加强人民司法工作的指示》等指出:

---

① 1949 年,政治协商会议通过的《中央人民政府组织法》第 5 条规定:“中央人民政府委员会组织政务院,以为国家政府的最高执行机关;组织人民革命军事委员会,以为国家军事的最高统辖机关;组织最高人民法院及最高人民检察署,以为国家的最高审判机关及检察机关。”第 18 条规定:“政务院设政治法律委员会、财政经济委员会、文化教育委员会、人民监察委员会和下列各部、会、院、署、行,主持各该部门的国家行政事宜:……政治法律委员会指导内务部、公安部、司法部和法制委员会和民族事务委员会的工作……”从这些条款来看,政务院、最高人民法院、最高人民检察署和军事委员会在中央人民政府委员会架构下是并列、平行和同等序列的国家机构。

② 尽管说公检法三机关相互分工、配合和制约关系从法律文本规范上看是 1979 年《刑事诉讼法》和 1982 年《宪法》第 135 条规定的事项,但三机关在新中国成立初期已经有比较明确的关系准则,通过文件、政策、领导人讲话和指示等制度载体可见一斑。

“法院、检察院、公安机关，是人民民主专政的重要武器”，“人民司法工作的当前主要任务，是镇压反动，保护人民”等等。1955年，最高人民检察院检察长张鼎丞在第一届全国人大第二次会议上工作报告中指出，在1950～1951年镇压反革命运动中，“人民公安机关、人民检察机关和人民审判机关，在全国人民积极支持下协同一致向反革命分子进行了不断的剧烈的斗争，肃清了很大一部分公开的暴露的反革命分子，使人民民主专政更加稳固，社会秩序更加安定”。应当说配合是最主要的，分工并不完全基于职权定位，而更多是从完成共同任务方式意义上的；以分工为基础、以配合为原则的工作方式在“三反”“五反”以及社会主义总路线等运动中最显功效，高效率地打击敌人，教育了群众，发展了生产。分工与配合在当时特定形势下具有现实合理性，而强调制约关系则具有对独立机关的制度构建意义，尽管这一关系仍被强调①，但在实践中并没有被坚持，也无法形成三机关权力受必要的合宪性调整的稳定关系。根据社会主义改造和建设社会主义经济关系的现实需要，中共八大政治报告在三机关中突出公安机关地位，逐渐形成公安机关一家独大和公安机关主导的权力运作形式。② 事实证明，基于特定时代的现实

---

① 如，1954年中共中央文件指出：“检察机关和法院、公安机关、人民监察委员会之间，既要有明确的分工，又要在工作上互相配合，互相制约……”1956年，刘少奇在政治报告中指出：“我们的一切国家机关都必须严格地遵守法律，而我们的公安机关、监察机关和法院，必须贯彻执行法制方面的分工负责和互相制约的制度。”再如，时任最高人民法院院长的董必武对三机关的分工、配合和制约关系作了规范和技术的如下描述：“检察、法院、公安机关是分工负责，互相制约，共同对敌。检察机关是监督机关，不管哪一级官犯了法，它都可以提出来。公安机关维持社会秩序，它特别注意同反革命作斗争。公安机关捕人，要经检察院批准，没经批准就逮捕人，是违法的。检察院本身没有判决权，人逮捕起来以后（有些轻微的刑事案件，也可以不捕人），就要侦查，如果认为应该判刑，就向法院起诉。判刑或不判刑是法院的职权。法院在审判过程中如果认为需要捕人时也可以捕人。法院审判不合法，检察院可以抗议；公安部门发现法院判错了，可以经过检察院来抗议。这叫做分工负责，互相制约。”（参见董必武：《在军事检察院检察长、军事法院院长会议上的讲话》（1957年3月18日），载中共中央文献研究室编：《建国以来重要文献选编》第10册，中央文献出版社1994年版，第150页）

② 这种权力格局的形成具有以下方面：一是较之新中国成立初期对敌斗争任务。新时期公、检、法三机关的主要任务是保护社会生产力的顺利发展，而公安机关主动打击犯罪的性质使它成为案件的“发现者”“生产者”“提供者”，与法院、检察院比较，更加具有主动和积极的优势地位，正是由于执政党基于当时面临的形势和工作任务，才出现中共八大报告在三机关顺序上的公安机关优先现象。二是公安机关对法院、检察院职权的取代。特别是1958年“大跃进”期间，实行“一长代三长”（公安局长、检察长、法院院长一长代行三长的职权）和“一员顶三员”（公安局预审员、检察院检察员、法院审判员一员代行三员的职权）和1960年公安部牵头推动三机关合署办公，强化了公安机关职权。“文革”期间，法院审判职能被公安机关的军管会下属的“审判组”代为履行，使得法院成为公安机关的附庸，检察机关更是直接被宣布撤销。1975年《宪法》修改通过“检察机关的职权由各级公安机关行使”。（参见韩大元、于文豪：《法院、检察院和公安机关的宪法关系》，载《法学研究》2011年第3期）

需要和政治形势，公、检、法三机关以配合为主和公安优先的关系发展对其国家机关体系逻辑关系的替代具有实用主义路径上的现实合理性，为当时社会安定与社会治安提供了重要保障，但其严重的后果也是不言而喻的：其一，由于缺少有效的互相制约关系，“强调公、检、法三家在对敌专政方面的统一性而忽视它的相互监督、互相制约性，使得政法机关向着单纯的专政机关进一步发展”[①]，而忽视了民主向度——人民当家做主，这一思维惯性到现在仍有一定延续，比如“严打”、维稳思维等。其二，公安机关的优先地位和一家独大，虽然凸显了其处于专政与治安职能的重要位置，但同时也破坏了国家机关体系的逻辑关系和制度应有功能的发挥，导致国家机关系统功能的紊乱。特别是在政治发展不正常时期，公安机关成为政治斗争的重要工具，“严重地影响了司法的权威性和规范性并破坏了司法审判的法制秩序，新中国的法制建设误入歧途”[②]。事实证明，无限膨胀、肆意妄为如脱缰野马的权力，其困境在于，不受制约的权力不仅无力维持秩序，而且本身就是混乱的根源。[③]

2. 组织化调控的功能弥散与效能递减

组织化调控构成新中国国家治理的逻辑起点，也是新中国成立以来一段时期内社会风气与社会秩序良好的功效体现，但由于缺少理性制度的约束，也逐渐使其权力及运行陷入功能弥散与效能递减的困境。具体表现为以下方面：

一是组织化调控减弱了司法功能。具言之，首先，人民法庭制度以及整个法院系统处于党的权力组织网络之上，成为组织化调控和拓展治理空间的重要载体，为政治领导权、行政权和司法权的相互渗透提供了条件。实际上“通过法律的治理”是我国基层法院的主要特征，法院在个案中不仅仅要注重纠纷的解决，还应着眼于良好社会秩序的构建，从而实现社会治理。其次，通过将法院、检察署负责人吸收为政治法律委员会委员的方式，使得政务院具备了影响法院和检察院日常业务和工作方式的能力和途径，从中央到省的政府政治法律委员会制度一直持续到1954年《宪法》颁布并将政务院

① 张晋藩主编：《中国司法制度史》，人民法院出版社2004年版，第624页。

② 沈德咏主编：《中国特色社会主义司法制度论纲》，人民法院出版社2009年版，第115页。

③ 有关论据和观点可参见韩大元、于文豪：《法院、检察院和公安机关的宪法关系》，载《法学研究》2011年第3期。

改为国务院时予以撤销。[①] 再次，党组织基于对政法工作领导的传统和特色开始统一指挥这些部门。20世纪50年代中期，政法机关正规化和专业化建设以及法院、检察院处理具体事务不受地方党委和政府干涉；1958年党委政法委（小组）的成立代表党组织，开始直接和统一领导公检法等国家政法机关，党委有权过问一切案件。这种方式，从实际上更具灵活性和实效性，但同时也对党的执政与国家机构运行的制度功能系统造成了一定程度的破坏。[②]

二是中国共产党在革命时期形成的复杂有效的权力组织网络，高度重视民主因素，处于党的权力组织网络上的各个组织都是人民自下而上的创造，是民主治理和自治经验的体现，这是党的权力组织网络和组织化调控的合法性基础。比如，城市居民委员会制度源于对各地群众自发组织防护队、防盗队和居民组等群众性自治组织的总结和创造。与延安时期“马锡五审判”同样闻名的“枫桥经验”被认为是源于1963年改造“四类分子”（地主、富农、反革命分子、坏分子）的创新性实践，但据学者分析，其最初源于1949年5月诸暨县枫桥人民在农业合作化后建立了“集体承包，专人负责，大家监督”和治保会建立“四类分子”档案等监督改造制度。[③] 可见，无论是城市居民委员会制度，还是农村“枫桥经验”的生命力都源于民主和作为自治经验的存在。但问题在于，当自治经验变成统治经验，自治功能变成统治工具

---

① 政务院下设的政治法律委员会并不是我们通常理解的党委政法委员会。在法律地位上，政治法律委员会低于法检，高于公安，其职能是“指导内务部、公安部、司法部、法制委员会和民族事务委员会的工作”。作为政务院的工作部门，1949年10月21日成立的政治法律委员会的成员构成却是独特的，政务院副总理董必武任主任，彭真、张奚若、陈绍禹（王明）、彭泽民任副主任。最高人民法院院长沈钧儒、副院长吴溉之、张志让，最高人民检察署检察长罗荣桓、副检察长李六如，公安部部长罗瑞卿等公检法三机关主要负责人仅为委员。通过政治法律委员会的组织载体，政务院领导最高人民法院和最高人民检察署的业务工作成为可能。1952年11月，公安部部长罗瑞卿升任副主任，也意味着公安机关有权力对最高人民法院和最高人民检察院的工作进行指导。

② 1958年，中共中央为了加强对国家各项工作的领导，采取“分线领导”“分兵把口”的领导方式，在每一条路线上设一名主管书记，直接对应政府的职能部门。6月，中央正式成立财经、政法、外事、科学、文教等五个小组，直接隶属中央政治局和书记处。另，如蔡定剑指出，到1958年，党管司法的制度全面建立，包括中共中央和县级以上党委均设立政法委，负责制定司法工作的方针政策，协调公检法机关的关系。司法机关不仅服从党的方针政策领导，而且要服从党对审判具体案件及其他的指示和监督。重要刑事案件的判决要由同级党委审批。这种做法，到1987年中共十三大提出党政分开后才逐步解决。（参见蔡定剑：《历史与变革——新中国法制建设的历程》，中国政法大学出版社1999年版，第88～91页）

③ 参见谌洪果：《“枫桥经验”与中国特色的法治生成模式》，载《法律科学》2009年第1期。

时，其有效治理的民主要素随之流失。比如居民委员会，特别是治安委员会作为其内设机构之后，这一社会自治组织实际上成为政权的延伸，拥有仲裁家庭和邻里纠纷的准司法权力，密切注视管辖范围内是否有犯罪活动和不同政见，定期向公安机关报告，发挥社会控制的治安作用。再如“枫桥经验”缘起和推广是一个从自治经验到统治经验的变迁。从社会组织结构与自治功能视角上看，任何一个组织或者团体的职能定位，都取决于其组织属性和现实要求，主体属性不同，也就决定了其功能不同，社会组织的行政异化在其发挥工具性作用的同时，无法在社会治理的系统功能中实现应有职能的发挥，并造成两个方面的后果：一是政府治理和社会治安的职能缺位，习惯于将本属于自己的职能推诿给社会组织，最终不利于政府切实履行职责；同时，当社会组织把自己职能定位为一个“政府部门分支”或者“配合的部分”，则会失去自己作为社会团体运行的独立性，从而让自己在承担了大量应当由政府履职来承担的工作的情况下，弱化了其作为独立的社会组织发挥独特功能以补政府内在不足的自身组织性质。

三是犯罪与惩罚功能的弥散。国家正式刑罚施以理性方式，围绕国家统治和社会治理的合法性而展开。在理性构建的国家惩罚体系中，基础性惩罚和专断性惩罚均是针对惩罚对象的行为而言的，合理的惩罚建立在对主权者的法律约束上，正是在这个意义上，作为现代社会惩罚体系的有机组成部分，“法治”由一个刑法概念发展为一个宪政概念。当犯罪惩罚针对罪犯思想时，罪与非罪之间开始失去明确的可以预测的统一的标准，政治动员和群众运动下的治安模式以国家正式惩罚和群众批斗相结合，这种“惩罚的剧场化”效果将权力通过可见方式展现出来，加深和扩散了刑罚效果，导致刑罚功能产生弥散性后果。正如强世功认为的那样，惩罚的弥散性是“文革”时期整个社会的组织管理的主要特征：各种惩罚标准、机关、手段、对象在不同地域和空间构成惩罚网络，以至于人人处于被监视和惩罚的位置上，惩罚从灵魂到肉体渗入进每一个人的日常生活中。[①] 弥散性惩罚看似维持了一个高度安全的社会，但是反而使人们失去了安全感，惩罚的不确定性导致人人自危，基础性惩罚与专断性惩罚的紧张关系使得人们对惩罚在整体上的合法性产生怀疑，当惩罚深入到人们的日常生活，使得惩罚的权力严肃性大打折扣，表面强大的国家权力突然之间失灵了。事实上，早在1970年代初，随着司法机关从军管会中分离出来，呼唤惩罚理性的法院以及程序性审判开始出现。

综上，中国共产党有效地将人民自治参与的民主要素、各种组织主体和制度资源进行整合再造分散到社会的组织，通过“权力组织网络”即组织化调控和群众运动的治理方式进行国家治理和社会治安，试图弥补和克服国家体系制度化的外在性和科层制弊端，在特定历史时期具有合理性，也取得了显著功效。但是，当组织化调控与制度化悖论在实践中走向极端，政治动员以非体制性、权力意志性和克里斯玛权威性的方式出现时，群众动员和大众参与的民主将无法实现对政权组织的制度化约束，政治运动最终由于缺少足够的激励和约束机制而流于形式化，最终削减了政治运动的治理效能。在突破功效的边际界限后，其后果是对社会价值信仰体系、社会的结构关系、社会发展逻辑以及制度的权威维系的颠覆性破坏。改革开放以来，法治兴起与此有关。

第二节　社会治安综合治理的探索期(1978～2002)

社会治安综合治理的发展进程，与法治的兴起和突破的进程紧密相关，呈现相依相随、相互影响的关系格局。十一届三中全会后，随着国家拨乱反

---

① 强世功对刑罚功能的弥散化作了如下描述：“各种各样的惩罚标准、纷繁复杂的惩罚机关、形形色色的惩罚手段、种种不同的惩罚对象相互重叠、相互配合、相互支持、相互交织，形成一个惩罚的网络，整个社会到处弥散着这种惩罚的气氛。从村庄到公社、从穷乡僻壤到中心城市，从社队组织到政府机关，从群众团体(共青团、妇联)到党的各级组织，实现了惩罚的整体性。”他进一步分析：“由于惩罚组织和‘好人坏人、同志敌人’类分体系的存在，实际上成为一双无所不在的‘监视的眼睛’：在正常人和罪犯的链条上，每一个人都可能是罪犯，每一个人在片刻之间就可以成为罪犯；在整个社会组织和机构所编织的惩罚之网中，每一个人都是处于监视和惩罚位置上的警察，他不仅是自己的警察，同时也是他人的警察；从日常纪律到严酷的刑罚(甚至死刑)，从灵魂的反省到肉体的折磨，惩罚已经渗透到日常生活中，构成了日常生活的一部分；从犯罪分子的认错到‘遵规守法’者的积极劳动或做‘好人好事’，惩罚实现的不仅仅是维护社会秩序的法律功能，而且实现了‘抓革命，促生产’这样的政治、经济功能和做‘好人好事’的教育功能。”(参见强世功：《惩罚与法治——当代法治的兴起(1976～1981)》，法律出版社2009年版，第12、29页)

正和各项社会秩序的重建恢复，法治的兴起带动了国家治理体系的重建，在新旧秩序更替的过渡期，尤其是社会失范所引发的大量侵害个人生命财产的刑事案件、青少年犯罪居高不下的时代背景下，单靠法律手段无法解决矛盾深重、多发频发的社会问题，为了维护社会稳定，压降社会犯罪，社会治安综治作为一项重要的治理工具以其独有的治理功效和标志特色，受到党的倚赖和重用，由此衍生的“严打”“专项整治”政策成为中国社会治安综合治理发展进路的标签和缩影。此后，伴随我国法律进程的演化和“依法治国”理念的提出，社会治安综治依循国家法治日渐强化的演变路径愈发清晰，成为我国处理各类社会治安问题的有效应对策略。

一、在法治兴起中综治形成

（一）法治的兴起

重建国家治理体系是“文革”后，特别是党的十一届三中全会后国家建设的基本主题。这是重建党的权力组织网络的需要，也是人民对安定秩序和社会安全的需要。如何重组民主、权力、组织和制度要素并决定国家治理和发展的进路，是执政党当时的重要选择。

法制建设是法治兴起的起点，这是国家治理知识与权力的技术层面的选择，基于“文革”践踏人格尊严和人道主义的反思，在战争、批斗、诉苦、公审、劳改、下放、运动、民主、动员、政策、宣传、口号、教育、说服、做工作、反省等一系列权力技术中，选择法律作为面向现代国家治理的核心工具成为当时党和人民的共识。邓小平关于民主法制思想的重要论述详细阐述了这一共识：第一，在党和国家建设中，制度建设具有重要意义，制度更具有根本性、全国性、稳定性和长期性，制度保障要通过宪法表现出来。① 第二，要防止领导人个人权力过分集中，要加强民主，但民主要和法制有机统一起来，必须“使民主制度化、法律化，使这种制度和法律不因领导人的改变而改变，

---

① 1980 年 8 月 18 日，邓小平在中共中央政治局扩大会议上作了《党和国家领导制度的改革》的重要讲话，对此进行了这样的论述：“我们过去发生的各种错误固然与某些领导人的思想、作风有关，但是组织制度、工作制度方面的问题更重要……不是说个人没有责任，而是说领导制度、组织制度问题更带有根本性、全局性、稳定性和长期性。这种制度问题，关系到党和国家是否改变颜色，必须引起全党的高度重视……要使我们的宪法更加完备、周密、准确，能够切实保证人民真正享有管理国家各级组织和各项企业事业的权力，享有充分的公民权利，要使各少数民族聚居的地方真正实行民族区域自治，要改善人民代表大会制度，等等。关于不允许权力过分集中的原则，也将在宪法上表现出来。”（参见《邓小平文选》第 2 卷，人民出版社 1994 年版，第 333、339 页）

不因领导人的看法和注意力的改变而改变"[①]。第三,加强社会主义法制建设,要坚持有法可依、有法必依,违法必究,执法必严,在法律面前人人平等的原则。[②] 可见,民主是重建党的权力组织网络的逻辑起点和目的,法律既是权力技术也是运行方式,民主需要通过法律化的权力方式和制度化的组织载体加以实现。

上述要素在逻辑上重新认识与界定,为法治兴起提供了一种可能,从这个意义上认识法治,也才更加贴近法治本身的真实性。在中国,法治兴起是国家的产物而非社会的产物,是国家在特定历史条件下由于政治目标的转变而导致治理策略以及与此相匹配的治理技术的转型。法治是一种独特的权力机制和话语结构,是现代国家理性化发展的治理术,法治兴起、法律技术的发展和变化无疑在推动国家治理技术的理性化,使得国家权力及其运行由粗糙、赤裸裸甚至粗暴走向精致、隐蔽和迂回。在法治兴起的过程中,权力技术的转型必然需要塑造性的权力主体,即法律职业共同体的形成与发展。[③] 在此逻辑上,"文革"后党的权力组织网络的恢复与重建集中体现为对国家司法体系的恢复与重建。

以法制建设为核心的国家治理体系重建并非要重新恢复到新中国成立初期的秩序,中国共产党选择了一条以经济建设为中心发展生产力的国家治理之路。如邓小平强调的那样:"改革开放以来真正要巩固安定团结,主要地当然还是要依靠积极的、根本的措施,还是要依靠发展经济、发展教育,同时也要依靠完备法制。经济搞好了,教育搞好了,同时法制完备起来,司法工作完善起来,可以在很大程度上保障整个社会有秩序地前进。"[④]邓小平将法治提上了一个新的理念和视角,即为法治的经济维度以及对市场功能的引入。其思想逻辑在于,贫穷不是社会主义,社会主义就是让人民富裕起来,也就必须发展生产力,而发展生产力,就要改革开放。那么核心保障这一切的还在于坚持党的领导,通过坚持共产党执政地位来保持政治稳定,通

---

① 《邓小平文选》第 2 卷,人民出版社 1994 年版,第 140 页。

② 邓小平关于社会主义法制基本原则的论述是:"我们要在全国坚决实行这样一些原则:有法必依,违法必究,执法必严,在法律面前人人平等……要讲法制,真正使人人懂得法律,使越来越多的人不仅不犯法,而且能积极维护法律。现在我们严肃处理这样一批人,不但对绝大多数犯罪分子是一种教育,对全党、全国人民也是一种教育。"(参见《邓小平文选》第 2 卷,人民出版社 1994 年版,第 254～255 页)

③ 参见强世功:《惩罚与法治——当代法治的兴起(1976～1981)》,法律出版社 2009 年版,第 8～9 页。

④ 《邓小平文选》第 2 卷,人民出版社 1994 年版,第 254～255 页。

过政治稳定来实现改革开放和发展生产力，通过发展生产力让中国人民富裕起来，实现社会主义的根本目标。从阶级斗争到经济建设是国家治理的转向，这意味着要把社会个体从政治领域引导到经济领域，从经济需求入手为市场构建制度，在市场基础上发展组织，通过新的组织和制度保障人民平等行使权利和分配资源以及激发人们参与，其预想结果如梅因所言要“从身份走向契约”，这种全新的权力运行方式和组织运行路径需要从制度上增加市场要素与市场功能，以此对接国外市场，这似乎也是改革开放的内在逻辑。从这个意义上，法治兴起除了在国家权力技术理性化重组之外，也为国家治理开辟出了经济与社会的新空间。

（二）综治的提出和确立

法治兴起，在知识与权力层面上，法律作为“迂回隐蔽而又精致”的现代社会新型治理术在多种权力技术中凸显其主导地位，但并不意味其能够应对所有社会问题和对其他治理技术的排除。

1. 综治思想和方针的提出

“综治”的提出有着特定的社会背景和社会安全保障需求。在1980年代初，严重侵犯人身财产安全和扰乱公共秩序的刑事犯罪大量发生，尤其是青少年违法犯罪问题十分突出；而整个社会处于思想混乱、心态失衡、行为失范、社会失序、人民群众没有安全感的状态。这是“文革”的治安后遗症的具体表现，旧制度瓦解而新体制尚未建立和完善，而当时的法治权力技术显然难以应对社会治安恶化的严峻形势。这是执政党需要积极应对的重要问题，保持社会稳定有序和保障社会公众安全需求是执政党重建合法性的基础。

综治思想的提出，缘于解决青少年违法犯罪问题。1979年8月17日，中共中央批转了中宣部等八个单位《关于提请全党重视解决青少年违法犯罪问题的报告》，认为要从战略高度上看待和解决青少年违法犯罪问题，因为青少年成长关系到党和国家前途和民族兴衰，“对青少年犯罪问题，决不能就事论事，孤立地去对待它，而应当同彻底肃清林彪、‘四人帮’流毒，同加快国民经济的发展，加强思想政治工作，健全民主与法治，积极搞好党风、风气，狠抓对青少年的培养教育等工作联系起来去考虑、去解决”[①]。这是系统

① 中共中央批转中宣部等八个单位《关于提请全党重视解决青少年违法犯罪问题的报告》，1979年8月17日。

和综合解决问题的思维体现，中共中央强调，全党、全社会每一个人都要在教育培养好青少年尽到责任，并提出了在党委领导下，统一组织有关部门的力量，“通力合作，着眼于预防、教育、挽救和改造，积极解决青少年违法犯罪的问题”。而“综合治理”概念在1981年5月中共中央批转《五大城市治安座谈会纪要》和1982年1月13日中共中央《关于加强政法工作的指示》中正式出现，两个文件均着重强调争取社会治安根本好转，必须加强党的领导，全党动手，全面实行和认真落实“综合治理”。①

作为一种新的思想和概念，在之后的七八年间，综治在实务界和理论界一直存在不同的认识和理解，也展开了一些探讨，正如1988年姜文赞认为的那样，治安综治最后的形成和贯彻是在不断克服和纠正各种片面观点过程中曲折前进和不断深化的。姜文赞对1980年代以来诸如“社会犯罪的综合治理”“青少年犯罪的综合治理”“综合治理社会”等各种观点进行了分析总结，认为社会治安综合治理是指“在党和政府领导下，发挥社会主义的优势，使专门机关同全社会结为一体，及时对违法犯罪等社会治安问题进行多角度、多层次、多手段的防治活动，是一种教育人、挽救人、改造人、维护国家长治久安的社会系统工程”②。

2.“严打”及其局限

在1980年代，综治虽然提出，但基本没有进行有目的、有指导、具有制度意义上的行动。而法治作为新的治理技术也无法应对非常时期的治安问题。基于路径依赖和思维惯性，往往引发旧的治理技术的大规模回潮。从1983年开始的“严打”运动是典型表现，“严打”是政法视角下通过犯罪打击和控制解决社会治安问题的思维结果，“严打决策”从政治权威视角有两个重要因素：严重刑事犯罪对社会秩序构成严重威胁，威胁到政治权威的基础；民众态度是“严打”政策制定的重要影响因素。但是“严打”的治理技术与法治技术之间始终充满紧张关系。具体表现在以下几个方面：

第一，“严打”决策过程缺少必要的民主性和科学性考量。1983年开始的“严打”运动的特征就是“三年打三个战役”，即以军事战役方式实现犯罪的刑事执法，决策以领导人主观看法为主，缺少民主程序，也缺少科学论证

---

① 参见1981年5月中共中央批转《五大城市治安座谈会纪要》和1982年1月中共中央《关于加强政法工作的指示》。

② 姜文赞：《论社会治安综合治理的概念》，载《政法论坛》（中国政法大学学报）1998年第4期。

和科学部署。[①] 第二，党为了恢复审批案件，在“严打”过程中公检法三机关合署办公联合办案，在以公安机关优先检法机关配合中，公安机关凸显了其在“严打”运动中的特殊地位，能动性也得到极大调动，但这一事实关系与宪法和刑事诉讼法所规定的三机关关系存在很大矛盾。第三，依法“严打”的主要依据是 1983 年 9 月 2 日全国人大常委会制定的《关于严惩严重危害社会治安的犯罪分子的决定》和《关于迅速审判严重危害社会治安的犯罪分子的程序的决定》，从形式合法性上看“严打”取得了法律依据，但从实质内容看，“从快”和“从重”修改了当时刑事法律体系。陈兴良认为，《关于严惩严重危害社会治安的犯罪分子的决定》将流氓罪、故意伤害罪、拐卖人口罪等六个种类罪的最高刑提高到死刑严重误读了 1979 年我国《刑法》第 43 条关于“死刑只适用于罪大恶极的犯罪分子”的立法原意；《关于迅速审判严重危害社会治安的犯罪分子的程序的决定》规定，严重危害公共安全应当判处死刑的犯罪分子在犯罪事实清楚、证据确凿、民愤极大的情况下，应当迅速及时审判，不受《刑事诉讼法》第 110 条规定的关于起诉书副本送达被告人期限以及各项传票、通知书送达期限的限制，同时将上诉期限和人民检察院抗诉期限由《刑事诉讼法》第 131 条规定的 10 日改为 3 日并禁止可能被处死刑被告人聘请律师辩护。[②] 由上述可见，“严打”的“从重从快”与刑事诉讼法的规定与立法原意存在矛盾，是对法制的扭曲，“依法之虚”是“严打”的主要特征。

以“三年打三个战役”的“严打”在治安非常时期取得了明显功效，据公安部档案的数据分析统计，1980 年、1981 年、1982 年的立案数量分别为 75 万件、89 万件和 74 万件，而从 1983～1985 年的立案数量逐年下降为 61 万件、51 万件和 54 万件。[③] 但也产生了“严打”扩大化的短期后果：“严打”能动

① 正如曲新久认为，作为“公共政策，要严厉打击某种犯罪，决策时要科学分析判断当时的犯罪情况，考虑如何去做、配备多少人力物力、采取何种方法……而 1983 年‘严打’政策的决策过程十分简单，它是中央特别是个别领导感性认识的结果。彭真说：‘找老民警当顾问，调查调查，情况就清楚了，就可以组织战役了。’”（参见熊剑锋、赵季文：《“严打”：三十年效益曲线》，载《凤凰周刊》2011 年第 5 期）

② 参见熊剑锋、赵季文：《“严打”：三十年效益曲线》，载《凤凰周刊》2011 年第 5 期。

③ 参见熊剑锋、赵季文：《“严打”：三十年效益曲线》，载《凤凰周刊》2011 年第 5 期。

性冲破了“依法”被动性[①]，“严打”决策思路成为二十多年来治安问题解决要依靠从重从快刑事打击的路径依赖，同时也陷入“发案、破案、抓人；发案多、破案多、抓人多，发案更多；破案更多，抓人更多”的困境，“严打”效益不断衰减。第一次“严打”后社会治安出现强烈反弹，刑事案件数量逐年攀升，增长幅度很大，据官方统计，1988 年刑事案件立案数由 1987 年 57 万件上升到 83 万多件，上升势头持续到 1996 年第二次“严打”。[②] 第一次“严打”后犯罪回潮及其反思使决策者真正着手实施治安综治，到 1991 年治安综治从体制机制上正式确立。

综上，治安综治的确立，是“严打”局限性反思与超越后的治理选择，同时也是法治技术与“严打”方式较量的结果。实际上，“三年三个战役”的运动式“严打”受到法律控制而提前结束，法院系统通过纠正和调整基本上将其控制在“专项斗争”或“专项整治”的宽严相济司法政策之内。由于法治制约，在综治制度确立时，“严打”很快发展为“治安综治”，成为治安综治的一部分，与其他治理技术一道服务于国家治理。

3. 治安综治依法治理的初步确立

基于犯罪控制的刑事打击方式，在事实上证明不能从根本上解决社会治安问题和保障社会安全，选择并从制度上确立治安综治的目标，是从社会治安问题背后的矛盾入手，从根本上解决社会公众安全保障需求问题。社会公众安全需求得到保障是执政党执政合法性的基础之一，也是执政党执政职能履行和亲自领导治安综治工作的原因。当“严打”纳入综治刑事执法环节时，“严打”在一定程度上被法治技术所控制，作为一项宽严相济刑事司法的公共政策，其政策功能应当服从于综治制度的价值目标，这是综治对法治的贡献，在一定意义上，治安综治的提出与法治价值并不存在相互抵牾的关系，而在社会公共安全需求保障的治理形态上恰是法治善治追求的表现形式。

作为一种善的目的存在，在其实现和运行上，综治本身需要法治的外在

---

① 能动性表现有三：一是当时治安状况的形象描述是“坏人神气，好人受气，公安憋气”，如时任公安部治安行政管理局副局长刘文描述：“……听完‘严打’精神传达后，顿时觉得浑身是劲……会后我们……讨论如何贯彻‘严打’精神，研究具体工作方案。”二是公安机关认为，1979 年《刑法》对强奸、盗窃、抢劫等犯罪量刑偏低。三是“严打”使中央重视公安机关基础建设，公安民警工资待遇和装备得到极大提高改善，派出所配备摩托车、汽车等使民警骑自行车追赶开汽车作案犯罪嫌疑人的情况有所改观。（参见王希泉：《83 严打：非常治安时期的非常手段》，载 2010 年 12 月 14 日《人民公安报》）

② 参见熊剑锋、赵季文：《“严打”：三十年效益曲线》，载《凤凰周刊》2011 年第 5 期。

约束，在解决不同时期不同治安问题和法治认识不断深化的过程中，综治在强化其治安的善治目标中，也不断深化其制度化规范化的程度，综治决策的法制化是其确立之初的重要特点。因此，治安综治制度确立过程是先有党中央和国务院联合发文《关于加强社会治安综合治理的决定》（以下简称“政治决定”），然后再由全国人大常委会颁布《关于加强社会治安综合治理的决定》（以下简称“法律决定”），这两个文件的性质和内容效力侧重点并不相同。在性质上，前者属于政治文件，后者属于法律问题的决定。在内容效力上，前者属于党政特殊政治架构下的政治动员和决策安排，后者则是对政治决定的合法性确认并产生国家体系各机关的综治责任效力。在一定意义上体现了综治决策从政法领域进入政府领域的权力规范。这两个文件的制度确立主要表现在以下几个方面：

第一，治安综治的功能价值。政治决定和法律决定明确阐述了治安综治的功能价值。具体有七个方面的阐述：治安综治是解决我国社会治安问题的根本出路；是为实施国民经济和社会发展创造稳定的、良好的社会秩序的重要保证；是社会主义精神文明建设的重要组成部分；治安综治是坚持人民民主专政的一种重要形式和途径，是社会主义制度优越性的重要体现；治安综治是密切党和人民群众联系的迫切需要，是顺应民愿、深得人心的一件大好事；治安综治是加强社会主义法制建设的重要措施；治安综治是新形势下坚持专门机关工作和群众路线相结合原则的新发展，是具有中国特色的解决社会治安问题的新路子。

第二，治安综合的完整内涵：在各级党委和政府的统一领导下，各部分协调一致，齐抓共管，依靠广大人民群众，运用政治的、经济的、行政的、法律的、文化的、教育的等多种手段，整治社会治安，打击犯罪和预防犯罪，保障社会稳定，为社会主义现代化建设和改革开放创造良好的社会环境。

第三，治安综治强调了治理法律化、法制化。法律决定强调了治安综治的法律化：要进一步完善促进社会治安综合治理的法律、法规，把社会治安综合治理包含的打击、防范、教育、管理、建设、改造等各方面的工作纳入法制轨道。

第四，在实现方式上强调了体制机制的保障。对加强组织体系和权责体系提出了明确要求：从中央到地方设立作为党和政府领导综治工作参谋和助手角色的综治委，起到协调指导作用；下设综治办作为具体办事机构，并与政法委机关合署办公；明确综治委组成部门和综治职责任务，提出“谁主管，谁负责”和“属地管理”原则，制定了一系列责任制度、激励制度和工作制度，按照“打防并举，标本兼治，重在治本”的方针，在“打击、防范、教育、管理、建设、改造”等六个环节上做好工作，从根本上采取措施，预防和减少违法犯罪。

二、在法治突破时综治强化

（一）法治发展的主线与逻辑

如果说，1980 年代是国家转型和对外开放的探索阶段，那么 1990 年代则是市场经济逐渐明确和法治发展的新阶段。1999 年《宪法》明确载入“依法治国，建设社会主义法治国家”，意味着法治成为治国方略开启国家治国理政制度化时代。较之法治兴起时“通过法律的治理”的“政法”理解，市场经济的兴起和国家—社会二元结构开始出现，法律逐渐超出“政法”含义，与市民社会观念、市场经济是法治经济的观念逐渐结合，同时限制国家权力保障公民权利的宪政精神逐渐萌生和得到主张。在整个法治演进过程中，其主要特征是围绕经济体制改革和建立市场经济而展开法律制度的建构，在一定意义上也构成包括治安综治在内的国家治理的进路。经济维度及对市场功能的引入确定了主要的制度进路，具体体现在以下方面：

一是宪法制定和修改。(1)1982 年《宪法》明确坚持“四项基本原则”，其目的是“给意识形态之争以及围绕庚申政治改革方案的讨论贴上封条，也可以堵住新老左派的嘴，实际上发挥了安定性装置的功能”；宪法强调并增加公民基本权利数目并置于国家机构章节以突出权利保护意义和拓展制度性保障范围。[①] 宪法强调法律面前人人平等的宪法原则，试图以组织化制度化方式保障人民平等行使权利，将社会个体从政治领域引向经济领域，以新的身份进入商品经济。(2)基于历史条件、意识形态和计划经济的限制，其制度创新仍是局限的，因此修宪成为推进经济体制改革的主要方式：1988 年宪法修正案的创新在于肯定了私营经济的宪法地位，私营经济是社会主义公有制的补充；1993 年宪法修正案肯定了市场经济是我国社会主义初级阶段的经济体制；1999 年宪法修正案规定私营经济是国民经济的重要组成部分。2004 年宪法修正案规定，国家尊重和保障人权，公民私有财产不受侵犯。从修宪内容上看，在商品经济和市场经济基础上的组织、制度、财富和权利的宪法构建是主线，也是制度发展的逻辑呈现。

二是具体法律制度的构建。市场经济是法治经济，依此逻辑，从市场经

---

① 参见季卫东：《大变局下的中国法治》，北京大学出版社 2013 年版，第 7 页。

济契约自由与财产权保护的两大法律支柱入手，相继制定了《民法通则》《公司法》《合同法》《物权法》等一系列民商事法律，对经济犯罪、市场监管以及诉讼等进行了刑事法、行政法和诉讼法制度的调整与完善。2001 年，中国加入 WTO，按照入世“开放自由市场和政府法治”的核心要求和条件，强化了以依法行政和法律优越为原则构建政府法治，加快了行政审批制度改革和行政许可法制定。

三是执法和司法对市场经济保驾护航。具体表现：确立法律平等主体从具体做法上，从昭雪冤案恢复人格尊严入手，最高人民法院从 1978 年下半年开始全面复查“文革”期间审理的一般刑事案件，到 1981 年底，一般刑事案件改判率高达 25%。由于经济发展和对外开放刺激了社会某些阶层和群体的积极性，中央政法委员会在 1982 年 7 月 10 日召开新中国成立以来最大规模的执法会议，提出把打击经济犯罪作为当前首要任务。[①] 随着市场经济的确立，执法与司法围绕大局为经济建设和改革开放保驾护航以至于“送法上门”“主动司法”成为普遍现象。

在上述法治逻辑中，人格尊严、人道主义、法律平等、自由迁徙、私有财产保护等自由权利观念，通过商品经济、市场经济以及市场组织与制度逐步向国家权力结构渗透，进而引起权力运行方式和组织运行路径的变化，由此公民权利与国家权力的法律关系和功能定位在事实中得以讨论与确定。梅因在《古代法》中认为，人类历史是从身份到契约的运动。当人从政治领域引入经济领域，从排斥人的主体资格的政治身份中解放出来，平等和自由取代了这种身份，市场经济体制的确立将这种经济上的平等过渡到法律上的平等。[②] 应当说，法治发展超出了原有的“政法”意义，更多的则是为经济体制改革和市场经济发展初步提供了法律制度保障。当然事实比这一解释更具复杂性。整个 1980 年代的制度变迁始终交织存在三个表现：(1)以商品经济和市场竞争为动力的法律现代化和公民权利意识兴起；(2)计划体制惯性仍然强大与改革的国家主导和科层制权力传导特点明显；(3)传统文化和网络化社会秩序的影响。改革开放初期政法界与知识分子基于侵犯人格和人

① 参见季卫东：《大变局下的中国法治》，北京大学出版社 2013 年版，第 7 页。

② 参见朱福惠：《宪法至上——法治之本》，法律出版社 2000 年版，第 176～185 页。

权的制度反思所达成的法治共识并不具有内在稳定的基础。[①] 1999 年确定法治的宪法地位后，季卫东认为，政法派与自由派的法治共识开始破裂，这是因为“市场化改革软着陆成功，法治概念就越来越和私权保障结合在一起，也涉及新的公共性重建问题。私人权利应该保障到什么程度，政治体制改革应该朝什么方向推进，人们的看法并不一致”。比如在司法改革的态度上，诸如是强调审判独立还是审判监督？是强调专业化道路还是马锡五审判方式的群众道路？是注重司法程序正义还是强调实质性调解等问题并不能达成共识。另外，在物权法制定过程中也出现了截然不同的主张等等。[②]

（二）治安综治强化的法治逻辑

与 1980 年代初期主要解决“文革”遗留的治安后遗症不同，1990 年代中期以来市场化改革导致社会开始出现阶层分化（如陆学艺分析当代中国十大阶层），不同的利益群体必然出现不同的利益诉求和不同的价值取向，体制改革也带来了“弱势群体”[③]，由于价值多元化、社会诉求机制缺失、社会保障机制缺失，各种新的社会问题、社会矛盾不断集聚逐渐形成社会矛盾高发与凸显的状态。可以说，这是市场化改革以来国家和社会转型的结构性矛盾所产生的治安问题。

从综治制度确立历经十年，综治不断得到强化，2001 年，中共中央和国务院总结了十年综治工作经验并再次联合下发《关于进一步加强社会治安综合治理的意见》，治安综治得到进一步强化。从实用主义的进路上看，治安综治在社会治安的突出问题、维护社会政治稳定、促进经济发展和社会上取得了显著功效，正如《关于进一步加强社会治安综合治理的意见》指出的那样，实践证明，加强治安综治是建立和保持良好的社会治安秩序、维护社

---

① 季卫东认为：“许许多多的干部（包括公检法部门的干部）在‘文革’期间人格与人权受到严重侵犯，痛定思痛导致了制度反思。因此，当年的法治概念也是与关于人的异化、人道主义以及人格权保障等结合在一起的，这就造成了非常广泛的共识，也形成了政法界干部与自由派知识分子的蜜月期。虽然出发点和目标不一样，但大家都赞同法治。”（参见季卫东：《大变局下的中国法治》，北京大学出版社 2013 年版，第 55 页）

② 参见季卫东：《大变局下的中国法治》，北京大学出版社 2013 年版，第 55～56 页。

③ 2002 年，朱镕基总理在《政府工作报告》中首次提出“弱势群体”概念，当时据《中国青年报》报道，劳动和社会保障部社会保险研究所所长何平对这一概念的主体范围进行分析，认为主要包括四部分人：(1)下岗职工或已出再就业服务中心但仍没找到工作的人，特点是女工多、年龄大、知识层次和再就业能力较低，没有稳定收入来源；(2)“体制外”群体，即没有在国有单位工作过，靠打零工、摆小摊养家糊口，及残疾人和孤寡老人；(3)进城农民工，没有享受劳动同等待遇，劳动权益得不到保护，受歧视；(4)较早退休的“体制内”人员，主要是从集体企业退下来的，退休时工资水平和补助低，有些原单位濒临破产或者效益差，在城市中无法保障基本生活和医疗等。

会政治稳定的基本方针，是解决社会治安问题的根本途径。

本书认为，治安综治基于实用主义的功效以及现实更加高发凸显的治安问题，其进一步强化是必然的选择。但在治安问题背后的结构性变化和矛盾产生以及治安综治依法治理和法制运行的制度功能并没有清晰的认识，治安综治的体制机制以及权力运行在一定程度上仍停留在一元结构下政法治理思维模式中，这就意味着治安综治在很大程度上仍然从政治稳定的价值取向上来评估社会治安状况，进而制定出治安综治的具体运行方略。而实际上，在国家—社会二元结构逐渐形成过程中，社会稳定已经成为社会治安的核心内涵，治安综治应当逻辑地指向以社会公众为安全需求主体和治安评价主体的社会稳定，并发挥其内在法治逻辑的制度功能。

这是因为，我国法治建设始终处于不均衡不全面发展的状态和过程。改革开放以来，我国主要以市场竞争为动力的法律现代化和法治建设，重构了民主、权力、组织与制度等要素，将经济需求和经济民主入手，将市场功能导入组织和制度，在市场基础上积极培育和发展经济组织，制定一系列与此相配套的法律制度体系予以保障，通过组织化、制度化方式保障人民平等行使权利，激发人们参与市场和自由竞争分配资源的积极性。其结果是将每一个参与主体从过去的政治领域引向经济领域，政治身份由此变成了契约身份。从逻辑上讲，形成契约身份要具备以下四个条件：平等；市场经济共同的游戏规则和制度；信任；以组织的方式（法人）开展。但在实际上，市场化改革、市场经济体制初步建立和充满内在矛盾的法治过程中，这种契约身份无法充分建立，必然走向权力身份和关系身份，由于法治缺少权力制约的宪政结构，权力腐败、权力寻租、财富分配的公平与安全等诸多一系列问题逐渐成为社会显现的矛盾和冲突焦点。再者，法治通过市场组织将经济的人纳进来，而又无法将每一个个体的政治、社会、情感、道德等诸多需求同时纳入，使得在市场和经济逻辑中建立起来的法律制度无法满足人的政治、心理以及公平正义等需求，从而导致社会失范，其中就包括社会治安的失范。

综治强化应当隐含这一法治逻辑，从制度功能上是满足社会结构分化以来新的社会治安需求，以此弥补全面法治不足的法治存在。但问题在于，综治作为社会层面稳定秩序保障的法治功能的内在逻辑在认识上并不清晰，在实用主义路径依赖下，“严打”仍然构成综治最主要的环节和手段，在“政法治理”的政治威权角度。唐皇凤认为，每一次“严打”就是一次巩固与强化国家政治权威的仪式与操练，“严打”斗争成为中国国家权力重要的认同化机制之一。[①] 比如,1996 年全国第二次“严打”和 2001 年全国第三次“严打”的决策原因,在刘文仁看来,前者与全国人大常委会副委员长李沛瑶被害(1996 年 2 月 2 日在家中被执勤武警张金龙杀害)有很大关系;后者与石家庄爆炸案(2001 年,该案是 1983 年“严打”时发送到新疆、甘肃、青海等地劳改农场长期羁押的囚犯跑出来做的事情)等案件直接相关,但两者都是特殊事件,从 1996 年到 2001 年的社会治安来看,没有非常显著的证据证明社会治安比以前有很大的恶化。

第三节　社会治安综合治理的发展期(2002 年至今)

社会治安综合治理因其平安建设的提出和社会治理的创新得以拓展更大的发展空间。肇始于 2002 年部分地方实践的平安建设,由于收到了良好的试点成效,2005 年上升为一项重要的国家战略,而社会治安综合治理作为平安建设在理念上倡导的“大治安”概念,既承载了中国公众最基本的治安诉求,也与社会治安综治应达致和追寻的治理目标有着紧密的内在关联,在与平安建设的融合对接中,自身的理念内涵得到极大的丰富深化。社会治理作为社会领域管控模式的重大调整,对社会治安由以往政府主导的管理向政府、市场、社会多方共管的治理、协调和服务的多元理念转变提供了助力,在社会治安综治领域开启了一扇新的大门,即注重多方治理主体的资源整合、手段运用和回应反馈,以综治和法治的相互推进、资源互给与逻辑相洽,为社会治安综合治理搭建更充裕的发展平台。

一、以平安建设为切入点的转型发展

平安建设是基于“平安山东”“平安浙江”等地方性实践进而得到中央确认,2005 年,中共十六届五中全会将平安建设提升为国家层面的重大战略,并与和谐社会建设紧密关联。[②] 根据平安建设战略,2005 年 10 月、2006 年 12 月,中央政法委和中央综治委分别制定出台《关于深入开展平安建设的意

---

① 参见熊剑锋、赵季文:《“严打”:三十年效益曲线》,载《凤凰周刊》2011 年第 5 期。

② 2004 年 1 月,山东省委、省政府正式作出《关于建设平安山东的决定》。2004 年 5 月,浙江省委召开十一届六次全体(扩大)会议,全面部署建设“平安浙江”各项工作,时任浙江省委书记习近平作了《建设“平安浙江”,促进社会和谐稳定》的报告。2005 年 10 月,中共十六届五中全会通过《中共中央关于制定国民经济和社会发展第十一个五年规划的建议》,第九部分第 32 条提出:“加强社会治安综合治理,继续推进社会治安防控体系建设,深入开展平安创建活动,依法严厉打击各种犯罪活动,维护国家安全和社会稳定,保障人民群众安居乐业。”

见》《关于深入开展农村平安建设的若干意见》等全国平安建设的纲领性文件。

平安建设在内涵上具有“大治安”内涵或者说广义“平安”的内涵。“平安”是中国社会公众最基本最重要的一个价值追求，涵盖政治、经济、文化和社会等各领域和多层面上。平安建设从整体的价值目标上是要实现安定、有序、安全、和谐的社会秩序、社会环境，彰显公平正义、经济社会协调发展、人民安居乐业的社会状态。因此，平安建设的主要举措除了治安综治中的刑事犯罪打击、专项整治和社会治安防控等，主要体现在积极预防和有效化解各种社会矛盾，加强社会建设和完善社会管理体系等方面。平安建设已经萌生的问题意识在于：如何重点直面和解决人民群众最关心、最直接和最现实的利益问题；如何平衡不同群体的利益诉求和矛盾化解，如何建构新形势下诉求渠道、社会利益协调和社会纠纷调处等一系列机制等。

平安建设在官方定位中，本身没有独立的体制机制，仍是综治框架下的治安综治实践，概言之，是以治安综治为基础，推进治安综治的新载体。具言之，如平安建设的纲领性文件表述，平安建设是新形势下治安综治的新举措，是和谐社会建设、促进经济社会协调发展的保障工程，对治安综治工作拓展领域、充实内容、提高层次、完善机制、取得实效有重要意义。但如果从治安综治的实践功效与体制机制加以审视的话，平安建设显然是治安综治制度转型的一个探索与先声。因为平安建设从性质上所要撬动的核心问题是调整经济社会关系的法律和政策，这是解决结构性矛盾所呈现的治安问题的基础和前提，因此平安建设着眼于经济社会发展中的治安模式与体制问题，实际上涉及了社会发展模式与社会治理的问题，尽管其最初并非具有促动调整经济社会发展模式的原意，但从社会治安切入，平安建设确实开始以社会层面的稳定、公共安全和公众安全需求为指向展开实践，这从一个角度和侧面折射出实践者对如下问题的思考，也是理论研究者挖掘综治在全面法治建设中的逻辑和功能的重要问题。

第一，治安综治在实践中虽然取得了显著功效即维系了转型国家和社会的基本秩序，但没有实现治安形势的根本好转，这与治安综治的制度预期有很大差距。原因在于治安综治早期所面对的治安问题与当下所呈现的治安问题的源头已经发生重大变化，当下呈现的治安问题的源头是经济体制改革和社会管理体制改革所引发的经济社会发展不协调的结构性矛盾，因此要从根本上解决问题，其核心不在于具体治安问题的处理，而是经济社会发展的治安模式与体制问题。

第二，改革开放以来经济社会发展的模式是将经济发展作为路径依赖：经济发展是最高的政治任务，经济是硬指标，经济指标在政绩考核中起决定性作用；社会管理和治安综治以经济发展为中心，招商引资作为主要的社会（经济）发展手段，这两者是经济发展的实质性支撑。在经济导向下，基层社会在社会资源寻求中也萌生了社会管理和治安综治的新思路，特别是在经济指标不占优势的基层，治安综治和社会管理的范围、内容、举措在实践中不断被创造、归纳和诠释，这些工作也被上级肯定同时成为工作考核的业绩。但社会的治理“成果”无法完全量化，经济导向使得基层组织坚定地把经济指标作为自己根本的指标，把招商引资当成促进经济发展的最快捷途径。

在经济取向的思维模式背后可能隐含着治安综治的忧患。经济发展与治安综治在基层可能呈现出一种反比例关系，经济发展好的区域，由于经济发展掩盖了社会问题，其社会管理和治安综治动力不足，会继续把大量资源投入经济建设，而忽视社会建设；而在经济较差的区域，迫于考核指标，反而在社会管理和治安综治方面取得突破，然而其最终仍受经济硬性指标的制约。

第三，轻视社会建设和公众安全需求的原因应从这一逻辑中加以解释和理解。这成为综治与法治制度革新和功能发挥的前提性问题。这一逻辑发展导致法治和综治的制度功能不能从整体功能上得以发挥：法治建构本身不全面，无法实现对政治、经济、社会和文化等全方位的法律塑造调整功能；而综治的经济取向使其作为法治的善治面向的制度功能以及对法治不足的补充功能都没能充分发挥，而且还隐含着治安综治的忧患，比如经济逻辑之下群防群治的失效以及治安承包缺少公共性等问题。

治安综治的治理思想与制度功能并不主张解决具体治安事务，它是一个综合协调的体制机制，旨在推动政府管理体制、社会治理体制联动，实现源头治理、系统治理。但长期以来在一元结构下的政法思维和权力运行下，关注的是治安状态与政治和政权稳定的问题，没有将重心放在国家转型所引起的社会结构变迁以及治安对结构性矛盾的应对上。

从 2002 年开始的“平安建设”的地方实践到 2005 年上升为国家行动的平安建设，是国家—社会二元结构塑型过程中，基于结构性矛盾的治安形势研判所作出的一种反思，包括经济发展与犯罪增长的关系、经济与社会发展关系和治安资源配置等，平安建设作为治安综治的新载体，其实践本身超越了作为载体的意义，不断促进对传统一元结构下治安及其综治的观念、体制机制和权力思维的反思和革新。正如张玮认为的那样，当治安形势源于经济社会发展及制度的结构性矛盾，平安建设是对这种模式和制度体系进行调整的产物，在制度上要用安全需求审视治安中的问题并体现安全需求。平安建设本身并不代表新的发展模式，但其特殊价值在于，试探一下调整经济社会发展模式的形式及社会氛围，民众的安全需求便成为改变这一发展模式的比较适宜的理由和切入点。[①]

二、以社会治理为趋势的转型发展

2011 年，一度将社会治安综合治理放在社会管理创新框架下进行考虑。从反思的角度，首先是对社会管理的认识。相对于社会治安而言，社会管理更具有基础性，所涉及的领域和范围也更宽更广。在治安综治中，管理是其重要环节和内容，但属于传统的行政管理且仅限于与治安相关的行政管理。平安建设使得社会管理得到新的认识和重视，社会管理功能重建完善和社会和谐稳定之间不断建立起高度关联。从社会治安到社会管理隐含治理思维模式的一种转向以及体制转型发展的可能。

(一)治安综治中的管理及其局限

在治安综治体系中，管理是综治工作六个环节和内容之一。1991 年，《关于加强社会治安综合治理的决定》对此表述为："加强各方面的行政管理工作，是堵塞犯罪空隙，减少社会治安问题，建立良好社会秩序的重要手段。"但该决定进一步强调："当前要突出抓好各项社会治安管理工作，特别是要加强对流动人口的管理，旅店、废旧物品回收点、舞厅、录像放映点等特种行业的管理，文化市场和出版物的管理，集贸市场的管理和金库、重要物资仓库等要害部位的管理。"因此，在实践中政府行政管理(包括社会管理)具体落脚于治安行政管理和与治安关联的行政管理上，属于传统的公共管理模式，在权力运行上强调科层化行政组织与法律—命令—个案性的行政处分的治理方式。在新的社会结构中，管制型行政模式显然不适应社会发展和不同诉求需要，为了改造旧的政府体制与社会体制，公共服务型政府建设和社会管理创新的提出自然也就有了深刻的历史语境和制度逻辑。从逻辑上讲，通过社会管理创新推动行政管理体制改革和社会体制培育，为现代治安语境下的社会稳定提供组织和制度保障，来解决社会稳定的深层次矛盾，综治成为一种进路选择，但同时，从"大治安"立意、"中治安"进入、"小治

---

① 参见张玮：《平安建设与社会治安研究》，山东人民出版社 2012 年版，第 1～13 页。

安”作为其中环节之一的治安综治，当其转变为社会管理综治时，治安概念趋于“小治安”的狭义解释，即治安行政管理。因此，“从治安到管理的转变”可以理解为基于深层次矛盾解决的综治范围的扩展；也可以理解为政法视角中治安综治范围和程度不断缩小和减弱，而政府视角中的社会管理和治安管理的日常性基础性工作的范围和程度不断扩大和增强。社会治安综合治理中的“社会治安”概念显然无法涵盖这一范围。

（二）“治理”内涵的变迁

我们认为，机构的更名以及调整只是现实运作的一个外在表现，本研究探究的是社会管理创新的核心和关键在于治理内涵的变迁，从传统的国家治理理念向现代的社会治理理念开始转变，进而促进制度转型，而这种转变的力量，来源于三十多年治安综治的治理理念与实践的相互验证和平安建设、社会管理创新等实践的积累。实践本身使得综合治理越来越接近于现代社会的多元化的公共治理理念，即在应对急剧变迁和矛盾急剧凸显的转型社会中，社会管理要从单一的管理行政向公共行政、服务行政过渡，强调多元化的管理主体，强调治理内容广泛性（多元服务）和综合协调手段的有效性。

具体而言，多位学者从公共治理的意义上讨论了这一变化。中山大学政治与公共事务管理学院肖滨认为，从社会治安的综合治理到社会管理的综合治理，其理念变化在于，前者更强调社会控制，而后者则强调治理理性和科学，体现为多元化的管理主体提供多元化的服务和更加有效的调节手段。中国人民大学公共管理学院杨宏山也认为，国家开始有意识地开展公共管理、公共行政、服务行政，将管理与服务有机结合起来。国家行政学院竹立家认为，理念提升意味着制度设计将发生变化，治安综治着眼于协调相关部门力量确保秩序稳定，而社会管理的综治则注重深层次化解社会矛盾。中央编译局当代研究所所长何增科认为，治理主体应该形成一种合力，政府、企业、社会组织（包括个人）要在社会中各自发挥作用，意味着综治由过去强调社会控制向更多元管理的转变，更加注重社会的协调，以及背后的多元化利益诉求。[①] 这类似于以新的治理理论讨论社会治理体系建构。

社会管理体制有效为社会治安秩序提供良好的环境条件，当社会管理体制有效性出现问题的时候，也会反映到社会治安形势的混乱。社会管理

---

① 参见《中央综治委更名舆情研究》，http://www.legaldaily.com.cn/The_analysis_of_public_opinion/content/2011-11/07/content_3080334.htm? node=33074，最后访问日期为 2013 年 8 月 1 日。

是社会治安的基础性工作，强调社会管理的综合治理，实际上是社会治安对社会面向的回归和重视。从一定意义上讲，强调社会管理的综合治理有可能使社会治安在社会面向上得以改善并促进社会治理的发展。

在综治实践的转型发展中，“治理”理念的变迁在一定程度上是对经济社会发展关系的反思，这与以市场化竞争为动力的法治建构的反思具有一致性。综治在不断促进法治的善治追求，而法治也在不断提升综治的制度化程度，因此梳理和分析综治的形成、进展和转型发展的制度演进可以得出，综治与法治是中国法治建设的不同面向，两者基于新的历史阶段中国家治理和经济社会发展孕育而出，从多个角度汲取有益资源，在彼此交织中不断发挥各自对于经济社会的规制功能，在相互促进下构成中国特色社会治理体系的重要组成部分。

第三章
社会治安综合治理的制度现状及其存在问题

社会治安综合治理是包括治理主体、工作方针、实施依据等要素在内的制度体系。自提出以来，社会治安综合治理对于保障国家经济发展、社会文明进步等起到了至关重要的作用。然而在实践中，社会治安综合治理所面临的问题可以说是纷繁复杂：既有老问题，又有新问题；既有观念问题，又有实践问题；既有管理者方面的问题，也有治理参与者方面的问题。加之社会从传统自然经济状态的熟人社会向现代市场经济状态的陌生人社会转型，从以人治为主的阶级统治到以法治为代表的社会共同治理、从静态稳定的封建专制社会到动态稳定的民主共和社会的转型等，都使社会治安面临着前所未有的复杂态势。本章将对社会治安综合治理的制度现状进行梳理，在此基础上概括该制度存在的主要问题。

第一节　社会治安综合治理的制度要素

任何国家权力的行使都要有依据，这是人民主权的题中之义。国家行政机关是国家权力机关的执行机关，其行为只能是执行国家权力机关以法定程序形成并颁布生效的规范性文件。即使是行政立法，也只能在不与法律相抵触的情况下，在授权立法的范围内而为之。这是行政法治的基本要求。社会治安综合治理作为一类行政活动，自然也应在行政法治允许的范围、规范的要求和限定的框架之内开展。运用法治思维对社会治安综合治理的活动依据和实施规则进行系统、全面的分析阐释，是解构制度现状的重要途径。

一、社会治安综合治理的主体及其职能

（一）综治机构

1. 机构设置

综治机构是掌握社会管理权的国家组织，包括综治委及其常设机构——综治办。各级综治委是国家机构：在国家层面，中央社会治安综合治理委员会功能定位于“协助党中央、国务院领导全国社会治安综合治理工作”的常设机构，性质属于跨部门协调组织，是内设国家机构，职能从属于党中央和国务院，其实体性办事机构与中央政法委合署，发挥议事决策、政策协调和工作指导作用，与中央政法委同属于一个机构，是党中央的组成部门之一。①

在省级层面，省（自治区、直辖市）社会治安综合治理委员会是省（自治区、直辖市）委、省（自治区、直辖市）政府的议事协调机构，负责协调、指导各地各部门贯彻落实省（自治区、直辖市）委、省（自治区、直辖市）政府关于加强和创新社会治安工作决策部署，重点协调、推动涉及多个部门的社会治安重要事项的解决；对各地各部门开展社会管理工作情况进行督导检查；总结推广各地各部门在社会管理工作中的成功经验和做法；加强对社会管理有关重大问题的研究，提出加强和创新社会管理的重大政策措施建议；协调、指导社会管理法律制度建设；办理中央社会治安综合治理委员会以及省（自治区、直辖市）委、省（自治区、直辖市）政府交办的其他事项。

设区的市、行署、自治州以及县、区、自治县（旗）的社会治安综合治理委员会的职能也是聚焦在维护所辖行政区的和谐稳定工作，全面深化平安建设，致力于排查调处矛盾纠纷，主力创新社会管理，着力完善社会治安防控体系，着力加强基层基础建设，全面推进政法综治以及维稳工作。②

2015 年 4 月 13 日，中办、国办联合印发《关于加强社会治安防控体系建设的意见》，对乡镇或城市里的街道办事处以及村屯的综治组织建设进行了详细规定。该意见的第 18 项规定：“乡镇（街道）综治委主任可由乡镇（街道）党（工）委书记担任，综治办主任应由党（工）委副书记担任；村（社区）综治机构主要负责人由党组织书记担任，并明确 1 名负责人主管综治工作。”如此，

① 参见《党中央部门机构》，载“中国机构编制网”：http://www.scopsr.gov.cn/，访问日期为 2015 年 10 月 2 日。

② 参见《潍坊市社会治安综合治理委员会全体会议召开》，载“人民网”：http://wf.people.com.cn/GB/70174/11170215.html，访问日期为 2015 年 10 月 2 日。

从中央到地方甚至村屯的社会治安综合治理组织架构得到了完善和健全，治安综合治理工作做到了无缝隙的全覆盖。

2. 职能[①]

各级社会治安综合治理委员会的职责：

(1)贯彻执行有关社会治安综合治理的法律、法规和方针政策；

(2)研究制定和组织落实社会治安综合治理的措施；

(3)组织、指导、协调督促和检查各部门、各单位的社会治安综合治理工作；

(4)总结、推广社会治安综合治理的典型经验，表彰社会治安综合治理先进单位和个人；

(5)对不履行综治条例规定的职责，导致本地区、本部门、本单位社会治安混乱的负责人给予通报批评，或者提出政纪处分的建议；

(6)办理有关社会治安综合治理的其他事项。

各级社会治安综合治理委员会行使职权的方式：

(1)行政奖励

社会治安综合治理委员会在督促检查各部门、各单位履行社会治安综合治理职责落实情况的过程中，对于有以下情况之一的，由各级社会治安综合治理委员会或者有关主管机关表彰奖励；贡献突出的，由同级社会治安综合治理委员会推荐，报有关机关批准，给予记功、晋级或者授予荣誉称号：

①落实社会治安综合治理目标管理责任制，成绩显著的；

②检举揭发违法犯罪分子，同违法犯罪分子作斗争，抢救和保护国家、集体财产及人民生命，事迹突出的；

③教育、挽救和改造违法犯罪人员或者安置、帮教刑满释放、解除劳动教养人员，成绩显著的；

④调解民间纠纷成绩显著的；

⑤预防、制止刑事犯罪或者治安灾害事故成绩显著或者有突出贡献的；

⑥协助司法机关破获重大、特大案件的；

⑦社会治安综合治理理论研究成果被采纳，社会效果显著的；

⑧其他对社会治安综合治理工作有重大贡献的。

---

① 出于以点带面的考量，文中综治委的职责和行政方式均引自《四川省社会治安综合治理条例(2006年修正)》，载“法邦网”：http://code.fabao365.com/search/wd6，访问日期为2015年10月6日。

(2)行政处分

行政处分是公权力机关内部行政管理行为中的一种重要行政方式。四川省人大在有关地方性法规中规定，有下列情形之一的单位，在当年及第二年度内不得评为文明单位或者综合性先进单位，直接负责的主管人员和其他直接责任人员，在本部门、本单位治安面貌改变之前，不得评为先进、模范，不得晋级、晋职，并可给予行政处分；情节严重、涉嫌犯罪的，交由刑事司法机关处理：

①不按本条例规定履行职责，对公民、组织的报案不依法及时受理，对公民、组织要求人身、财产保护拒绝履行法定职责的；

②不按本条例规定履行职责，致使本部门、本单位治安问题突出，发生特大案件或者恶性事故，造成重大经济损失或严重后果的；

③对本部门、本单位矛盾处理不力，导致矛盾激化，危害社会稳定的；

④发生刑事案件或者重大治安案件故意不报或者隐瞒事实真相的。

同时还规定，对在社会治安综合治理工作中弄虚作假，骗取荣誉、奖励的，由批准机关撤销其荣誉、奖励，并由有关部门给予行政处分；对不履行综治条例规定职责的单位，同级社会治安综合治理委员会应当督促其履行或者给予通报批评，对其主要负责人可向主管部门或者行政监察机关提出政纪处分的建议，上级主管机关可对主要负责人和直接负责人员给予行政处分；构成犯罪的，依法追究刑事责任；对政法干警、治安积极分子、见义勇为者、证人和检举人、揭发人打击报复，构成犯罪的，依法追究刑事责任；情节较轻的，分别由所在单位、主管部门、行政监察机关给予行政处分。

(3)干部绩效考核上的一票否决

县级(包含本级)以上各级社会治安综合治理领导机构，按照管理权限，可以在对县(市、区)、乡镇、街道以及机关、团体、学校、企业、事业单位评选综合型的荣誉称号，上述单位的主要领导、主管领导和治安责任人评先受奖、晋升职务和级别时，对于没有达到当地或上级主管部门规定的社会治安综合治理目标或有中央社会治安综合治理委员会《关于实行社会治安综合治理一票否决指导规定(试行)》第 9 条所列情形的，行使一票否决权。

(二)综治成员单位

社会治安综合治理委员会是由各个综治成员单位组成的。根据 1991 年全国人大常委会颁布的综治决定，综治工作的牵头单位是当地政府的公安部门，骨干成员单位还有政府的安全部门、司法行政等职能部门以及法院和检察院。而城镇居民和农村村民以及机关、团体、企业、事业单位的职工、学生建立的群众性自防自治的治安保卫组织，是当地社会治安工作的重要依靠力量。

有些地方将综治委定位于“党委、政府的协调机构”，负责协调和指导“各地各部门贯彻落实党中央、国务院以及自治区党委、自治区人民政府关于加强和创新社会管理的决策部署，重点协调、推动涉及多个部门的社会管理重要事项的解决；对各地各部门开展社会管理工作情况进行督导检查；总结推广各地各部门在社会管理工作中的成功经验和做法；加强对社会管理有关重大问题的研究，提出加强和创新社会管理的重大政策措施建议；协调、指导社会管理法律制度建设；办理自治区党委、自治区人民政府交办的其他事项”[①]。例如，广西壮族自治区综治成员单位有：自治区纪委、自治区党委、自治区人大、自治区政协、自治区党委组织部、自治区党委宣传部、自治区党委政法委、自治区编办、自治区直属机关工委、自治区信访局、自治区党委外宣办、自治区高校工委、自治区高级法院、自治区检察院、自治区人大常委会法工委、自治区发改委、自治区工业和信息化委、自治区教育厅、自治区民委、公安厅、国家安全厅、民政厅、司法厅、财政厅、人力资源和社保厅、国土资源厅、环保厅、住房和城乡建设厅、水利厅、农业厅、林业厅、商务厅、文化厅、卫生厅、人口计生委、外办、国资委、农垦局、工商局、质监局、广电局、新闻出版局、安全监管局、统计局、旅游局、法制办、食品药监局、水库移民局、广西驻京办、广西军区司令部、广西军区政治部、武警广西总队、自治区总工会、共青团广西区委、自治区妇联、自治区工商联、南宁铁路局、南宁海关、人民银行南宁中心支行、广西保监局、自治区通信管理局等62个单位。这些单位中，不仅有政权机关、执政党的党务机关，还有国家事业单位；不仅有职权行政主体、授权行政主体，还有司法机关和立法机关，甚至包括联络办事的政府派出机构。

但是，由于牵头单位是公安部门，这就等于说综治委联系各个综治成员单位，各负其责、各尽所能地帮助公安部门完成维护社会治安的任务，建设平安地方，实现长治久安。

二、社会治安综合治理的工作指针

（一）打防并举，标本兼治，重在治本

改革开放之初，非理性发展商品经济的所谓“发家致富”名噪一时，包括

---

① 参见《综治成员单位》，载“广西政法综治网”：http://gxzfw.com.cn/gxzfw/2012625/13546_77.html，访问日期为2015年9月10日。

"损公肥私"在内的不惜以损害公共利益甚至社会治安来达到自己发财目的的行为严重影响了社会稳定。于是，1982 年 8 月，中共中央批转了全国政法工作会议纪要，指出严厉打击刑事犯罪是社会治安综合治理的首要环节，加强对青少年的教育是社会治安综合治理的重点。

经过几年的实践，1986 年 2 月，全国政法工作会议总结道："近几年的实践证明，社会治安综合治理实质上就是一项教育人、挽救人、改造人的系统工程。要做好这项工作，根本的方法是走群众路线。不能只靠哪一个部门，而是要靠全党全社会；不能只用哪一种方法，而是要用千百种方法；不能只抓一阵子，而是要长期坚持。"[①]党和国家自此形成了将社会治安综合治理工作作为一项长期工作来抓，并设立常设的国家机构指导全国社会治安综合治理的共识；同时将社会治安综合治理的工作指针初步确立为"打防并举，标本兼治，重在治本"。

1991 年 2 月 19 日，中共中央、国务院联合发布《关于加强社会治安综合治理的决定》。同年 3 月 2 日，第七届全国人民代表大会常务委员会第十八次会议通过《关于加强社会治安综合治理的决定》，社会治安综合治理"打防并举，标本兼治，重在治本"的工作方针正式确立，并且，中央成立了常设的国家机构——中央社会治安综合治理委员会，负责指导和协调全国治安综合治理工作。此后，社会治安综合治理工作在全国各地得以普遍推开。

（二）打防结合，预防为主

1996 年，中央社会治安综合治理委员会通过了《1996～2000 年全国社会治安综合治理五年规划》，在坚持既定方针的前提下，提出了打击犯罪和预防犯罪并重的工作思路。1997 年，中共十五大报告进一步指出，加强社会治安综合治理要坚持打防结合，预防为主。2001 年 9 月，中共中央、国务院联合发布的《关于进一步加强社会治安综合治理的意见》明确指出，"打防结合，预防为主"是做好社会治安综合治理工作的指导方针，进一步突出了工作重点：以预防为主的治本工作。这个工作重点要从思想观念、工作着力点、警力配置、经费投入、工作考核奖惩机制等各个方面加以落实，要开展和进一步加强群防群治工作，建立和完善社会治安防控体系，以实现预防和减少违法行为特别是犯罪行为的发生。这个工作指导方针既是对前述方针的凝练，又是第一次将预防和治本相结合的尝试。

---

① 《社会治安综合治理》，载"百度百科"：http://baike. baidu. com/link? url = Tv8KAM8qw7Tau2Q61qkQ8q93bQo5 _ wwLCrIEENU7Qd3le _ i3EPEXZnE1v5q7MOSdo91yuB _ LWePgfczGLoZqgq。

（三）打防结合、预防为主，专群结合、依靠群众

2004 年 9 月，以胡锦涛为总书记的党中央在党的十六届四中全会上，总结社会治安综合治理多年的实践经验，提出了新的社会治安综合治理工作指导方针，即“打防结合、预防为主，专群结合、依靠群众”。这种提法的特点在于将社会治安综合治理工作指针同党的群众路线结合起来，将依靠群众的工作方式上升到了工作指针的高度。

（四）聚焦“平安中国”建设，充分认识和不断创新社会治理

以习近平为总书记的新一届党中央领导集体，以全新的视角和高度，站在“四个全面”发展战略的高度，在坚持既有的社会治安综合治理工作指针的基础上，第一次从全局的角度提出了社会治安综合治理的核心或终极追求：平安中国。2014 年 10 月 17 日，中央综治委主任孟建柱在中央社会治安综合治理委员会全体会议上指出，平安中国建设是社会治安综合治理的工作总目标，各级各类综治成员单位以及各个专项组都要围绕着平安中国建设，更加注重运用法治思维和法治方式解决平安中国建设中的问题；不断创新社会治理方式方法，更加注重党委领导、政府主导、社会各方面参与的社会治理，实现政府治理与社会自我调节、居民自治良性互动，确保社会既充满活力又和谐有序。①

三、社会治安综合治理的法律和政策依据

（一）国家立法与政策

综治组织是掌握公权力的组织体。根据行政法的基本原理，任何掌握行政权力的组织必须具有组织法的依据。

国家层面的立法与政策主要有：

1991 年 2 月 19 日，中共中央、国务院联合颁发的《关于加强社会治安综合治理的决定》（以下简称“中央决定”）；

1991 年 3 月 2 日，第七届全国人大常委会第十八次会议通过的《全国人大常委会关于加强社会治安综合治理的决定》（以下简称“人大决定”）；

2001 年 9 月 5 日，中共中央、国务院联合颁发的《关于进一步加强社会治安综合治理的意见》（以下简称“中央意见”）；

2015 年 4 月 13 日，中办、国办联合印发的《关于加强社会治安防控体系

① 参见《孟建柱在中央综治委全体会议上强调坚持深化改革，创新社会治理，用法治思维法治方式推进平安建设》，载“人民网”：http://legal.people.com.cn/n/2014/1017/c42510-25858747.html，访问日期为 2015 年 10 月 6 日。

建设的意见》。

社会治安综合治理是执政党的一项重大决策。中央决定将社会治安综合治理的内涵确定为:在各级党委政府的统一领导下,各部门协调一致,依靠群众,运用政治的、经济的、行政的、法律的、文化的、教育的等多重手段,整治社会治安,打击和预防犯罪,保障社会稳定。对照人大决定,我们看到,全国人大常委会并没有正面确定社会治安综合治理的内涵,只是在《决定》的第1条规定:"加强社会治安综合治理,是坚持人民民主专政的一项重要工作,也是解决我国社会治安问题的根本途径。社会治安问题是社会各种矛盾的综合反映,必须动员和组织全社会的力量,运用政治的、法律的、行政的、经济的、文化的、教育的等多种手段进行综合治理,从根本上预防和减少违法犯罪,维护社会秩序,保障社会稳定,并作为全社会的共同任务,长期坚持下去。"从中我们可以了解到,对于解决我国社会治安问题,必须动员和组织全社会的力量,运用政治的、法律的、行政的、经济的、文化的、教育的等多种手段进行综合治理;而该项工作是需要长期坚持的"全社会共同任务"。

(二)地方立法与政策

大多数省级人大或政府都制定了地方性法规或政府规章,以规范本地方的社会治安综治活动。就目前来看,绝大部分省级权力机关针对社会治安综合治理制定了地方性法规,而且有不少的省级地方人大还对本地地方性法规进行了修改或修订。同时,也有的地方根据本地特点制定了具有本地特色的规范性文件,如上海人大就将社会治安明确为"防范责任",并有针对性地进行规范;广东省没有省级层面的条例,只有各个城市,如广州市、深圳市、珠海市等地方性法规对社会治安综合治理进行落实和规范。

第二节　社会治安综合治理的现实运作

社会治安综合治理涉及面广,对象不特定,面向的管理领域处在不断变化之中。尽管如此,从中央到地方各级社会治安综合治理组织根据社会经济的发展变化,综合地采取经济的、政治的和法律的手段,不仅从制度建设上,而且从行政伦理和公民道德教育上,不断创新工作方式和方法,取得了不俗的成绩;体现在平安建设的责任落实、重视教化与社会治理方式的与时俱进、社会治安综合治理权力行使的监督机制落实以及对社会治安综合治理本身的认识不断深化等方面。

一、平安建设的责任落实

(一)公务员

综治责任聚焦于平安建设。平安建设的责任主体,与其说是综治成员单位,不如说是履行具体职责的公务员。在行政法治实践中,行使国家行政权力的主体往往采取作为和不作为两种行为方式。但不管采取哪种行为方式,都有合法或者违法的法律评价结果。其中的"作为"体现在依法行政上,不仅遵循实体法的规定,而且必须严格按照行政程序法的规定履行法定职责,严重违反行政程序的行政决定也会因为违反行政法而难逃被撤销的命运;"不作为"行为方式的用权行为导致的违法,需具备四个要件:该行政主体有相应的法定职责,该行政主体具有未履行法定职责的客观事实,该行政主体有能力履行法定职责,该行政主体超越法定期间或合理期间履行法定职责。同时,作为行政主体组成人员的公务员,在代表该组织行使职权时,他是行政人①,代表国家以行政主体的名义实施行政行为,其行为效果归属于行政主体。因此,综治机关必须对有违法行为的公务员加以处分。只有保持严格执法、整风肃纪的常态化管理,才能使执法者有法必依、执法必严、违法必究,从而打造一支遵法、守法、有为的社会治安执法队伍,营造一种人人自觉适用法律、遵守法律的社会氛围。

(二)行政主体

作为社会治安综合治理的成员,各个综治成员单位肩负重要职责。面对公民、法人或其他组织等行政相对人,行政主体行使职权一方面要实体合法,即行政行为具有法律法规或政策依据;另一方面要程序合法,即行政行为的过程、手段、方式或时限符合法律规定。作为以社会治安综合治理为己任的各级社会治安综合治理委员会,也应当遵照法定程序行使自己的公权力。

但是,我国程序法治建设比较落后,即便外部行政法律关系也没有统一的《行政程序法》进行规范,只是在单行法中有若干程序法律规范;而对于内部行政法律关系,连典型行政行为的单行法都没有,仅限于2007年国务院制定的《行政机关公务员处分条例》。另一方面,各综治成员单位都有各自执法领域相应的组织法。在实践中,极易发生组织法规范与程序法规范相冲突的问题。例如,从上述四川省的综治条例看来,综治委的职权仅限于对综

① 参见胡建淼:《行政法学》,法律出版社2004年版,第113～115页。

治部门或成员单位的年度工作考评；但从党管干部的角度出发，还可以衍生出对该部门或成员单位领导政绩以及仕途影响的考量。而在党行使社会治安综合治理委员会应当行使的公权力时，通行于行政法治领域的公正程序原则及制度是否发挥作用，《行政机关公务员处分条例》能否适用，如何监督等都成为问题，影响着该组织作用的发挥。

二、公民自觉维护社会治安的公德教育

（一）重视教化与社会治理方式的与时俱进

职业意识是伴随工商业文明的到来而涌现的，它对于职员实现自己的人生价值具有非常现实的意义。这是因为，尽早地为自己的人生进行职业定位，有利于自己立足岗位实现自己的人生价值。从社会的角度上来讲，普及职业意识更加有助于良好工作关系的形成，进而促成社会和谐。我国正处在从传统的农业文明向现代工商业文明的转型时期，职业意识（即敬业爱岗）仍处在逐渐成长时期，因此积极普及职业意识仍是舆论引导的重要任务。公务员的职业意识在《公务员法》中有明确的表述。《公务员法》第12条规定了公务员的义务，其不同于普通公民的特殊职业意识表现在：第一，全心全意为人民服务，接受人民监督；第二，保守国家秘密和工作秘密；第三，模范遵守社会公德；第四，清正廉洁，公道正派。

与时俱进地思考和改进社会治理方式，也应当将教育和惩治相结合，奉行教育为先的原则，广泛地穷尽模范人物示范引领、典型事迹带动、反面实例警示等各种手段，将教化落到实处，慎用强制手段。实践中涌现的“人性执法”“阳光执法”等，都是新时期社会综治方式的创新举措。

（二）公德教育的与时俱进

传统社会的美德应当在现代法制社会得到重新定位，上升为法律的美德只能是一部分，不可能是全部。当然，公德教育应当分层次进行。对于官员，应当接受比公众更严格一些的道德约束，即有些行为发生在群众身上可能不需承担不利后果，但发生在官员身上就要承担。如对于一般公民的通奸行为，无论《治安管理处罚法》还是《刑法》都没有规定应受法律制裁。但是，对于官员的通奸行为，却可依《公务员法》给予政治纪律制裁。[①]

---

① 中纪委监察部网站公布的消息，徐同文作为厅级干部，将其“与他人通奸”确定为四个处分原因之一。参见《齐鲁工业大学原党委书记徐同文被开除党籍公职》，载“中纪委监察部网站”：http://www.ccdi.gov.cn/ajcc/201407/t20140702_24750.html，访问日期为2014年10月10日。

三、对社会治安综合治理公权力实施主体的监督

(一)信息公开

政府信息公开是指行政主体在行使行政权力的过程中,应当依法将行政权力运行的依据、过程和结果公开,以便行政相对人和社会知悉、参与并监督行政权力的运行。行政公开是民主政治的基本要求;通过行政公开,公民能够对行政过程进行参与和监督,从而实现强化民主政治、防止行政腐败的目的。

现代法治要求行政公开是全方位的。不仅行政权力的整个运行过程要公开,而且行政权力行使主体自身的有关情况也要公开,如行政主体的基本情况、机构设置、人员编制、职责权限和财政收支以及公职人员的录用、考核、奖惩、任免及其财产和品德状况、廉洁自律情况等等。但是公开也不是绝对的,涉及国家秘密、商业秘密和个人隐私的信息内容,行政主体不得公开或在满足一定条件下公开。

(二)利害相关人的有效有序参与

1. 事中参与

利害相关人参与行政决定的形成,是行政程序规定的核心和本质内容。参与不能仅仅被理解为参加,而是要通过具体的行使权利、发挥作用从而影响行政决定的形成。参与权就是行政相对人(包含直接相对人和间接相对人)为了维护其自身的合法权益参与到行政程序过程中,就涉及的事实和法律问题阐述自己的主张,从而影响行政主体作出有利于自己的行政决定的权利,并将参与权具体量化为获得通知权、陈述权、抗辩权与申请权。[①] 各地在社区管理方面推出的吸引居民参与的种种举措,就是社会治安综合治理工作贯彻公众参与的例证,就是行政相对人参与权得到落实的表现。

2. 事后监督

行政执法决定具有复效性,不仅会影响直接相对人的权利,也会对间接相对人的权利义务产生影响。根据我国行政诉讼法的有关规定,与具体行政行为有法律上利害关系的公民、法人或者其他组织(如相邻权人、公平竞争权人、受害人以及与行政复议决定、与撤销或变更具体行政行为有法律上利害关系的间接相对人等)对该行为不服,可以依法提起行政诉讼。相对人对社会治安治理行为的事后监督,是公众参与社会治安综合治理的一个重要方面。

---

① 参见章剑生:《行政程序法基本理论》,法律出版社 2003 年版,第 173～186 页。

(三)人民代表大会的监督

社会治理的行政实践理应受到人民代表的监督。宪法赋予人民代表大会立法权、决定权、任免权、监督权,其中的监督权以往只限于通过听取和审议"一府两院"的年度工作报告来实现,人大闭会期间的监督常常付之阙如。随着2007年《中华人民共和国各级人大常委会监督法》的实施,人大的监督权得到了全面的落实。但现实中,《监督法》的效果仍不尽如人意。目前《监督法》仍然存在如下问题:(1)监督条款过于原则,不具有可操作性,监督权难以行使;(2)监督刚性不足,监督权虚置;(3)被监督者法律责任不明,监督权威缺失等。① 造成监督不力的原因有:实施监督法的配套办法还没有建立起来;监督工作中"既不越权又不失职"的原则不好把握;监督工作不敢"硬"起来等。② 因此,提高素质、讲求方式方法、在敢于监督和善于监督上下足功夫,是完善人大对社会治安综合治理行为监督的重要内容。

(四)社会媒体的监督

1. 依据

舆论监督的理论基础源于国际上的"公共领域"论。"公共领域"是指"社会文化生活领域,是人们就各种问题进行讨论、争辩从而形成公共意志和公共观点、分享个人体验、传递和创造文化价值的公共论坛和场所"③。媒体的从业者,特别是新闻记者,常常被人们称为"无冕之王"。在国际社会,相对于立法、司法和行政权力,人们还把媒体的权力称为"第四种权力"。

舆论监督是宪法赋予公民的权利。首先,宪法规定了公民享有言论自由权。《宪法》第45条规定:"公民对于任何国家机关和国家机关工作人员享有提出批评建议的权利。"其次,公民享有知情权和参政权。从宪法的层面上看,知情权是公民参政权的一个基本前提,因为信息不对称就谈不上有效参与。对公民参政权的表述体现在《宪法》第2条的规定:"中华人民共和国的一切权力属于人民……人民依照法律规定,通过各种途径和形式,管理国家事务,管理经济和文化事业,管理社会事务。"党的十六届六中全会通过了《中共中央关于构建社会主义和谐社会若干重大问题的决定》,再次强调要"实现社会主义民主政治制度化、规范化、程序化,保障人民享有广泛的民主

---

① 参见王瑞芳:《做实人大,激活人大监督权》,载"中国网":http://fangtan.china.com.cn/zhuanti/2015lianghui/2015-03/04/content_34950419.htm,访问日期为2015年9月10日。

② 参见孙寿开:《县级人大行使监督权存在的问题及建议》,载"文山新闻网":http://wsnews.com.cn/newsview.aspx? id=36268,访问日期为2015年9月10日。

③ 朱云:《社会制约:一种治理行政权力腐败的途径研究》,载《中南大学学报》2004年第4期。

权利”,“依法保障公民的知情权、参与权、表达权、监督权”。党的十七大报告又作了具体强调,指出:“人民民主是社会主义的生命”,要“坚持国家一切权力属于人民,从各个层次、各个领域扩大公民有序政治参与,最广泛地动员和组织人民依法管理国家事务和社会事务,管理经济文化事业”。2008年颁布施行的《中华人民共和国政府信息公开条例》对公民知情权的保护,有利于促进公众进一步参与社会治安综合治理的全过程。

2. 特点

阳光是最好的防腐剂,任何腐败都惧怕阳光。媒体的曝光常使腐败者来不及遮掩,就被暴露在光天化日之下。而任何损害公共利益的事情一旦被公诸报端或被发布到网上之后,就能引起全社会的注意,知情人就可能有勇气向新闻媒介和司法机关披露内情,提供证据;而腐败者的幕后疏通打点活动也容易被阻断。媒体信息传播的公开性,正好能满足公众监督政府、实现政治参与的需要。

政府信息向社会公开,不仅仅是政府建立发言人制度,一个口径向媒体介绍自己愿意主动公布的信息;更重要的是应公众的要求或者通过答记者问的形式公布自己掌握的各种信息,除非有正当理由,否则政府必须公布相关信息。而且这里的“正当理由”也必须拿给公众“晒一晒”,取得公众的认可,而不是政府自己认为有正当理由。

舆论监督是大众传播的一个客观效果而非手段,但是在社会转型期(我国从计划经济到市场经济的社会转型),舆论监督已经成为媒体经营自身形象的一种手段,成为获得社会效益或曰“美誉度”的一种高回报的行为。当然,舆论监督仍然要遵循法律规定的边界。如媒体的报道必须避免先入为主,应当注重发表意见有事实根据,等等。但是,由于目前我国还没有出台新闻法,因而舆论监督的外部环境还不尽如人意。尽快制定出台新闻法,将舆论监督纳入法制化,就会有利于舆论监督自身的规范行使,有助于保证对社会治安综治行为舆论监督权的有效行使。

四、当前社会治安综合治理的成效

从中央社会治安综合治理委员会成立至今,我国社会治安综合治理工作已经走过了二十多个年头。这期间,全社会特别是各级政府为社会治安综合治理工作殚精竭虑,取得了不俗的成效。

(一)对社会治安综合治理理念的理解逐步深化

改革开放之初,社会治安综合治理的工作内容就是有效地打击犯罪,甚至一段时期对一部分严重危害社会治安的犯罪分子采用从重从快的严厉打击手段，以实现社会治安的迅速好转。后来发现这种措施有些矫枉过正，社会效果并不理想。于是，我们开始建机构做规划，着手建立维护社会治安的长效机制。现在，我们对社会治安的认识已经不再局限于打击犯罪，而是预防犯罪甚至是防范违法行为的发生；不再是单纯地为维护秩序而维护秩序，而是积极营造和谐社区，培育和倡导社会主义核心价值观，着力提高人民群众的幸福指数，着力落实基层的直接民主，让群众参与社区治理，以群防群治来达到社会秩序的持续好转；不再局限于传统上的社会治安综合治理，而是包括网络在内的线上线下全方位的社会平安建设。

20 世纪 80 年代，综治工作主要或者说全部都是打击犯罪、预防犯罪。到了 90 年代，我们开始反思运动化“严打”成效，从而将建立社会治安综合治理的长效机制置于头等重要的地位。无论是“选择性执法”，还是“运动化执法”都是权宜之计，不是治本之策。进入新世纪以来，我们进一步认识到，应当建立法治政府，为此 2004 年国务院发布的《全面推进依法行政实施纲要》明确地提出了依法行政的目标，即建设法治政府。同时，提出了未来十年法治政府建设的七项任务，作为“法治政府”的基本标准。其中的第五项任务就是：“高效、便捷、成本低廉的防范、化解社会矛盾的机制基本形成，社会矛盾得到有效防范和化解。”这个目标如果能如期实现，那么社会治安综合治理就取得了重大进展。及至今日，我们又进一步认识到，社会治安综合治理不能单兵突进，应当在全面推进法治中国建设中，甚至结合全面从严治党来进行整体推进。当下，我们正在“将片面强调治理主体意志的主观治理向生态协同治理升华，将科学工具治理观向科学理性治理观升华，将综合治理观向系统治理观升华！”①

（二）对社会治安综合治理方式的认识逐步深化

目前已经形成的共识是，社会治安综合治理要在全面推进法治中国建设的大背景下向前推进，应当依法治的思维和法治的方式解决社会治安综合治理推进过程中出现的问题。在讲法治还是讲政治的问题上，尽管两者经常是高度一致的，但是当两者狭路相逢的时候，应当把讲法治放在头等重要的地位上。这种认识不是轻易取得的。从法理的角度，从社会治理的方式上来讲，“政治”和“法治”的根本区别在于有无法律信仰。这两种社会治

---

①　涂明君：《综合治理观的兴起——简析现代中国建设时期的综合治理与科学治理观念》，载《自然辩证法研究》2014 年第 12 期。

理的生态，一种是将“政”(政治规定)放到至高无上的状态，另一种是将“法”(法律治理)置于无尚的境地。“政”和“法”的区别在于如下几个方面。

第一，界限问题。“政”的边界模糊，就像道德的边界模糊一样，“人民”和“敌人”是政治概念，可是它们的区分标准只有统治者、掌握权力(power)的人才有话语权，其他人是没有的。相对而言，“法”的边界就是清晰的。公民代表以法定程序表达意志、凝聚共识形成立法；生效后的法律，非以相同程序加以修改或废除，任何人、任何事无一例外都应接受法律的规制，没有法外之人或法外之事。

第二，政治规定和法律规范的强制力及其实行程序的公正问题。违反法律的人，接受法律明确规定的法律制裁，其方式和程序都是该法律文件明确规定的或者是相应的程序法事先明确的，法外用刑和违反程序法的公权力运用都是法治制裁的对象。对于违反政治规定的人，是被认为“反动”的人，其所接受的制裁从实体上和程序上都是无法预见、预期的，因而其公正与否是看不见的。

当然，将政治规定与法律规范完全对立起来的观点也是有害的，因为他们之间有联系，即反映占统治地位的阶级或阶层意志的本质是相同的。其实，自改革开放以来，我国社会治安综合治理模式经历了以公安机关为主体打击犯罪为主的“打击模式”、以社会管理为主体重在和谐社会建设的“管理模式”、在信息网络技术发展中形成的以网络为主导的“虚拟模式”。[①] 这三种模式的依次出现直到现在的融合叠加，在法治中国建设统领下协同推进，确实昭示了我们在社会治安综合治理方式的全面进步。

第三节　社会治安综合治理实践中存在的问题

社会治安综合治理现阶段面临的实践难题，既指向为政者的治理能力问题，也与民众的自觉自为意识淡漠紧密关联。从存在问题的类型上看，既有立法上的不周延、不明确和缺乏可操作性的问题，也有我国重伦理、轻法治的人情社会所遗留的法治不彰、有法难依、违法不究的弊病。当前，在影响社会治安因素中，有一部分人将观察视角对准科技防范水平的程度，认为其程度直接影响到社会治安的好坏。这些问题，都是伴随社会治安综合治

① 参见马俊霞、陈爽:《我国社会转型与社会治安综合治理模式的发展》，载《广州市公安管理干部学院学报》2013 年第 2 期。

理在发展进程中所衍生的，都需引起足够重视，不容小觑。但究其要者，理念问题还是亟待关注和解决的，特别是针对基层社会治安综治组织来说。它不仅困扰和制约着执政者，包括各级社会治安综合治理委员会以及综治成员单位，也影响着广大群众的主观感觉和客观感受，不仅无法动员和利用蕴含在民众中的巨大潜能、力量，还很可能将其推向社会治安综合治理的对立面，使其成为阻滞社会治安综合治理良性、科学、法治运作的力量。

因此，应对新时期社会治安综治领域纷繁复杂的矛盾，客观上需要有很高的执政能力和整体的宏观驾驭能力。社会治安综合治理的发展完善不能头痛医头，脚痛医脚，应当以长远稳妥的视角，秉承理性法治的思维，依法落实各项综治职责，特别是依照法治的原理，既体现实质层面的公正公平，又确保程序层面的公开民主，让群众在社会治安综合治理的具体化行政运作中充分感受到公平正义。唯此，才能在确保社会治安综合治理在符合法治要求，体现民主化、科学化原则的基础上，照顾最广泛的民意，真正实现好和维护好最广大群众的根本利益。

一、社会治安综合治理的理念不够科学

理念问题是各种实践难题的源头，不正本清源，我们就无法认清各种实践难题的症结所在。我国长期“以吏为师”的传统和政府主导的改革开放事业，决定了公权力掌握者的理念问题更具有先决和主导作用，因此也成为制约以法治思维推进社会治安综合治理的主要症结。

（一）国家以及地方决策群体的理念问题

1.“依法治国”还是“以法治国”

这个问题 20 世纪末曾有讨论，但是问题远未解决。“依法”还是“以法”两者都是施政理念，虽然只有一字之差，可是含义却有根本区别。

(1)“严打”突显“以法治国”的理念

1983 年以来的历次“严打”方式，对于社会治安都不能说是法治社会中的治理常态，充其量是间或沿用改革开放前“运动式”政治治理方式。从社会效果来看，“严打”的方式仅仅起到了暂时遏制刑事治安案件多发的势头，并没有带来所期望的长治久安。

从图 3-1 我们可以看到，1983 年的“严打”所持续的三年，刑事治安案件的发案数确有下降，但在 1985 年后却呈现上升的势头，到 1988 年刑事治安案件的发案数已经恢复到“严打”开始时的水平。

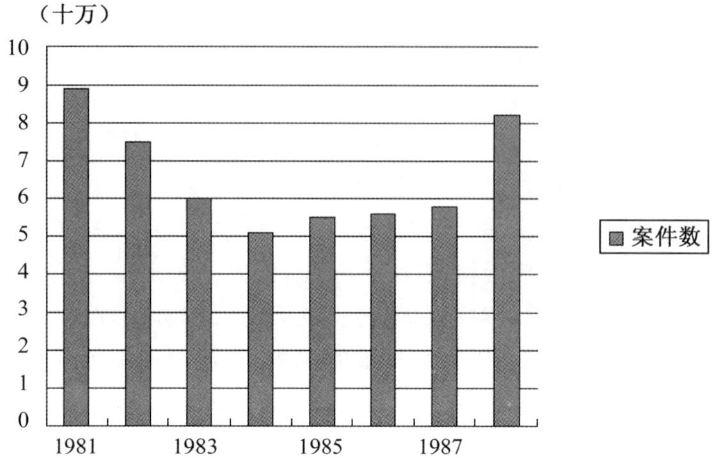

图 3-1　1981～1988 年刑事治安案件数①

虽然 1989 年的“严打”遏制住了刑事治安案件飙升的势头，但世纪之交，刑事治安案件发案数急剧上升，2001 年相对于 1999 年出现了翻番式增长。于是，国家又开展了 2001 年“严打”运动。可是，该次运动虽然遏制住了发案数激增的势头，但 2003 年，反弹的苗头又有所显现。（见图 3-2）

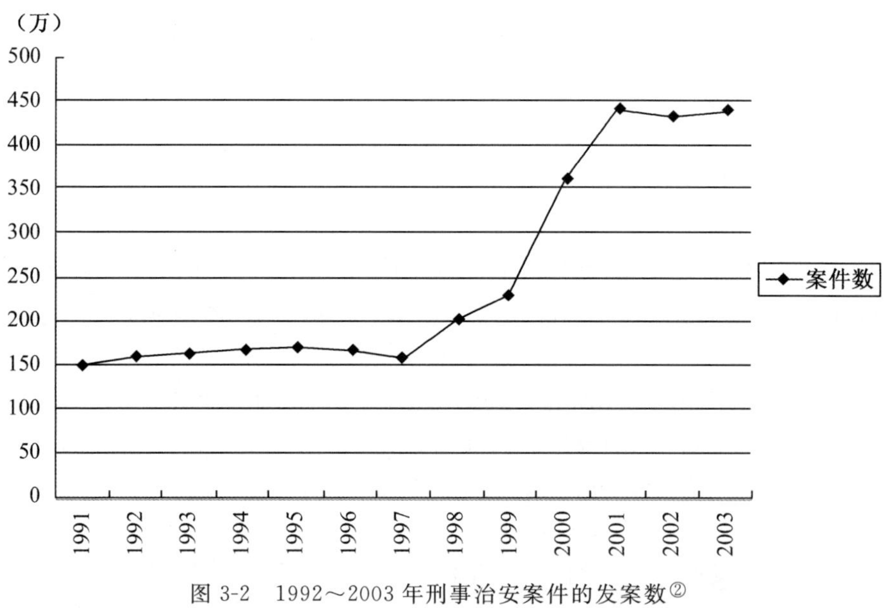

图 3-2　1992～2003 年刑事治安案件的发案数②

① 参见唐皇凤:《常态社会与运动式治理》，载《开放时代》2007 年第 5 期。

② 参见唐皇凤:《常态社会与运动式治理》，载《开放时代》2007 年第 5 期。

由此看来,“严打”是对社会的“间歇性控制”,是重大的政治事件,其实质是“通过集中与动员有限的司法资源,解决突出的社会治安问题……”而从法治建设的角度来看,“严打”突出显示了将司法在内的法制作为治理工具来使用的特征,是“以法治国”的典型写照。

同将法律作为手段的“以法治国”有着根本区别的治国理政方式是“依法治国”。后者是摈弃“法律工具论”,坚守法治信仰,将法治作为目的的一种治国理政理念。其主要意义在于:一方面,任何个人、机关团体法人等单位无例外地受法的约束;另一方面,公权力的行使必须依法而行。法治的根本不仅仅在于权力的来源合法,更重要的是权力在法治的框架内运行。

(2)维护社会治安要不要通过合法的正当程序

规制国家公权力是法治的核心内容。规制公权力不仅仅要求科学地分配和授予公权力,而且要求以正当的法律程序来行使公权力。“苛政猛于虎”,对于公民财产权、人身权等合法权益的侵害,公权力的违法或不当行使所产生的伤害,其危险远远大于私权利主体可能的侵害。因此,社会治安综合治理应当严格遵守程序法治的理念、原则和规范。

由此可见,从中央到地方,公权力主体在社会治安职责的履行上,其指导思想是“以法”还是“依法”,其结果是有明显差别的。社会治安综合治理工作只有坚守依法治国的原则,才能持久地发挥推动国家进步和社会文明事业前进的正能量。

(3)“依法治国”的教化未有竟时

关于法律在社会治理中的作用,有“法律工具论”和“法律目的论”两种对立的观点。法律工具论将法律当作治理社会的一种工具。工具是为目的服务的,在社会治理中,目的就是社会稳定与和谐,因此,在法律工具论持有者看来,法律(广义上的法治)只是一种维护和促进社会稳定与和谐的工具,只不过在社会治安形势严峻、刑事治安案件飙升之际用一下,在案件高发势头被遏制住以后就放下。法律目的论者认为,法律本身有内在价值,法律制度是社会不可缺少的制度,法律不仅为完善国家关系和社会关系而存在,并且法律自身也需要不断完善。就世界范围而言,近代以来,早期法学多以工具论为主调,但二战后,随着发达国家人权事业的深入发展,法律目的论渐成学界的主流。

我国历史上相当长时期的法律工具论传统,至今仍然深深地影响着我们每一个人。虽然在20世纪90年代的争论最终以法律目的论胜利而告终,并以将法治国家作为国家建设目标写入宪法为标志,但从历次“严打”以及各地突击执法等现象所反映的政治生态来看，法律目的论的实践效果显然很不乐观。[①] 因此，我们应将法治放在第一位，结合治国理政的国家和社会实践，采取灵活的方式普及法治理念，弘扬尊重法治、践行法制的社会主旋律，将理性地常态化执法作为治国理政（包括社会治理在内）基本原则，才能推进法治社会建设正向发展。这种强化法治意识、树立法治信仰的工作在基层，特别是对于县域农村的基层社会治安综治成员中的执法者来说，仍然是需要进一步普及的。

2. 维稳是政治需要还是建构法律秩序需要

一般来讲，维护社会稳定是任何社会都需要的。但是，正如矛盾是事物发展的本质一样，没有发展的死水一潭般的所谓“社会稳定”既是不正常、不可持续的，也是损害人民福祉的。处于统治地位的利益主体与处于被统治地位的利益主体，在看待社会稳定时往往有不同的侧重。当政者所希望的是，在现行法律秩序内通过既定管道输送民意，以实现下情上达，通过既定程序修订法律政策，按部就班地实现社会改良。而不掌握政治权力的群众，所希望的社会稳定就是自己的财产能够得到政府当局及时有效的保护，就是危难之际政府能够及时有效地实施救济，就是人权得到国家尊重和及时有效的保障。简而言之，在当权者一方往往将维护稳定看成政治需要（巩固执政地位）；在群众看来，维护稳定应当服从于建构法治秩序：公权力能够顺从公布的法治秩序，自己能够依循看得见的法制程序感受到公平正义。

在社会治理上，改革开放前实行的是全民动员，以不断的政治运动实现社会的稳定，为此甚至牺牲经济社会发展也在所不惜。因此，20 世纪 70 年代社会治安以及刑事案件的发案率低是以普遍的贫穷为前提的，是以主要生活资料由国家垄断、按计划分配为前提的。现在回头去看，那个时期是人权不彰的典型时期。改革开放之初，党和国家的工作重心转移到经济建设上来，长久压抑的物欲得到了极大的释放，人们焕发激情积极致富的同时，突破现有政策法律违法致富而致的刑事及治安案件也以前所未有的速度飙升。为矫正社会主义事业发展的航向，以“严打”政策遏制刑事治安案件多发势头的运动式执法应运而生。以今天相对法治昌明的视角回头看，“严打”的性质就是间歇性的社会控制，是为政治需要而将法律作为工具使用的典型写照。但是，一种事物的存在总是有它自身的历史合理性，因此，唐皇

① 1983 年开始的“严打”，法律的工具性更加明显。参见肖金明：《政治文明视野中法治国家的核心内涵》，载《法学论坛》2007 年第 5 期。

凤认为，这种“严打”是当时社会治理资源贫乏情况下的应急之策。[①] 此认识是确当的。

近年来，在党的各种教育活动中，我们开始反思改革开放的最终目的，结果就是李克强总理所指出的，我们要充分发挥改革开放的红利，通过进一步深化改革、推进法治秩序的建构来发挥制度理性中隐含的红利，来进一步促进公民社会的建设，提升人民群众的生活幸福感。这样做，就是找准了问题的症结，维护稳定的目的要通过建构法治秩序来实现；法治昌明了，社会稳定则是水到渠成的事情。

(二)人民群众的公益理念问题

我国长期自给自足的传统，导致公益意识比较差。有关摈弃公益的俚语不胜枚举：“各人自扫门前雪，休管他人瓦上霜”“事不关己，高高挂起”“明哲保身”，等等。两千多年来，“一直实行一家一户的小农经济，只有国与家两极，缺少社会空间”[②]。这些传统习惯和传统思维制约着对社会治安这种公共利益的关心和自觉维护，作为管理者的政府，在推进综合治理的过程中，不能罔顾这个难题。

1. 维护治安的目的：“见义勇为”还是正当防卫

在主动维护社会治安的各种行为中，现行社会中存在着“见义勇为”与“正当防卫”的纠结。“见义勇为”完全是一个伦理概念，因为对其中的“义”，虽然大家都了解但也只是大概，没有任何权威给出准确定义。因此，“义”字，古往今来都是一个道德规范，义存心中，个人体会。既然对于“义”没有一个公认的标准，那么“勇为”也就成为一个私力救济的典型了。

“正当防卫”则不然，它是一个法律概念。我国《刑法》第 20 条规定：“为了使国家、公共利益、本人或者他人的人身、财产和其他权利免受正在进行的不法侵害，而采取的制止不法侵害的行为，对不法侵害人造成损害的，属于正当防卫，不负刑事责任。”这里就将防卫的目的、防卫的对象和防卫的后果全部明确地确定下来了，而且对于属于正当防卫的行为，规定不负刑事法律责任。该条第 2 款同时规定：“正当防卫明显超过必要限度造成重大损害的，应当负刑事责任。”这里强调的是“明显”和造成“重大损害”。相对于“见义勇为”，显然，正当防卫更加具有可操作性、更加具有明确性，便于人们掌握，更便于综治成员单位规范执法。

---

① 参见唐皇凤：《社会成长与国家治理》，载《中南大学学报(社会科学版)》2007 年第 2 期。

② 殷星辰：《社会治理创新：关于“第五个现代化”的深义与断想》，载《甘肃理论学刊》2014 年第 3 期。

两者的区别还不限于以上表述,正当防卫除了利他的动机之外,还可以是利己;见义勇为则要求完全利他,但是对于“利他”与“利己”确实不好区分。母亲与妻子同时落水,在只具有救一个人之能力的情况下,你的“勇为”应当指向谁?救熟人算不算“见义勇为”?诸如此类,凸显“见义勇为”在法治社会当下所遇到的尴尬。因此,与其说大力推进和鼓励见义勇为,不如不遗余力地鼓励和保障正当防卫。公权力部门以及工作人员应当率先破除阻碍法治前行的各种因素,带头畅行法治,教育和带领民众树立法治意识,以维护包括个人在内的合法利益为目的,积极维护社会治安。

2. 维护公益的方式问题

我们应当鼓励人们维护公益,自觉维护社会秩序;可是对于维护公益的方式,也应当正确疏导,反对和摈弃违法或不合理的方式,特别是自力救济方式。

下面有这样几则事例:

小伙在公交车上嗑瓜子随地扔皮遭痛打

某日某城市公交车上,年轻小伙钟某嗑完瓜子,把瓜子皮扔到座位下面。对面座位上一中年男子金某在屡次用“瞪”的方式制止无效的情况下,以言语规劝钟某不要随地扔瓜子皮。钟不以为然,依然我行我素。在忍无可忍的情况下,金对钟的行为公开大声呵斥,钟则以“我嗑瓜子关你什么事”来反唇相讥。在不堪其烦之下,金对钟拳脚相向。后两人被司机带到派出所处理。

美女以电脑屏幕为梳妆镜遭打

ATM机前,顾客正排队依次办业务。突然,排在最后的一名顾客(身高1.67米,女性,体重65公斤)冉某冲到前面,揪住排在第一名的女性顾客(身高1.59米,女性,体重50公斤)米某就是一阵打,边打边说:“让你磨蹭,让你把电脑屏幕当镜子,让你臭美!”

在这里,读者不难了解,对于破坏公共秩序的人,路人实行了自力救济。实际上金某和冉某都已经涉嫌违法,具体来说就是违反了《治安管理处罚法》。类似事件,比如对于短时间不断变道的女司机进行殴打等,媒体上时有报道。这一方面表明公众们已经认识到公共利益和秩序应当共同维护;另一方面也表明,维护秩序和公共利益的方式应当注意采取合法的方式,不能侵害他人合法权益。

二、社会治安综合治理法制体系不够完善

(一)社会治安综合治理的法律依据缺失

1. 综治组织定性不明

前述有关社会治安综合治理的国家法律以及政策中,全国人民代表大会常务委员会《关于加强社会治安综合治理的决定》第7条规定:“社会治安综合治理工作由各级人民政府统一组织实施,各部门、各方面齐抓共管,积极参与。各级人民政府应当采取组织措施,协调、指导有关部门、方面做好社会治安综合治理工作。”该决定由全国人大常委会颁布,可以认为决定中的条款具有授权法规范的性质,即授权“各级人民政府应当采取组织措施……”这里的“组织措施”可以推定为成立专门管理社会治安综合治理的政府机构;该机构职责就是“协调、指导有关部门、方面做好社会治安综合治理工作”。也就是说,该组织的定位是并不具有执法权的指导和协调组织,其权力行使对象是“有关部门、方面”。而结合该决定的其他条款可知,这里的“有关部门”是指法院、检察院和政府的公安、安全、司法行政等职能部门,其中公安部门是社会治安综合治理的骨干和第一责任主体;而“有关方面”则是指城市及农村的“两委”、各单位的治安保卫组织、民兵(通过人民武装部组织)等。

同时,中共中央和国务院联合发布的《关于加强社会治安综合治理的决定》中明确:社会治安综合治理的领导体制是在党委统一领导下,党政共抓,办事机构具体指导协调,各部门、各单位各负其责。而对于职责的落实,中共中央、国务院决定指出:落实“谁主管谁负责”的原则必须逐步制度化、法律化。对各主管部门应负什么责任,怎么负责,不负责怎么办,都要制定法律、法规或者规章,作出明确规定,做到有法可依、有章可循。2001年的中共中央、国务院《关于进一步加强社会治安综合治理的意见》则是在新的形势下,中央对于社会治安综合治理工作方针进行的新调整。虽然该意见作出了“县级以下综治组织的主任或副主任应当由同级党组织的书记或副书记担任”等“组织措施”方面的要求,但是从性质上看,这两份文件都属于政策范畴,不具有直接的国家强制力,也不能作为社会综治组织的组织法依据。

如上所述,社会治安综治组织的设立依据是全国人大常委会的授权规范,并没有国家法律层面的其他依据。社会治安综治组织是依据上述授权规范,由各级政府设立的跨部门协调机构,其职权仅限于为社会治安综合治理中的有关责任方提供一个协商的平台。综治委既没有自己独立的影响公

民法人或其他组织权益的公权力，也没有独立承担法律责任的能力。

因此，社会治安综合治理组织只是一个议事协调机构，它能够制定或颁布的规范性文件只限于对体制内国家干部的绩效考核，对外不具有执法权，行为效力只具有行政指导的作用。在以往的法治实践中，从中央到地方，各级社会治安综合治理委员会都是设立在党委内部，一般由政法委书记兼任主任或者由一名副书记负责；公安部门、安全部门、党的宣传部门等作为成员单位。街道办事处或者乡镇党委也设立综治机构，形成了从中央到地方的一套社会治安综合治理组织系统。

2. 规范依据存在效力冲突

社会治安综合治理是执政党的一项重大决策，具有典型的政策性特征。中共中央、国务院《关于加强社会治安综合治理的决定》中，将“社会治安综合治理”的内涵确定为：在各级党委政府的统一领导下，各部门协调一致，依靠群众，运用政治的、经济的、行政的、法律的、文化的、教育的等多重手段，整治社会治安，打击和预防犯罪，保障社会稳定。作为对照，全国人大常委会的决定中并没有正面确定社会治安综合治理的内涵，仅在第 1 条中有所提及。① 该条规定，解决我国社会治安问题必须动员和组织全社会的力量，运用多种手段进行综合治理，该项工作是需要长期坚持的“全社会共同任务”。但是该表述并没有明确指出完成任务的主体，“全社会”是泛指，不能作为明确的授权对象。结合该决定第 7 条，可以认为全国人大常委会授权各级人民政府“统一组织实施”社会治安综合治理工作，这在一定程度上对社会治安综合治理的责任主体作出了说明。

如上所述，中共中央和国务院联合制定的规范性文件与全国人大常委会制定的规范性文件都对社会治安综合治理的责任主体等问题作出了规定，规定的事项在较大范围内存在着重合。两个文件中的相关规定如果一旦发生抵触，就涉及二者效力孰高孰低的问题，这也牵扯到政策与法律的关系问题。

党领导人民制定宪法法律，党必须在宪法法律范围内活动。这是党章的明确要求，也可以理解为执政党在全面推进法治中国建设过程中的自我

---

① 《全国人大常委会关于加强社会治安综合治理的决定》第 1 条规定：“加强社会治安综合治理，是坚持人民民主专政的一项重要工作，也是解决我国社会治安问题的根本途径。社会治安问题是社会各种矛盾的综合反映，必须动员和组织全社会的力量，运用政治的、法律的、行政的、经济的、文化的、教育的等多种手段进行综合治理，从根本上预防和减少违法犯罪，维护社会秩序，保障社会稳定，并作为全社会的共同任务，长期坚持下去。”

谦抑。中共中央和国务院的决定内容涉及党对社会治安综合治理的领导措施、落实原则等，具有党内法规的性质。党内法规与国家法律的适用场域不同，即“党纪”与“国法”属于不同范畴，二者不能混同。党纪严于国法，依法执政是依法治国的关键，党领导人民制定宪法法律，党自身必须在宪法法律范围内活动。对“党领导人民制定宪法法律”的理解，首先是从党中央代表执政党从总体上来说的，不是说哪一个党的高级干部可以提出法律议案或者把党的文件赋予国家法律的地位和作用。其次，党对国家的领导权具体地体现在政治领导、思想领导和组织领导。其中政治领导是国家的价值观、发展方向的把握，表现为各级各类国家机关要按照确定的路线和方针履行各自的职责；思想领导就是倡导社会主义核心价值观，从民族、国家和社会等层面上加强宣传和教育的力量，在增强民族凝聚力的同时提高人民生活的幸福指数；组织领导就是通过向国家权力机关推荐干部人选，使得国家政权从中央到地方都牢牢掌握在能干事、会干事，勤于公务、忠诚于党和人民的干部手中。

实践中，经常出现中共中央会同国务院联合制定规范性文件的情形。我们认为，此类文件应当定性为政策。从层级上看，鉴于制定主体的级别，该政策是中央政策；从性质上看，由于两个组织的性质不同，其联合制定的文件不能定位于行政立法。政策与法的区别，一是其强制力不同。政策大多带有指导性，更多显现出其宣传倡导的特征，而在责任承担和程序规定上往往缺乏明确性；法则更为讲究立法技术，强调构成要素的明确性，且具有国家强制力作为保障。区别之二就在于制定程序上民主性和科学性的程度不同，法的制定必须以规范的正当程序为之，其民主和科学的体现是有规范程序加以承载的；政策往往强调政治性和随现实而变化的灵活性。党政联合制定文件的作用在于其规范效力，不仅及于党员干部，还适用于各级政府以及工作人员。

中共中央同国务院联合制定的文件中，社会治安综合治理的主体包括“各级党委”，此后全国人大常委会制定的文件并未对此作出回应，使得“社会治安综合治理组织应当由地方党委设立还是由地方政府设立”成为了一个悬而未决的问题。因此，各级党委设立社会治安综治机构（即综治委或综治办）的行为也就难以找到直接的法律依据。实际上，对于社会治安综合治理是否需要立法、怎样立法，在各省级行政区也存在不同认识。[①]

由此可见，在依法行政层面，综治机构的行政为议事协调机构，本身并不是外部行政法律关系的主体。在行政纪律和行政考绩等体制内，各级综治组织拥有一票否决权。该权力直接影响综治成员单位领导干部的升迁，在内部工作考核中的强制力是显而易见的。[②] 由各级党委的书记或政法委书记兼任综治机构负责人，是体现执政党在社会治安领域中“总揽全局，协调各方”的担当，具体的社会治安治理工作则由综治成员单位按照法律法规规定各司其职。

（二）社会治安综合治理的地方性规范不完善

在上文有关制度现状的考察中，我们发现，各地经济发展水平和社会发展状况具有较大差异，各省市应先行建立完善具有地方特色的综合治理工作法规体系，使地方社会治安综合治理有法可依，为国家立法积累经验。国家立法可就一些共性的问题作出界定，如推动见义勇为立法等，待条件相对成熟后就原则性、根本性的问题作出规范，探索制定《社会治安综合治理法》。[③] 目前，虽然我国大多数地方制定了省级地方性法规规范社会治安综合治理问题，但实践中更多的是依靠政府规章和地方政策解决问题，建立完善的地方综合治理工作法规体系仍然任重道远。

规范性文件不仅应当具有高度的明确性和可操作性，而且还应该切实贯彻“有权利即有救济”的原则，赋予权利享有者以简便易行的权利救济渠道。目前，特别是规章以下的规范性文件，大多没有明确指出权利受损害时的救济途径。即使是上述中办、国办印发的《关于加强社会治安防控体系建设的意见》，也没有指明权利救济途径，甚至未对综治机构的法律责任作出明确说明。上述文件以指导性为主，没有规定权力主体的责任承担机制和权利主体的救济方式，相关政策的可操作性令人担忧。

在具体制度层面，社会治安综合治理工作实行“谁主管谁负责”原则，层

---

① 有“在社会治安综合治理工作中，党委牵头说了算……人大就不要立法了”的议论，也有“社会治安综合治理的实际领导在党委……通过立法来规范社会治安综合治理不妥，条件还不成熟”等议论。（参见山东省第九届人大常委会第三十次会议审议《山东省社会治安综合治理条例（草案）》的发言摘要，载“山东人大信息网”：http://www.sdrd.gov.cn/comconsideration＋9＋30/14.jhtml，访问日期为2015年9月27日）

② 参见中央社会治安综合治理委员会：《关于实行社会治安综合治理一票否决指导规定（试行）》（综治委[1992]1号），1992年1月13日实施。

③ 参见陈瑞林、张薇：《转型社会与社会治安综合治理工作的转型》，载《太平洋学报》2008第1期。

层建立治理目标管理责任制，将治安责任具体到综治成员单位或单位领导个人身上。这减少了推诿扯皮、推卸责任的现象，在一定程度上起到了积极作用。同时，也应当看到，这种管理体制也造成了条块分割和各自为政，阻碍了统一管理和综合协调能力的发展。社会治安管理的多头管理进一步导致了治安风险评估制度的缺失，造成了“谁都管理，谁都不管”的尴尬局面。[①]为克服以上弊端，中央倡导各级综治委“要进一步完善齐抓共管、协作配合的长效机制，探索运用大数据、云计算技术，整合综治各成员单位信息资源，实现信息互通、资源共享，做到问题联治、工作联动、平安联创、实绩联考”。同时，各级综治委也要加强督察考核，“加强对治安问题突出地区的挂牌督办、重点整治”。[②]

三、综治工作对公民权益和社会公平的关照不够

（一）保护公民权益与维护社会公平、社会稳定关系紧张

目前，“尊重和保障人权”已经写入我国宪法，并得到了各级各类国家权力机关和广大群众的认同，当前人权保障的主要问题是将人权落实到每个个案中去。尤其是在综治行政过程中，保证相对人的行政程序权利和行政救济权利，还远未成为行政主体的自觉行为。

在学理上，宪法规定的“尊重和保障人权”包含个体人权与集体人权，但是广大群众关心的“人权”主要还是个体人权，尤其是对其自身权利受侵害风险的警惕。因此，人们往往倾向于把人权保障、社会公平和稳定理解成不同类型的问题。

社会公平往往是指社会上不同群体之间在分配社会资源上的平等。比如城市市民（非农业户口）与农村居民（农业户口）的社会待遇以及在社会保障等方面的平等问题。比如，车祸中若干受害人，会因为户口的不同性质导致“同命不同价”的不公正赔偿。这种不公平往往成为导致社会不稳定的主要内因。

缩小差距并逐渐消灭横亘在城乡二元社会之间的鸿沟，健全社会保障体系，是促成社会稳定乃至政治稳定的治本之策。同时，依法保障人权，各

---

① 参见周镭：《社会治安综合治理中相关风险的应对策略》，载《城市建设理论研究》2014 年第 35 期。

② 参见《孟建柱在中央综治委全体会议上强调坚持深化改革，创新社会治理，用法治思维法治方式推进平安建设》，载“人民网”：http://legal.people.com.cn/n/2014/1017/c42510-25858747.html，访问日期为 2015 年 10 月 9 日。

级各类综治机构和行政人提高自己自觉依法治思维进行综合治理的能力，让合法合理的诉求得到应有的保障，不合法而合理的诉求得到有效纾解，不合法不合理的诉求得到及时制止和有效打击，便成为提高其能力建设的重中之重。

（二）社会新风气形成缺乏社会制度保障

2014年，我国城镇人口占总人口的比重达到54.77%[①]，表明我国已经进入社会学上的“陌生人社会”。在这里，熟人社会的舆论场不存在了，公共秩序的维护就迫切要求规范公共场合行为规范的基础制度，也就是说社会制度建设更加规范和完善。为此，殷星辰认为：“基础制度使每个人的行为都变得有记录、可追溯，能在一定范围内公开，讲信用就会受奖励，不讲信用就会受惩罚，使社会回归到可治理状态，才能够破解陌生人社会因人的隐匿化而带来的道德和行为失范这个难题。”[②]比如，中央“八项规定”出台以后，辅之以纪检监察机关不折不扣的监督执行以及畅通的公民网络举报，现在党员领导干部特别是中高级干部违反“八项规定”的事情已经相较2012年大大减少了。[③]

当前，社会治安综合治理工作主要靠党和政府，特别是依靠执政党的权威来推行各项治理举措，实质上，这仍然具有强烈的人治色彩。因此，全面实现法制化的任务既迫切，又是综治工作转型必须克服的难题。社会风气的转型，仅仅依靠党和政府是难以完成的，社会本身也需要完成从“熟人社会”向“陌生人社会”转变的自我调适。在此种自我调适的过程中，需要法律和政策提供维持社会秩序、倡导公序良俗的标准，这恰恰是社会制度供给所要解决的问题。因此，破解难题需要以法治思维，切实健全和完善社会领域立法，在保障各类社会主体的合法权益的同时，加强法制细密程度和可操作性，以使弘扬正气和树立新风尚能及时全面地受到法制保障。

（三）教育水平制约了综治水平提升

改革开放以来，我国的经济发展取得了巨大成就，社会生活发生了巨大变革。经济社会转型过程中也出现了许多突出问题，如官员贪腐、不正当竞

① 参见国家统计局：《2014年中国城镇化率达到54.77%》，载“中国经济网”：http://www.ce.cn/xwzx/gnsz/gdxw/201501/20/t20150120_4386891.shtml，访问日期为2015年10月8日。

② 殷星辰：《社会治理创新：关于“第五个现代化”的深义与断想》，载《甘肃理论学刊》2014年第3期。

③ 参见中新社：《“八项规定”两年成效显著　作风建设任重而道远》，载“中国新闻网”：http://www.chinanews.com/gn/2014/12-04/6844230.shtml，访问日期为2015年10月9日。

争等，这提示必须正视道德领域中确实存在无序状态这个事实。通过提升教育水平重塑和张扬道德体系，是应对社会转型、提升综治水平的治本之策。[①]

转变综合治理理念、在全社会凝聚治理共识，需要长期的教化才能实现。这种教化一方面要与社会的经济进步相辅相成，不能好高骛远；另一方面又要与时俱进，恰当地发挥理论教育的引领作用。现代社会的公益意识与法治意识一样是需要教化才能获得普遍认同的，因此，不仅公权力机关以及行政人要以身作则，以维护和增进公共利益为依归，而且要通过典型示范引领、通过积极的教化带动，甚至包括奖罚机制，鼓励社会主体投身公益、增进公益，参与社会治安的综合治理。公众的安全感应当靠公众积极投身实践才能得到满足。

四、综治工作中对民间力量的重视程度不够

随着我国经济社会的快速发展，人们的权利意识日益觉醒，各种社会矛盾越来越多地显现出来。这里既有故意违法破坏社会治安、企图不劳而获的行为，也有因为发泄私愤而导致的公共利益受损的行为，还有因为环境污染、移民拆迁、生态灾害乃至官员懒政、惰政等非治安性问题而导致的危害社会治安的行为。全面转型社会形势下违法行为的多样性与复杂性，增加了社会治安管理的严峻性，也提升了全民共治的必要性。

（一）综治主体引导公民参与的力度不足

民主发展到今天，作为个体的公民不仅仅要求从国体政体上实现当家做主，将自己信任的代表选进决策机关实现自己的愿望，而且越来越强烈地要求参与决策过程，以维护自身权益，如参与居住小区规划治理、治安治理、噪声防治等等。公民要求参与决策过程，表达自己的意见建议，是当下民主发展的新要求。然而，政府有关部门对于公民民主参与的期待回应程度有限，并未充分调动人民群众参与综合治理的积极性。

在当下社会治安综合治理的实践中，政府有关部门已经普遍认识到要柔软自己的身段，尊重行政相对人的人格尊严，给予充分的机会使其能够行使法定的知情权、陈述权和辩护权。但是，当代的社会治理本质上是共治，行政机关单方面的阳光行政、人性化执法往往是不够的，政府的作为如果得

---

① 参见董少平：《社会变革时期法律、道德、信仰的整合——我国社会治安综合治理的行为选择》，载《中南民族大学学报（人文社会科学版）》2002年第6期。

不到辖区群众的理解与配合，治理措施也难以达致理想效果。真正的和谐共治应当是行政主体和行政相对人在理解的基础上达成合意，让行政相对人有效地参与到治理过程之中，才能实现现代意义上的社会治安和谐共治。这就要求政府综治部门或综治成员单位加大力度，切实履行宣传教育的职责，以辖区居民喜闻乐见或者说听得懂看得见的方式了解自己的维护社会稳定的职责、营造平安的义务，教育辖区居民树立公共利益人人有责任维护的思想观念。通过满足辖区群众参与公共事务决策的典型带动，使越来越广泛的群众参与到社会治安综合治理的事业中来。

2015年4月13日，中办、国办印发的《关于加强社会治安防控体系建设的意见》要求“积极扩大公众参与”，具体包括依法保障公众的知情权、参与权、建议权和监督权等内容。缺憾的是文件本身在内容中没有权利行使的具体程序机制规定，也没有对权利人的救济途径进行指引。

（二）社会组织参与综治工作程度有限

与社会组织相比，原子化的公民参与难以发挥广泛带动辖区群众的效应，解放政府治理效能的作用有限。因此，培养公民的自治习惯、培育良好的公民自组织成长环境是提高社会管理效能的重要手段，也是政府综治工作的重要目标。当下社会矛盾冲突频发，但社会组织消解社会矛盾的作用相对有限，这也从侧面说明政府在引导社会组织参与综合治理方面存在着较多不足。

例如，小摊贩经营的食品安全卫生问题多年来一直困扰着各地政府，我国台湾地区台北市的士林夜市管理就能够给我们诸多启发。士林夜市的管理经验重点在于“限时限地与放权”。摊贩与警察平衡点的基础是《台北市摊贩管理自治条例》，该条例为摊贩限定了营业时间和地点，以营业执照管理摊贩的营业资格；规定了官方的管理权力清单，不同的事项由不同的行政部门或摊贩自理组织负责。①

社会治安综合治理工作在社会全面转型、社会矛盾极具复杂性的当下，有关部门确实需要明确“管”与“放”的问题，为培育社会组织发展提供坚强的后盾。在我国长期封建专制统治的历史传统之下，尽管放权于民的工作大有空间，可如果一放了之放弃监管或无力监管，对于平安建设也无异于饮鸩止渴。因此，久久为功、因地因时制宜、循序渐进地培植民间自治组织，是

① 参见《士林夜市管理经验：限时限地又放权》，载“新浪上海”：http://sh.sina.com.cn/news/b/2014-08-29/0754108266.html，访问日期为2015年10月3日。

有效促进社会治安综合治理持续向好的不二法门。而党委政府有关部门的发力点,应当集中在群众自治组织养成环境的建立健全上,同时加强对民间组织的孵化和养成。

2015 年 4 月 13 日,中办、国办印发的《关于加强社会治安防控体系建设的意见》第 21 项是以“充分发挥社会协同作用”为标题的。其中提到:“要加大对行业协会商会类、科技类、公益慈善类、城乡社区服务类社会组织的培育扶持力度,将适合由社会组织承担的矛盾纠纷调解、特殊人群服务管理、预防青少年违法犯罪等社会治安防控体系建设任务纳入政府购买服务目录,通过竞争型选择等方式,交给相关社会组织承担,发挥好他们在社会治安防控体系建设中的重要作用。”由此可见,高层政策已经肯定和鼓励社会组织发展,下一步的落实重点在于将政府培育社会组织、向其购买服务的工作列入对基层政府政绩考核目录,列入责任清单。

(三)公民社会有待构建

公民社会(civil society)是一个舶来品。亚里士多德在其《政治学》中,认为 civil society 是“自由和平等的公民在一个合法界定的法律体系下结成的伦理—政治共同体”;西塞罗认为它“不仅指单个国家,而且指业已发达到出现城市的文明政治共同体的生活状况”。及至近代,启蒙思想家赋予了“公民社会”概念与自然状态相对应的含义,与“政治国家”同义,指人们生活在政府之下的一种法治的、和平的政治秩序。在当代,哈贝马斯等人提出了“重建公民社会”的主张,认为应当把经济领域从公民社会中分出去,把社会组织和民间公共领域当作公民社会的主体。于是,公民社会的结构性要素通常包括私人领域、社会组织、公共领域和社会运动等。

在我国,公民社会建设的实践最早开展于珠江三角洲。2010 年 11 月,中山大学郭巍青教授在回答记者提问时表示:“总体来看,我觉得广州已具有公民社会的雏形和基础,而公民社会这个概念正越来越被政府和市民所接受,这座城市的公民社会框架已经形成。”[①]其论据有:第一,居民自我组织的愿望强烈,能力也较强;第二,NGO 组织不仅兴起的时间较早,而且因受港澳影响,其发展的也比较完善;第三,舆论空间也是国内最发达的地区。“20 世纪 90 年代开始,广东的人大和政协系统就形成了‘广东模式’,在对官员质询、审议财政报告等方面是走在前面的。……广州开‘两会’时,都会有

---

① 参见《广州公民社会雏形已现　社会服务依赖于社会组织》,载“21 世纪网”:http://news.ifeng.com/mainland/detail_2010_11/12/3082519_0.shtml,访问日期为 2010 年 11 月 12 日。

不少代表、委员坚持原则，勇于发表独立见解，这种情况在国内其他地方也比较少见。”而且广州早就形成了公民表达自己利益诉求的有效途径，同时政府及时作出善意而充分的回应也已经成为常态。虽然我国公民社会的实践已经开展了如“广州模式”之类的有益探索，但是整体上试点经验未能广泛铺开，社会治理的总体水平反过来制约了社会治安综合治理的水平提升，通过社会组织培育公民意识仍然任重道远。

第四章 社会治安综合治理的地方实践

对社会治安综合治理的研究,既需要高屋建瓴的理论分析,又需要脚踏实地的实践考察。我国社会治安综合治理实践的主阵地在地方,上层理论构建和制度设计的灵感源头也在地方;考察与总结社会治安综合治理地方实践,对于社会治安综合治理的理论研究与问题解决,无疑是十分必要的。本章首先介绍了我国社会治安综合治理地方实践的基本情况,对我国社会治安综合治理的地方实践历史作出简要梳理,对地方社会治安综合治理过程中的制度建设和特色创新情况进行简要说明。随后详细梳理和比较了社会治安综合治理方面的地方立法,通过对立法时间、立法主体、立法内容的比较,分析地方社会治安综合治理在立法方面的现状、成就与不足,并在制度梳理、比较分析的基础上介绍地方党委和政府在社会治安综合治理的基本理念、基本制度和具体实践中的创新举措。最后,对我国地方社会治安综合治理的发展态势进行归纳总结,并对地方社会治安综合治理的未来发展提出合理化建议。

第一节　社会治安综合治理的地方实践概况

全国各地方在社会治安综合治理领域都进行了积极的探索和有益的实践,甚至可以说,地方的社会治安综合治理实践与国家的社会治安综合治理方略的提出与推进相伴始终。社会治安综合治理的制度创新与实践创新都源于地方实践,社会治安综合治理方略的理论创新与制度完善离不开地方实践的探索与检验。在《中共中央、国务院关于加强社会治安综合治理的决定》《全国人大关于加强社会治安综合治理的决定》出台的二十多年里，地方社会治安综合治理相关立法取得了显著成效。与此同时，社会治安也面临很多新问题，地方综合治理实践也出现很多新理念、新举措和新尝试。这些有益做法亟须转变为法律制度固定下来，作为地方执法的依据。我国社会治安综合治理实践的主阵地在地方，上层理论构建和制度设计的灵感源头也在地方，对社会治安综合治理地方实践的考察与总结，对于社会治安综合治理的理论研究与问题解决，无疑是十分必要的。

一、社会治安综合治理地方实践历史概况

1991 年 2 月 19 日，中共中央、国务院发布《关于加强社会治安综合治理的决定》，指出："社会治安综合治理是中央总结历史经验提出的正确方针。它是解决我国社会治安问题的根本思路。"同年 3 月 2 日，全国人大常委会第十八次会议通过了《关于加强社会治安综合治理的决定》。这一系列重大举措标志着我国社会治安综合治理的历史发展进入了新的阶段。两个决定作为社会治安综合治理的纲领性法律文件，把党中央这一战略决策用法律文件的形式加以确定，使我国社会治安综合治理初步走上了法制化轨道。1992 年 10 月，党的十四大通过的党章总纲明确规定："加强社会治安综合治理，保持社会长期稳定。"随后，社会治安综合治理各项工作在全国各地展开，各项社会治安综合治理措施逐步得到落实。中共中央、国务院的决定明确提出社会治安综合治理工作的要求为：(1)各级党委和政府都要把综合治理摆上重要议程，健全社会治安综合治理的领导机构和办事机构，定期研究部署工作。(2)各部门、各单位齐抓共管，形成"谁主管，谁负责"的局面。(3)各项措施落实到城乡基层单位，群防群治，形成网络。广大群众法制观念普遍增强，敢于同违法犯罪行为作斗争。狠抓综合治理的基层基础建设，把社会治安综合治理的各项措施落实到城乡基层单位，是社会治安综合治理的工作重心。全国人大常委会的决定同样强调："社会治安综合治理工作由各级人民政府统一组织实施，各部门、各方面齐抓共管，积极参与。各级人民政府应当采取组织措施，协调、指导有关部门、方面做好社会治安综合治理工作。各级人大常委会对社会治安综合治理工作应当经常进行监督检查。要听取政府、法院、检察院关于综合治理工作的汇报，要组织代表、委员督促检查综合治理工作的开展和落实的情况，积极关心社会治安综合治理，提出意见、建议，以保证社会治安综合治理工作健康深入地开展。"可见，地方政府在社会治安综合治理中处于十分关键的地位，承担着重要的责任。

从这一时期开始，地方社会治安综合治理的领导体制逐步形成。全国各地按照中共中央、国务院的要求，逐步建立了党委统一领导，党政共抓，办事机构指导协调，部门各负其责、齐抓共管的社会治安综合治理领导体制。各级地方逐级成立了以党委领导为首、行政领导协助、有关部门负责同志参加的社会治安综合治理委员会，作为社会治安综合治理的领导机构。在系统、部门、人民团体和企事业单位，也建立了由党政领导挂帅，有关职能部门负责同志参加的社会治安综合治理领导机构，并指定一个部门牵头、相关部门共同参与，负责办理社会治安综合治理的日常事务。而各级社会治安综合治理委员会下又设办公室，作为组织、协调、指导本地区、本部门社会治安综合治理工作的常设办事机构。为加强基层基础建设，在基层落实好综合治理措施，不少地方依托上述领导体制在20世纪90年代初就逐渐开展创建安全文明小区、治安模范乡村、镇等基层安全创建活动。实践证明，基层安全创建活动是加强基层基础工作、落实综合治理各项措施的有效载体。为充分发挥其“载体”作用，中央综治委于1997年8月出台了《关于进一步开展基层安全创建活动的意见》(简称《意见》)。实践证明，基层创建活动对促进综合治理各项措施的落实起到了明显的促进作用。1999年6月，中央综治委在河北省承德市召开会议，讨论修改《关于加强社会治安综合治理基层基础工作的意见》，于同年10月下发。该《意见》针对当时综合治理基层基础建设仍比较薄弱的状况，明确提出了加强基层基础工作的指导思想和主要任务，并对建立基层综治组织、强化基础工作提出具体要求。

现今距党中央、国务院和全国人大分别作出关于加强社会治安综合治理的决定已经过去二十多年了。在这二十多年里，社会治安综合治理各项工作不断落实，并随着形势的发展逐渐被赋予新的内涵，走出了一条具有中国特色的维护社会治安、保持社会稳定的新路径，为改革开放和社会主义现代化建设创造了和谐稳定的社会环境，这与地方政府的实践探索和创新有密不可分的关系。

二、社会治安综合治理地方法制建设概况

法律虽然不是万能的，社会治安综合治理工作中存在的诸种问题和面临的深层次矛盾也非仅靠立法就能解决，但加快推动社会治安综合治理法制化，尤其是地方社会治安综合治理法制化，的确是各种解决方案中最优的一个方案。在两个“决定”出台的这二十多年里，社会治安综合治理逐渐走向法制化的轨道，尤其是在地方立法方面取得了很大的成就，使各地的社会

治安综合治理工作有法可依。然而，在这二十多年里，社会形势也发生了很大变化，原有的地方立法急需立足新环境在形式和内容上不断修改与完善，以适应不断变化和发展的社会环境。众所周知，地方立法具有填补法律体系空白的作用，是我国法律体系中不可或缺的部分，对于社会治安综合治理这一具有区域性和地方性的问题，地方立法就显得更为重要。

所谓地方立法是指“特定的地方国家机关，依法制定和变动效力不超出本行政区域范围的规范性法文件活动的总称”[①]。根据《立法法》的规定，省、自治区、直辖市、设区的市都有地方立法权，立法类型有地方性法规、地方政府规章、自治条例和单行条例、经济特区法规等。[②] 因此，社会治安综合治理的地方立法主要指有权的地方立法机关所制定的关于规范和统一社会治安综合治理各项工作的地方性法规和地方性政府规章等。从 1991 年到现在，除港澳台外，全国 31 个省、自治区、直辖市均有关于社会治安综合治理的地方立法；除贵州省[③]外，其余省均有本省人民代表大会及其常务委员会通过的社会治安综合治理的地方性法规。根据中国法律法规检索系统的数据统计，目前，我国以地方社会治安综合治理为调整对象的地方立法共有 88 部，其中已废止 10 部，被修正 24 部，至今仍有效的 54 部(具体参见附录)。这些社会治安综合治理的地方性法规和规章在一定程度上对规范和保障地方社会治安综合治理工作的顺利推进发挥了重要作用。

三、社会治安综合治理地方特色创新概况

“社会治安综合治理作为解决我国社会治安问题的总方针，是中共中央依据我国社会主义初级阶段理论和实践，总结了新中国成立以来，尤其是改革开放以来的社会治安和犯罪预防工作经验，从新时期社会治安和犯罪状况的实际出发，于 1978 年以后提出并逐步形成和发展完善的。”[④]1979 年 8 月，中共中央转发中央宣传部等八个部门《关于提请全党重视解决青少年违法犯罪问题的报告》的通知中，明确了社会治安综合治理的基本思想；接着中共中央 1981 年 6 月 14 日批转中央政法委员会召开的京、津、沪、穗、汉五大城市治安座谈会的纪要，中共中央 1982 年 1 月 13 日关于加强政法工作的

---

① 周旺生：《立法学》，法律出版社 2004 年版，第 215 页。

② 本章所指地方立法是指广义的地方立法，包含民族自治地方立法和经济特区立法。

③ 贵州省目前共有 3 部社会治安综合治理的地方政府规章，尚无社会治安综合治理地方性法规。具体参见附录。

④ 高家林：《新形势下社会治安综合治理的法治化思考》，苏州大学 2008 年硕士学位论文，第5 页。

指示，1982 年中共中央批转的全国政法工作会议纪要等文件，都明确提出了社会治安综合治理的科学概念，并对其含义进行了阐述，对综合治理的重要性和必要性作了原则的表述，提出了社会治安综合治理的手段和措施，标志着我国社会治安综合治理方针的形成和初步确立。1983 年 8 月，全国首次开展严厉打击严重刑事犯罪的斗争，可以说是社会治安综合治理进入全面实践的开端。此后各地方党委和政府通过试点，探索社会治安综合治理的经验和途径，推动本地区社会治安综合治理的开展。客观而言，社会治安综合治理作为一种治理理念被提出之后，其主要的治理模式、治理方式和治理手段都是通过地方实践逐步探索、总结而成的。而且，社会治安问题具有极强的地方性，而不同地方所具备的综合治理能力以及能够选择和运用的综合治理手段也不尽相同，这就要求地方的社会治安综合治理必须有针对性，符合地方实际，体现地方特色，否则治理效果就会打折扣。

我国地方社会治安综合治理的特色创新最具代表性和典型意义的应当首推“枫桥经验”。它是浙江省诸暨市枫桥镇创造出的一种维护社会稳定的工作模式，起源于 20 世纪 60 年代初改造“四类分子”的运动中。经过五十年的发展，今天的“枫桥经验”概括起来就是：“党政动手，依靠群众，源头预防，依法治理，减少矛盾，促进和谐；小事不出村，大事不出镇，矛盾不上交。”[①]五十年来，“枫桥经验”作为社会治理创新的生动实践，一直被推崇为全国政法工作战线上的一面旗帜。从这个典型事例可知，我国社会治安综合治理在被正式提出之前，已经存在一些社会治安综合治理的地方创新性实践。由于“枫桥经验”的地方实践出现较早，其突出特点一是综合治理，二是地方治理、基层治理，而这些创新性举措已经被社会治安综合治理所吸收，成为社会治安综合治理理念与制度提出的基础性实践，在目前阶段已经不再具有地方特色，而成为全国范围内各地方纷纷仿效的综治模板。

随着地方社会治安综合治理的不断探索和实践，各地方积累了许多行之有效的宝贵经验。主要包括以下八个方面：

第一，责任制是综合治理的“龙头”。1991 年 12 月，中央综治委制定了《关于实行社会治安综合治理一票否决权制的规定》。1993 年 11 月 2 日，中央综治委、中央纪委、中组部、人事部、监察部联合制定了《关于实行社会治安综合治理领导责任制的若干规定》，明确要求把抓好社会治安综合治理工作、确保一方平安同各级党政领导干部的任用目标、政绩考核、晋职晋级、奖

---

① 乔军：《“枫桥经验”对创新咸阳社会综合治理的启示》，载 2014 年 1 月 21 日《西部法制报》第 4 版。

惩挂钩,以领导责任制、目标管理责任制、一票否决权制为框架的社会治安综合治理责任体系基本形成。

第二,“综合”是综合治理最大的优势。一是力量的综合,即由各级党委、政府直接领导,组织各有关部门、有关方面齐抓共管,同时动员社会各单位和广大人民群众积极参与。二是手段的综合,即包括政治的、经济的、行政的、法律的、文化的、教育的等各种手段。三是工作的综合,涵盖“打击、防范、教育、管理、建设、改造”六个方面。

第三,人民群众的参与是综合治理的力量源泉。社会治安综合治理工作根本的着眼点是人民群众。广大人民群众通过各种方式积极参与综合治理,如参加专兼职联防组织,开展义务巡逻,对青少年进行普法教育等,能够有效地开展社会治安综合治理工作。

第四,“严打”是综合治理的首要环节。以“严打”震慑犯罪,以“严打”伸张正义,树立广大人民群众维护社会治安的信心。对于某些社会治安混乱地区和某些猖獗一时的犯罪活动,应及时开展集中整治和专项斗争。

第五,基层基础工作是综合治理各项措施全面贯彻实施的关键。注意抓好乡镇、街道“专抓副职”配备工作,村级、居委会领导班子建设和治保、调解组织建设,建立专兼职治安联防队伍。

第六,基层安全创建活动是综合治理各项措施的有效载体。许多地方的经验表明,凡是基层安全创建活动开展好的地方,各类案件明显下降。要将治安管理、法制教育、对刑释解教人员安置帮教、外来人口管理、调解民间纠纷等都纳入创建活动范围。

第七,加强教育是综合治理的根本措施。中共中央、国务院的决定指出:“根本的问题在于加强教育,特别是要加强对青少年的教育。这是维护社会治安的战略性措施。”

第八,大力加强综合治理领导和办事机构建设是推动综合治理各项工作的重要保证。各级社会治安综合治理委员会是党委和政府领导综合治理工作的参谋和助手,充分发挥职能作用,为党委、政府推进综合治理出谋划策。此外,善于协调社会各方面的力量,调动各综治委成员单位参与社会治安综合治理的积极性,充分发挥齐抓共管的优势,也是衡量综治机构的一个重要标准。[①]

---

① 参见付于江:《转型期我国社会治安综合治理体系改革》,四川大学公共管理学院 2006 年硕士学位论文,第 9～10 页。

第二节　社会治安综合治理的地方立法比较

通过对社会治安综合治理地方立法的立法时间、立法形式、立法内容的比较分析，可以概括社会治安综合治理立法的经验与不足，这对于社会治安综合治理法制体系的完善具有建设性的借鉴意义。当然，社会治安综合治理地方立法体系的完善是一项巨大、艰苦的系统工程，需要各方面的共同努力，地方立法比较分析无疑是这一系统工程的一项基础工作。

一、社会治安综合治理地方立法时间比较

法以调整社会关系和适应社会关系的需要为使命，社会关系具有相对稳定性，又具有一定的变动性，因此法律法规只有符合不断发展变化的社会环境，才能显现其作用。对社会治安综合治理地方立法时间的比较研究可以判断一部地方立法是否应该为了适应社会的需要而予以废止或修改，从而使社会治安综合治理地方立法能够与时俱进，顺应日益变化的社会大环境。

表 4-1　　社会治安综合治理地方立法制定与修改时间汇总①

效力 制定时间	有效	所占比例	失效	所占比例	被修正	所占比例	总计
2000 年 1 月 1 日以前制定	22	41.5%	8	15.1%	23	43.4%	53
2000 年 1 月 1 日以后制定	32	91.4%	2	5.7%	1	2.9%	35
总计	54		10		24		88

① 2000 年以前制定社会治安综合治理方面的地方性法规的省、自治区、直辖市及设区的市有：北京市、天津市、河北省、山西省、内蒙古自治区、呼和浩特市、包头市、辽宁省、鞍山市、抚顺市、吉林省、黑龙江省、江苏省、安徽省、合肥市、福建省、江西省、山东省、济南市、湖南省、广州市、深圳市、广西省、海南省、四川省、重庆市、贵州省、云南省、西双版纳傣族自治州、西藏自治区、陕西省、甘肃省、甘肃省甘南藏族自治州、青海西宁市、青海海西蒙古族藏族自治州、宁夏回族自治区、新疆维吾尔自治区、乌鲁木齐市。2000 年以后修改 2000 年以前制定的社会治安综合治理地方立法的省、自治区、直辖市及设区的市有：天津市、河北省、山西省、内蒙古自治区、包头市、辽宁省、安徽省、福建省、江西省、湖南省、深圳市、广西省、四川省、重庆市、云南省、西藏自治区、陕西省、甘肃省、青海西宁市、青海海西蒙古族藏族自治州、新疆维吾尔自治区。2000 年以后制定社会治安综合治理方面的地方性法规的省、自治区、直辖市及设区的市有：吉林省、抚顺市、上海市、浙江省、厦门市、河南省、湖北省、青海海南藏族自治州、青海玉树藏族自治州、青海海北藏族自治州、青海省、青海省果洛藏族自治州。修改 2000 年以后制定社会治安综合治理方面的地方性法规的省、自治区、直辖市及设区的市有：浙江省。

如表4-1所示，在我国88部关于社会治安综合治理的地方法规中，有53部是2000年以前制定的，其中至今仍有效的有22部，失效的有8部，被修正的有23部；有35部是2000年以后制定的，其中至今有效的有32部，失效的有2部，被修正的有1部。2000年以前制定的地方性法规占比接近2/3。从表中可以看到，在2000年以前制定的社会治安综合治理地方性法规中，有效和被修正的所占比例相似，均占40%左右，失效的占15%左右。2000年以前制定的地方性法规中接近一半仍然有效。如北京市、贵州省等现在适用的社会治安综合治理地方立法依然是十多年前甚至二十年前制定的。我们对这些地方立法是否适应现在的国情、省情、市情持怀疑态度。在2000年以后制定的社会治安综合治理地方性法规中，只有2部被废止，1部被修正，其余的32部继续有效，由此可见我国社会治安综合治理地方立法的更新十分缓慢。从中可以明显地看出，有些省、自治区、直辖市及设区的市在20世纪90年代制定社会治安综合治理地方性法规之后就再没有修改过，有些省、自治区、直辖市及设区的市直至20世纪才有自己的社会治安综合治理的地方性法规，接近二十年处于法律真空状态。2000年之后修改社会治安综合治理地方法规的也只有浙江省。

以上数据从某种程度上说明我国社会治安综合治理地方立法在取得成就的同时，存在的问题也同样值得重视。从制定时间上可以看出，社会治安综合治理地方立法落后于地方社会治安综合治理工作的开展，一些在实践中行之有效的制度尚未在立法中予以体现。社会治安综合治理地方立法存在着与实践脱节的情况，难以满足不断发展变化的社会出现的新情况、新问题。社会治安综合治理地方立法必须紧紧跟随社会治安综合治理发展的步伐，针对由经济发展、思想多元等因素引起的社会关系的变化，社会治安综合治理地方立法应当及时调整其调控的重点、方式和内容，使社会治安综合治理地方性法规的规范作用适应社会治安综合治理的内涵变化及社会发展的需要。

二、社会治安综合治理地方立法形式比较

我们选取具有典型性[①]的北京市、山西省、甘肃省、吉林省、山东省、上海

① 所选取的省份分别位于我国内陆地区、东部沿海地区、西部边境地区，且各省、自治区、直辖市地方法规的制定时间分布在2000年前后，具有一定的典型性和代表性。甘肃省、上海市、新疆维吾尔自治区的社会治安综合治理条例是2010年制定或修改的，在一定程度上满足时代的要求，对其相关规定进行分析，利于其他地区立法的借鉴。

市、江西省、西藏自治区、新疆维吾尔自治区九省[1]的省级人大常委会通过的地方性法规为例，比较分析社会治安综合治理地方立法形式。立法形式主要包括立法名称和立法结构两个方面。

“法的名称作为法的内部结构中第一层次的、每个法必备的条件，它的科学化、完善化，对立法、司法、守法以至法学研究的科学化、完善化，都有重要意义。”[2]根据表4-2，九省立法名称除了山东省为《山东省社会治安综合治理若干规定》之外，其余均为《××省社会治安综合治理条例》，从中可以看出，在社会治安综合治理省级地方性法规制定的过程中，各地在立法名称的确定上已经趋于一致，这有利于消除我国存在的立法名称过多、过杂、法的效力等级难以判断等问题。由于《山东省社会治安综合治理若干规定》制定于1992年，至今未修正过，所以仍沿用制定时的名称，将来山东省在社会治安综合治理地方立法时，也应在立法名称上和其他省份保持一致，实现立法名称的科学化，以避免由于立法名称不规范而导致法的效力等级难以辨认，因被误认为是政策性文件而影响地方性法规的贯彻实施等问题。

表4-2　　九省社会治安综合治理地方性法规立法形式比较

<table>
<tr><th colspan="2">比较项
省份</th><th>立法名称</th><th>立法结构</th><th>条文数</th></tr>
<tr><td>北京市</td><td rowspan="3">位于我国内陆地区</td><td>《北京市社会治安综合治理条例》</td><td>分为十章，有总则（1～5条）、分则（6～43条）和附则（44～45条）</td><td>45条</td></tr>
<tr><td>山西省</td><td>《山西省社会治安综合治理条例》</td><td>分为五章，有总则（1～7条）、分则（8～27条）和附则（28～29条）</td><td>29条</td></tr>
<tr><td>甘肃省</td><td>《甘肃省社会治安综合治理条例》</td><td>分为七章，有总则（1～6条）、分则（7～43条）和附则（44条）</td><td>44条</td></tr>
</table>

① 本章在表述时，“省”有时也包括直辖市和自治区。

② 周旺生：《立法学》，法律出版社2004年版，第336页。

续表

比较项 省份		立法名称	立法结构	条文数
吉林省	位于我国沿海地区	《吉林省社会治安综合治理条例》	未分章结构	38 条
山东省		《山东省社会治安综合治理若干规定》	未分章结构	37 条
上海市		《上海市社会治安综合治理条例》	分为六章，有总则（1～6 条）、分则（7～39 条）和附则（40 条）	40 条
江西省		《江西省社会治安综合治理条例》	分为六章，有总则（1～6 条）、分则（7～49 条）和附则（50 条）	50 条
西藏自治区	位于我国西部边境地区	《西藏自治区社会治安综合治理条例》	分为六章，有总则（1～6 条）、分则（7～49 条）和附则（50 条）	50 条
新疆维吾尔自治区		《新疆维吾尔自治区社会治安综合治理条例》	分为七章，有总则（1～7 条）、分则（8～48 条）和附则（49 条）	49 条

综观各省、自治区、直辖市已经出台的地方性法规，在法规的框架结构上有分章和不分章两类。从表 4-2 可以看出，九省地方性法规在立法结构有七省采取分章的结构，仅有吉林省和山东省未采取分章结构。在采取分章结构的省份中，章数从五章到十章不等，最少的是《山西省社会治安综合治理条例》，分为五章，最多的为《北京市社会治安综合治理条例》，分为十章。在这九省中，六章、七章的框架结构占据多数。通过对九省社会治安综合治理地方性法规的框架比较，可以发现，地方的社会治安综合治理立法框架通常为“总则—组织机构及职责—专门机关职责—社会责任—保障措施—奖励与惩罚—法律责任—附则”。个别省份在通常框架下，有着自己的创新和特色。

此外，就各省社会治安综合治理地方性法规的法规条文数目来说，条文多在 29 条到 50 条之间。条文最少的是山西省，仅有 29 条，最多的是江西省和西藏自治区，均为50条。通过比较表4-2的条文数可以发现，各省地方性法规条文数目的差距还是比较大的。

各省在立法时应注重基于本省实际，采用最适合本省省情的框架结构，既要避免因章数、条文过少导致立法不全面、不实用，又要避免因章数、条文过多导致立法资源的浪费和法规的繁琐、晦涩。

三、社会治安综合治理地方立法内容比较

我国各地的社会情况、经济发展水平差异较大，不同的省市、自治区制定的社会治安综合治理地方性法规也各有特色，但各地的地方性法规总体上来说仍是以《全国人大常委会关于加强社会治安综合治理的决定》为蓝本制定的，也必然具有相同之处。我们仍以北京市、山西省、甘肃省、吉林省、山东省、上海市、江西省、西藏自治区、新疆维吾尔自治区九省的省级人大常委会通过的地方性法规为例，比较分析各省社会治安综合治理地方立法内容的异同。

（一）总则部分

法的总则是指对法具有统领地位，在法的结构中与分则、附则等对应的法的条文的总称。总则是关于整个法的纲领和事关法的全局的内容的综合，它的内容主要包括立法目的、立法依据、立法原则、基本制度、适用范围等。根据表4-3可以发现，九省社会治安综合治理地方性法规的总则中均规定了立法宗旨和依据，基本任务、方针和原则、组织实施，除了山东省和江西省外，其余省均规定了法规的适用范围。山西省、甘肃省、上海市、江西省、西藏自治区、新疆维吾尔自治区六省在总则中规定了目标管理责任制和领导责任制，其余省则在分则中加以规定。总则中具有特色的是《山西省社会治安综合治理条例》中关于县级人大常委会应加强对条例实施的监督的规定以及新疆维吾尔自治区地方性法规中关于治安实绩入政和一票否决权制的规定。这种规定值得我们关注，在地方性法规中关于县级人大常委会应加强对条例实施的监督的规定，将县级人大常委会的法规实施监督职能以地方性法规的形式予以规定，可以督促各部门依法认真履行职责，利于社会治安综合治理各项工作的展开，其余省在修正社会治安综合治理地方性法规时可以予以采纳借鉴。各地在立法时可以明确地方权力机关在社会治安综合治理中的地位和作用，在明确其监督职能的同时还可以考虑进一步扩大地方权力机关的职权，赋予地方权力机关对本地区重大社会治安事件治理工作的决策权，以增强社会治安治理工作开展过程中的规范性和权威性。

关于治安实绩入政和一票否决权制度的规定将结合分则的规定在“分则部分”论述。

表4-3　九省社会治安综合治理地方性法规立法内容之总则比较[①]

行政单位	总　则
北京市(1992年通过)	规定立法宗旨和依据、适用范围、基本任务、主要任务、方针和原则、组织实施(肯定了人民法院、检察院、公安机关的骨干作用)
山西省(2009年通过)	规定立法宗旨和依据、适用范围、方针和原则、基本任务、任务、组织实施(目标管理责任制、领导责任制)、县级人大常委会应加强对条例实施的监督
甘肃省(2010年通过)	规定立法宗旨和依据、适用范围、方针和原则、基本任务、组织实施(领导责任制、目标管理责任制)
吉林省(未分篇章结构,2008年通过)	规定施行日期和以往条例的废止
山东省(未分篇章结构,1992年通过)	规定具体应用中的问题由山东省综治委负责解释及施行日期
上海市(2010年通过)	规定立法宗旨和依据、适用范围、基本任务、任务、方针和原则、组织实施、目标管理责任制
江西省(2003年通过)	规定立法宗旨和依据、主要任务、方针和原则、基本任务、组织实施、领导责任制和目标管理责任制
西藏自治区(2007年通过)	规定立法宗旨和依据、适用范围、方针和原则、基本任务、组织实施、领导责任制和目标管理责任制
新疆维吾尔自治区(2009年通过)	规定立法宗旨和依据、适用范围、基本任务、主要任务、方针和原则、组织实施、治安实绩入政,实行一票否决权制、领导责任制和目标管理责任制

① 吉林省和山东省虽未分篇章结构,但从法规条文上可以看出其结构也是遵循总则、分则和附则的体系安排的,为了方便分析,我们将其内容作了划分。

（二）分则部分

除山西省（分则第一章规定组织机构和社会责任）外，其余各省社会治安综合治理地方性法规分则的第一章均规定了组织机构和职责，虽然具体的内容和条文有差别，但大致都规定了负责地方社会治安综合治理工作机构及其主要职责，如《北京市社会治安综合治理条例》组织机构和职责一章规定了市、区、县、乡、镇、街道综治委的职责和机关、团体、企事业单位以及居委会、村委会的工作任务等。各省分则部分除第一章名称和规定的内容大致相同外，其余各章在分则中的布局差异性很大，如甘肃省在组织机构和职责之后规定了专门机关职责、社会责任、工作保障和考核奖励，而上海市则规定了工作任务、社会参与和奖励与惩处，不仅和甘肃省章名不同，而且立法布局也有很大的区别。仔细比较各省分则部分每章规定的内容，可以发现，各省关于同一种制度的规定由于理解和定位的差别也可能放在整个法规结构的不同部分，如关于领导责任制和目标管理责任制的规定，山西省、甘肃省、上海市、江西省、西藏自治区、新疆维吾尔自治区在总则中规定了目标管理责任制和领导责任制，而《北京市社会治安综合治理条例》在分则"目标管理与考核"一章中规定了目标管理责任制，吉林省虽未分章结构，但也是在法规具体规定的部分确立了目标管理责任制和领导责任制。山西省、甘肃省、上海市、江西省、西藏自治区、新疆维吾尔自治区的社会治安综合治理条例将目标管理责任制和领导责任制于总则中予以规定，应该是社会治安综合治理地方立法的发展趋势。

各省的社会治安综合治理条例除了关于社会治安综合治理一般性的规定外，也都有本地区特色的规定。像北京市、上海市等外来人口积极涌入的省份，条例就有关于流动人口管理制度的规定，而像新疆维吾尔自治区和西藏自治区这样处于国家的边境地区同时又是少数民族聚居区的省份，条例就重点规定了边境管理制度和宗教事务管理制度，着重加强对边境安全和民族团结的维护。最新颁布实施的《上海市社会治安综合治理条例》还就上海市因经济发达造成商业楼宇较多等问题专门规定了商业楼宇的业主、使用方、物业服务企业在落实商业楼宇社会治安综合治理工作中的职责。可见，各省在制定社会治安综合治理条例的时候应该尽量立足于本省的省情，因为"利用本土资源，从本土资源中产生的法律制度更容易获得人们的接受和认可，更易于贯彻实施，因而有利于减少国家强制力，减少社会的交易成本,建立比较稳定的社会预期”①。以人口流动管理的立法为例,我国各省均存在人口流动的管理问题。但由于经济发展水平、地理位置的差异等因素,各省人口流动的总量也存在差异,因此在人口流动量大的地方可以考虑将流动人口问题在立法中以专章、专节加以规定,而在人口流动量较小的地方用若干条文予以规定即可。这样的立法布局不仅节省了立法资源,也在一定程度上体现了各地的地方特色,增强了地方性法规的实用性。各省具体的立法分则内容的不同点见表4-4。

表4-4　九省社会治安综合治理地方性法规立法内容之分则比较

行政单位	分　则
北京市 (1992年通过)	组织机构及职责:规定各级综治委及其下设部门以及经费保障;市、区、县、乡、镇、街道综治委的职责和机关、团体、企事业单位以及居委会、村委会的工作任务。 打击违法犯罪:规定公安、检察、审判机关的工作任务。 治安防范和群防群治:规定机关、团体、企事业单位、检察审判机关、乡镇、街道办事处、人民武装部门、公安机关、城乡规划建设部门的职责。 行政管理:规定各部门要与公安机关协作做好治安综治工作,如民政部门、新闻出版部门等。 思想教育与法制教育:规定各部门、单位的思想教育和法制教育的任务与分工。 改造与安置:重点规定了劳动改造和教养工作。 目标管理与考核:规定实行目标管理责任制。 奖惩与保障:具体规定了认真履行社会治安综合治理工作的单位和个人的奖励制度以及不履行职责的惩罚制度。
山西省 (2009年通过)	组织结构与社会责任:省、设区的市、县、乡综治委的主要职责;机关、团体、企业、事业单位应当设立综治委领导组和办公室及其工作人员的职责;人民法院、检察院和公安、国家安全、司法行政等部门在社会治安综合治理中的职责;村(居)委会的职责;平安建设;家庭在参与社会治安综合治理中的作用。 保障措施:主要规定经费保障;县级政府及文化、出版部门的保障职责;见义勇为的保护制度。 奖励与处罚:规定社会治安综合治理奖励与处罚的具体情形;具体规定一票否决制及关于一票否决制的申诉制度。

① 黄文艺:《比较法:原理与应用》,高等教育出版社2006年版,第139页。

续表

行政单位	分　则
甘肃省 （2010 年通过）	组织机构及职责：规定各级机关、团体、企事业单位要设立综治委及其办事机构，负责社会治安综合治理工作；各级综治委的主要职责。 专门机关职责：规定人民法院、人民检察院、公安机关、国家安全机关、司法行政机关在社会治安综合治理工作中应当履行中的职责。 社会责任：规定教育行政部门、民政部门、人力资源和社会保障部门、住房和城乡建设部门、国有资产管理部门、安全生产监督管理部门、民族宗教事务管理部门、工青妇联等人民团体、公民等在社会治安综合治理中的职责。 工作保障：规定社会治安综合治理经费保障；见义勇为奖励基金；社会治安综合治理信息报告制度。 考核奖励：将治安实绩入政绩考核体系；规定社会治安综合治理奖励及处罚方法（黄牌警告、一票否决制）。
吉林省（未分篇章结构，2008 年通过）	规定省、市（州）、县（市、区）、乡（镇）、街道办事处综治委负责本辖区的社会治安综合治理工作，综治委的办事机构负责日常工作；规定人民法院、检察院、公安机关、国家安全机关、司法行政部门职责；规定教育行政部门、民政部门、人力资源和社会保障部门、住房和城乡建设部门、国有资产管理部门、安全生产监督管理部门、民族宗教事务管理部门、工青妇联等人民团体、公民等在社会治安综合治理中的职责；规定经费保障，实行目标管理责任制和领导责任制；规定奖励与惩罚方法。
山东省（未分篇章结构，1992 年通过）	规定社会治安综合治理实行专门机关工作与群众路线相结合，依法治理；省、市（地）、县（市、区）建立综治委及其主要职责；国家机关、社会团体、企业事业单位和村（居）民委员会要有主要负责人分管社会治安综合治理工作及其在社会治安综合治理工作中的共同职责；规定了各级各类学校及其主管部门、劳动部门、公安机关、工商行政管理部门、民政部门、机关、团体、企业事业单位的内部保卫组织和基层治安保卫委员会等的工作任务；规定先进事迹的单位和个人的奖励措施以及不履行职责时的行政责任等。

续表

行政单位	分 则
上海市 （2010 年通过）	组织机构与职责：规定市和区、县综治委工作职责，乡镇、街道综治委工作职责；系统综治委、特定区域综治委、综治委成员单位和综治办公室。 工作任务：规定人民法院、人民检察院、公安机关、国家安全机关、司法行政机关以及其他履行执法职责的机关的打击违法犯罪的职责；规定排查与整治、治安联防；规定商业楼宇治安防范、单位内部治安防范、技术防范；规定实有人口和房屋、网络治安的管理；规定了预测评估应急制度、信息报告制度、信访处理、法制宣传与教育等。 社会参与：社会组织、企事业单位要承担责任，鼓励社会帮教组织、各类保安组织、平安建设志愿者、社区矫正；鼓励公民参与、见义勇为人员的表彰与奖励。 奖励与惩处：规定社会治安综合治理的目标考核、限期整改、责任追究等。
江西省 （2003 年通过）	组织机构及职责：规定各级综治委及其办事机构的主要职责，各级社会治安综合治理委员会办公室或者专职、兼职人员，负责办理社会治安综合治理的日常事务。 社会责任：规定人民法院、检察院、公安机关、国家安全机关、司法行政部门职责；规定教育行政部门、民政部门、人力资源和社会保障部门、住房和城乡建设部门、国有资产管理部门、安全生产监督管理部门、民族宗教事务管理部门、工青妇联等人民团体、群防群治组织、公民等在社会治安综合治理中的职责。 社会保障：规定社会治安综合治理的经费保障；见义勇为的表彰与奖励机制。 奖励与处罚：具体规定先进事迹的单位和个人的奖励措施以及各单位组织不履行职责时的责任追究等。

续表

行政单位	分　则
西藏自治区（2007 年通过）	社会治安综合治理组织及其职责：规定社会治安综合治理委员会及其办事机构、分管人员；综治委的主要职责。 社会责任：规定各级人民政府、各单位应建立社会治安综合治理目标管理工作机制；重点规定了对宗教活动和边境管理的社会治安防控体系；规定人民法院、检察院、公安机关、国家安全机关、司法行政部门职责；规定教育行政部门、民政部门、人力资源和社会保障部门、住房和城乡建设部门、国有资产管理部门、安全生产监督管理部门、民族宗教事务管理部门、工青妇联等人民团体、人民解放军驻藏部队、武警、群防群治组织、公民等在社会治安综合治理中的职责。 经费保障和社会保障：规定社会治安综合治理的经费来源与保障制度；见义勇为奖励制度；公民同违法犯罪行为作斗争的具体制度。 考核与奖惩：规定社会治安综合治理奖励与惩罚的具体情形；具体规定了一票否决制度。
新疆维吾尔自治区（2009 年通过）	组织机构及职责：规定各级组织要设立综治委，综治委的主要职责以及综治委及其办事机构和关门机构的工作要求。 专门机关职责：规定了人民法院、人民检察院、公安机关、司法行政机关、国家安全机关的职责。 社会责任：具体规定各机关、团体、企事业单位和其他组织、公民等在社会治安综合治理中应承担的责任。 保障与奖励：重点规定了社会治安综合治理的经费保障以及见义勇为奖励制度。 法律责任：规定各单位和相关负责人不履行职责时的法律责任，重点规定了一票否决制。

（三）附则部分

附则作为总则和分则的辅助性内容存在于法的整体中，其地位也是不容忽视的。它的内容主要包括：关于名词、术语的规定；关于解释权的授权规定；关于制定实施细则的授权规定；关于宣告有关法或法的规定失效或废止的规定;关于施行问题的规定等。[1] 表4-5中九省社会治安综合治理地方性法规的附则均规定了法规的施行日期。此外,北京市和山东省还规定了地方性法规的解释问题;山西省特别规定了军事禁区和军事管理区的社会治安综合治理工作由军队负责;吉林省、上海市、西藏自治区的附则还规定了以往地方性法规的废止问题。附则的制定应该保证整个法规体系具有必要的完整性,其形式和表述也要具有科学性,各省在制定附则时应注重把握附则可以规定事项的范围,提高附则制定的科学性。

表4-5　九省社会治安综合治理地方性法规立法内容之附则比较

行政单位	附　则
北京市(1992年通过)	规定条例的解释问题及施行日期
山西省(2009年通过)	规定军事禁区和军事管理区的社会治安综合治理工作由军队负责及实施日期
甘肃省(2010年通过)	规定施行日期
吉林省(未分篇章结构,2008年通过)	规定了立法宗旨和依据、适用范围、基本任务、方针和原则、主要任务、组织实施
山东省(未分篇章结构,1992年通过)	规定了立法宗旨和依据、基本任务、方针和原则、组织实施
上海市(2010年通过)	规定施行日期和以往条例的废止
江西省(2003年通过)	规定施行日期
西藏自治区(2007年通过)	规定施行日期和以往条例的废止
新疆维吾尔自治区(2009年通过)	规定施行日期

第三节　社会治安综合治理的地方创新举措

全国各地方是我国社会治安综合治理开展的前沿阵地,也是地方综治创新的关键领域,地方党委和政府便成为地方综治创新的关键主体。各地

① 参见周旺生:《立法学》,法律出版社2004年版,第370页。

方党委和政府首先在社会治安综合治理理念方面有所突破，并在实践检验的基础上进行了有益的经验传播，逐步推广至全国，目前已经形成了法治理念、以人为本理念、和谐与协调理念和重在基层基础的理念等共识。在这些理念的指引下，地方党委和政府进行了制度探索，综治责任制度、群防群治制度、治安评估制度和经费保障制度便是制度创新的产物。而治安问题较为突出的地方，地方党委和政府针对治安问题多发的现实环境大多进行了针对性较强的综合治理创新，为其他地方的社会治安综合治理提供了有益借鉴。

一、地方社会治安综合治理的理念创新

社会治安综合治理需要适时的创新理念和思维，以促进综治工作更好地开展，为社会的发展提供稳定的社会环境。地方社会治安综合治理只有在理念上进行创新，才能真正实现社会治安综合治理的整体创新，才能提出真正具有地方特色的综治方略，制定出适应地方实际需求的法规规章，创造性地运用各种综治措施。我们认为，在我国强调以人为本，坚持法治国家、法治政府、法治社会一体化建设，创建和谐社会，共筑中国梦的政治大背景下，地方社会治安综合治理过程中提出的新理念可以概括为：法治理念、以人为本理念、和谐与协调理念以及重在基层基础理念。

（一）法治理念

党的十八届三中全会第一次提出了“治理体系和治理能力现代化”及“社会治理”的概念，党的十八届四中全会进一步指出：“全面建成小康社会，实现中华民族伟大复兴的中国梦，全面深化改革，完善和发展中国特色社会主义制度，提高党的执政能力和执政水平，必须全面推进依法治国。”法治作为国家治理和社会治理的重要治理模式，已经被党和国家确立为我国的基本治国方略，可以说，国家治理能力现代化和社会治理现代化的基本要求就是法治化。同样，法治是社会秩序的建立与维护的根本所在。国家、政府、社会一体尊法守法，就是安定有序最基本的要求。目前，地方各级政府已经充分认识到强化法治思维，运用法治方式，提升法治水平在推进社会治安综合治理现代化中的核心地位。牢固树立法治理念，并将其全面贯彻到社会治安综合治理的方方面面，是实现社会长治久安的唯一途径。完善地方立法、严格规范执法、推进全民守法已成为各地方政府在社会治安综合治理方面积极倡导的指导方针。社会治安综合治理的历史告诉我们，缺乏法治理念的指引，社会治安综合治理的各种举措，只能治标，无法治本；只能短期震

慑，无法长治久安。地方各级政府在吸取历史经验教训的基础上，纷纷在法治理念的确立与普及上下功夫。就我们目前掌握的资料显示，各地方社会治安综合治理的基本理念中，法治理念已经成为所有理念中的核心理念，处于优先地位。完善相关立法、依法综合治理、依法解决纠纷、开展依法治村等制度举措已经成为地方社会治安综合治理领域的理论热词。

（二）以人为本理念

以人为本就是要以广大民众的治安需求作为治安治理工作的出发点，将民众作为治安综合治理工作的中坚力量，充分调动民众参与治安综合治理工作的积极性，提高民众的权利意识和参与意识，使治安综治的成果切实惠及民众。以人为本的理念利于我国为民政府、责任政府、服务政府的构建；利于发挥基层民众、社会组织的力量，将综治工作重点放在民众最关心的地方，促进治安综治工作成效的最大化；利于维护民众参与社会管理的宪法权利，符合公共治理理论和社会主义法治的发展方向。综合治理的核心理念就是以人为本，社会治理必须以人为本，开拓创新。不断提升社会治安综合治理水平，就必须坚持以人为本，把人文关怀渗透于社会治安管理的全过程。如此才能让综合治理更具有现实的生命力，才能让综合治理注重一种秩序的持续维持。只有这样的综合治理，才能真正有效防止社会矛盾的积累，快速地释放社会张力，才能不断赋予综合治理以新的时代内涵，才能有效提升社会治安综合治理的水平，实现社会秩序和发展活力的真正双赢。[①] 各级地方党委和政府已经认识到以人为本理念的重要性，并将其运用到社会治安综合治理之中。其中，最重要的体现就是服务民生举措在综治领域中的大量运用。在我国服务型政府建设背景下，社会治安的综合治理正由管制式向公共服务式转变。以富民、安民为依托，加快平安建设成为各地方普遍坚持的综治指导思想和基本方略。

（三）和谐与协调理念

“社会治安综合治理的重要特征在于其综合性，这种综合性主要表现在努力动员各种力量、运用社会各种手段开展社会治安工作。综合性被认为是社会治安综合治理的优点，也是其科学性的体现。但是，综合性同时也会带来如何保证体制协调运转的挑战。要实现传统的社会治安综合治理工作的转型必须树立起和谐的理念。”[②]和谐与协调的理念是指社会治安综合治

---

① 参见薛亚利：《社会治安综合治理的新探索》，载《今日中国论坛》2008 年第 6 期。

② 杨正鸣、姚建龙：《转型社会中的社会治安综合治理体系改革》，载《政治与法律》2004 年第 2 期。

理的各个主体、各种手段、各种制度之间要加强协调和衔接，加强治安综治人力资源、物力资源和财力资源的整合，充分发挥治安综治各种资源的合力作用，实现治安综治工作成效的最大化。这一理念也是综合治理必须秉承的基本理念，否则就算不上综合治理。当然，如何做到将各种力量协调起来，共同促进社会和谐，才是地方党委和政府需要切实树立的核心理念，否则和谐与协调理念只能是一种口号，无法落到实处。制定区域综治整体规划、建立健全安全防控体系、切实形成齐抓共管局面、扩充群防群治力量、构建社会治安服务多元供给机制等创新性举措，都是和谐与协调理念的具体体现。

（四）重在基层基础理念

在顶层规划设计的指引下，切实提升基层工作的长效性，夯实基层基础建设，是地方社会治安综合治理长期工作中总结的基本经验，也是我国由“国家本位”向“国家和社会双本位”迈进的必然结果。推进社会治安综合治理，必须充分发挥社会整体的力量，尤其是基层社会的力量，因此必须把加强基层基础工作放在重要位置，健全机构，使人员到位、目标明确、责任落实、保障有力，切实打牢维护社会稳定的第一道防线，已经成为各地方政府社会治安综合治理领域的共识。各地方社会治安综合治理工作，纷纷以加强基层基础建设为着力点，扎实做好基层服务工作，积极探索区域治安综合治理、社区警务、治安承包、农村联防联控等综治新举措，将最基层的社区治理和农村治理作为社会治安综合治理的核心区域与重点工作。

二、地方社会治安综合治理的制度创新

（一）目标管理责任制和领导责任制

“社会治安综合治理工作开展20年来，经过不断探索和实践，积累了许多行之有效的宝贵经验。其中，最根本的一条就是狠抓领导责任制的落实，保证了‘谁主管，谁负责’原则的进一步贯彻实施，促进了齐抓共管格局的形成。”[①]从前文对九省社会治安综合治理地方性法规的分析中可以看出，目标管理责任制和领导责任制是我国社会治安综合治理工作的重要制度，得到了广泛的应用，也取得了一定的成效。在社会治安综合治理工作中应当继续予以坚持，并不断创新责任形式和承担责任的方式，对相关地方立法加以完善。各地应大力推动建立党政主要领导及分管领导抓综治工作的实绩档

① 孙春英：《中国社会治安综治20年：打造社会安全“铜墙铁壁”》，http://www.chinacourt.org/html/article/201103/01/442875.shtml，2015年10月1日访问。

案，建立综治工作联系点和联络员制度，倡导对党政领导实行“一岗双责”做法，使领导责任制不断得到完善。如广西壮族自治区实施的按行政区域、部门、单位确定责任范围，层层签订年度社会治安综合治理目标管理责任书的制度就值得借鉴。运用签订社会治安综合治理目标责任书这种有效形式，可以进一步明确各部门、各单位在维护社会治安中应当承担的社会责任，并认真负责地抓好督促落实。

促进社会治安综合治理成效，重要的一条路径在于责任体系的构建。社会治安综合治理工作应该有一套自己的责任体系。将目标管理责任制、过错责任追究制、重大案件一票否决制度、领导责任制等制度纳入综治责任体系之中，并严格落实。在责任体系的构建过程中，要注重各项制度的衔接利用，细化量化综治责任目标，确定可操作的考核标准和考核办法，加强对制度实施的监督。

（二）群防群治原则制度化

群防群治原则作为社会治安综合治理工作的一项重要工作原则，是指在各级党委、政府领导和专门机关指导下，群众自己组织起来，预防和治理违法犯罪活动，维护所在地区或单位治安的一种活动。人民群众的参与是社会治安综合治理的基层力量源泉。我国实行社会治安综合治理以来，广大人民群众通过各种方式积极参与社会治安综合治理，如开展义务巡逻，加强对青少年普法教育，建立社区帮扶组织，治安联防队伍等等。人民群众不同形式的参与在维护基层社区稳定、推动社会治安综合治理工作方面发挥了重要作用。可以说，提高民众参与治安防范的积极性是建设平安社区、构建和谐社会的一项基础工程，也是转型时期实现社会治安根本好转的有效途径。我国各地社会治安综合治理地方性法规均肯定了民众在综治工作中的作用。加大民众和群防群治组织在综治工作中的参与度，需要在不断完善原先制度的基础上，创新群防群治的体制和方式。

（三）治安评估制度

治安评估制度，就是把治安评估制度化、规范化，它包括评估的法律依据、评估主体、评估对象、评估指标体系、组织实施、监督与救济、物质保障等一系列内容。建立治安评估制度，有利于督促主管机关充分履行治安管理监督职能，有利于增强社会对治安管理的参与意识，提高公民的法律意识和安全防范素质，实现社会治安综合治理的科学化和高效化。我国各地地方性法规中都尚未明确规定社会治安评估制度，我们认为应当进行治安评估制度立法，并且应重点加强治安风险评估制度和绩效评估制度建设。

治安问题关系到千千万万民众的切身利益和社会的稳定，如果在重大社会治安治理事项中决策不当或决策失误，就会导致民众利益受损，从而引发潜在的社会不稳定因素。因此，及时洞察重大社会治安举措实施前可能影响社会稳定的潜在因素，建立健全重大治安事项风险评估机制，积极采取措施防患于未然，对于推进社会治安综合治理工作，有着十分重要的意义。社会治安工作绩效评估制度是指通过治安治理部门自我评估、专家评估、公民及舆论等多重评估体制，运用科学的评估的指标、方法和程序，对治安主管部门的业绩、实际作为及其在社会治安方面产生的影响作尽可能准确的评价，通过掌握治安主管部门在治安方面的成效，作为奖励和评价主管部门的工作绩效的标准，以此推进主管部门工作效率和质量的提高。治安绩效评估制度将治安综合治理工作的绩效与治安主管部门的奖惩和责任追究相联系，对于促进治安综治部门认真履行职能无疑具有极强的推动作用。

当然，无论是治安风险评估制度还是绩效评估制度，都要提高其制度建设的科学性。要通过立法的形式进一步规范评估程序、操作程序，提高评估人员的工作能力，确保评估报告的现实性、科学性、准确性，科学、合理地运用评估成果，为重大治安事项的实施和治安治理部门的奖惩提供依据。

（四）经费保障制度

按照现代的立法设计，一部法律法规的贯彻实施，必须采取切实有效的保障措施，其中经费保障是各种保障中最重要的一个方面。所以应当在立法中明确规定社会治安综合治理的经费保障制度并切实落实，各级政府要把社会治安综合治理工作经费列入本级财政预算，以确保社会治安综合治理工作的必要经费开支。目前，各省社会治安综合治理条例均规定了经费保障制度，只是原则性较强，缺乏相应的实施机制和监督制约机制。因此，在以后的立法和修改中，立法部门要正确处理好社会治安综合治理与地方财政承受能力的关系，在立法中明确规定社会治安综合治理经费的分担问题，并详细规定实施机制和监督机制，以确保治安治理经费真正地用于各地社会治安综合治理工作中。

此外，像各省普遍实施的见义勇为奖励制度、社区矫正制度、平安建设制度，上海市最新规定的特定区域设定综治委员会的制度、各级政府涉及重大决策时的听证制度以及注重发挥区域性和行业性人民调解组织、社会帮教组织和平安建设志愿者的作用的制度，新疆维吾尔自治区关于边境地区社会治安防控体系的构建制度等高效性和创新性的制度都是各省在社会治安综合治理工作的长期实践中总结出的有效的制度，在实际工作中也应当予以继承发扬。

从上面的分析可以看出，我国各地在社会治安综合治理的实践中形成了许多行之有效的经验和制度，也在原有制度的基础上创制出许多新的社会治理的方式和方法。如何通过立法实现各种制度的整合，保证其合力作用的最大发挥是摆在各地立法机关面前的一个重要难题。在立法时，应着重把握各项制度之间的内在联系，加强有关制度的关联性，形成制度的协调与衔接机制。既要创新机制，将在实践中新形成的有效的方式、方法以法律法规的形式固定下来，又要注重原有制度的整合利用。

三、地方社会治安综合治理的实践创新

（一）社会治安综合治理市场化

社会治安是综合治理的目标，也是公共服务的内容。随着市场经济的发展和社会转型的加速，我国的社会利益出现多元化，不同的人群对社会治安这一公共服务也产生了不同的需求与标准。像学校等教育机构一般要求政府加强校园巡逻，在城乡结合部等抢劫、强奸恶性事件多发的地区，又需要政府提供更多的治安资源。在一定的经济发展水平下，政府的治安服务资源是有限的。这样就导致对治安需求高或者有差异性要求的群体的安全需求得不到满足。著名经济学家亚当·斯密说过，市场是最有效的资源配置的方式。因此，各地正在考虑或已经将市场机制引入社会治安综合治理。社会治安综合治理市场化是公共服务市场化的要求，也是解决我国社会多样性的公共治安需求和单一性提供模式的矛盾的重要途径。社会治安综合治理的市场化可以有效弥补公共资源有限性的缺陷，增加治安服务的供应总量，缓解我国各地治安资源不足、超负荷运转的状况。

对于一些基本的治安服务，政府通过市场运作的方式，可以吸引社会团体、公共机构、企业以及个人等参与到治安治理的工作中去。这样就可以打破我国社会治安服务单一性提供模式的弊端，通过引进新的治安服务供给主体，可以带来治安服务主体间的相互竞争，有利于产生竞争压力，提高社会治安服务的供给效率，改进服务态度和质量，使社会治安服务变得有弹性，可以满足不同层次公众多元化的安全需求，实现社会治安服务的多样化。其中，公共治安承包是治安综合治理市场化的重要方式，“公共治安承包最本质的特征是以社会人力资源为警力的后备，通过全社会整体治安力量和资源的综合配置实现警力价值的最大化和社会治安综合治理效果的最

大化”[①]。治安承包制度可以有效地推动治安防范的职业化、市场化，通过建立保安公司、私人保镖机构等治安承包责任制的有效形式，有利于满足不同层次人群的治安需求，减少社会不稳定因素，为社会的稳定奠定广泛的社会制度基础。

江苏省率先试点探索的“契约式联防保险”模式，也是社会治安综合治理市场化的有益尝试。江苏省扬中市以村为单位，具体“联防保险”方案按程序经村民代表大会表决通过，按照村民自治和“一事一议”的方式向村民、路边店和企业收取群防群治的经费，再在自愿的基础上签订联防协议，以契约的方式与村民约定安全防范责任，同时明确村民家中如果发生入室盗抢案件，由村委会对村民进行补偿。补偿经费的来源为综治部门与保险公司联手推出的“区域内防盗抢特约保险”，即将投保人从自然人、法人变为区域投保，保险公司只负责赔偿到村，而由村委会根据是否交纳保险费以及落实安全防范责任等情况，按契约规定对投保户进行补偿。[②] 这一举措虽然尚处于试点阶段，还有很多问题需要解决，尤其需要法律法规的具体支撑，但已经取得了明显实效，且为社会治安综合治理的市场化拓展了思路。

（二）社会治安综合治理社会化

社会治安问题关乎社会的安全秩序，一向被普遍视为是由警察机关垄断供给的公共物品，治安服务的供给关乎人类基本安全需求的满足。整个社会的存在都只是为了保证它的每个成员人身、权利和财产不受侵犯。[③] 治安问题作为与每个公众利益息息相关的问题，需要社会全体人员的共同维护，而且公众也有维护社会治安的热情。因此，实现社会治安综合治理的社会化是社会治安综合治理的内在要求。社会治安综合治理社会化是指将社会作为治安服务有效载体的多中心的制度安排，是转型时期社会治安综合治理的一条重要途径。它可以说是群防群治原则的制度升华。

社会治安综合治理社会化的核心就是将社区、民间组织和第三部门作为治安服务的主体，发挥它们的人力资源、信息资源等优势，鼓励它们以多种形式参与到预防犯罪和维护社会治安的活动中来。治安综合治理社会化要求“为了实现和增进公共利益，政府部门和非政府部门（私营部门、第三产

---

① 邹东升：《契约治理视域的治安承包》，中国检察出版社 2009 年版，第 2 页。

② 参见胡建刚：《农村“契约式治安联防保险”的新制度经济学分析》，载《吉首大学学报（社会科学版）》2009 年第 5 期。

③ 参见[澳]欧文·E·休斯：《公共管理导论》，张成福等译，中国人民大学出版社 2001 年版，第 43 页。

业或公民个人)等众多公共管理主体彼此合作,在相互依存的环境中分享公共权力,共同管理公共事务”[①]。习近平总书记指出:“社会治理的重心必须落到城乡社区,社区服务和管理能力强了,社会治理的基础就实了。”[②]推进治安综合治理社会化重心同样在基层社区,因为基层社区不仅是广大民众日常工作生活的场所,与民众的联系最为密切,而且还是承担社会治安综治工作的基层载体。社区警务制度是发挥基层社区作用的有效制度,全国各地都在积极探索,在实践中予以实行。社区警务制度通过立足社区,加强警察与民众的合作,增强民众维护社会治安的参与意识,使得民众和社区各种组织协助警察防范和打击犯罪,以维护社会治安秩序。不同地方还根据各自地方的不同需要,作出有益探索。比如,贵州省黔南州在农村地区实行的“一村一警务助理”的做法,便是针对当地农村分散、警力不足的现状提出的农村基层社会治安治理举措,按照“人员本土化、队伍专职化、管理规范化”建立“警务助理”队伍,进入村支“两委”,协助公安机关进行社会治理工作,取得实效。[③] 可见,实现社会治安综合治理社会化,必须注重充分发挥各种民间组织、社区内各部门单位的作用,形成综合治理的合力,最大限度发挥综治的功能。

(三)社会治安综合治理信息化

科学技术发展日新月异,信息技术为人类提供更多便利的同时也为社会治安带来诸多隐患,违法犯罪的形式更加多样,犯罪过程更加隐蔽,青少年受到不良信息毒害的可能性加大,互联网犯罪十分猖獗。社会治安问题因信息技术的发展而越发严峻,对社会治安综合治理的需求也更加急迫。在信息化时代,社会治安问题只有紧紧抓住综合治理这一方略才可能取得根本成效。紧随信息化时代之后,大数据时代也已经到来,在这一时代背景下开展社会治安综合治理工作,必须靠信息大归集、大研判、云计算来驾驭大数据,有效应对信息化带来的各种社会问题。“只有依靠科技信息化,才能解决许多传统手段难以解决甚至无法解决的问题,不断提升治安工作水平。可以说,科技信息化,已经成为现代社会治安治理工作不可或缺的、强

① 范铁中:《西方国家治理理论对我国构建和谐社会的启示》,载《理论前沿》2007年第7期。

② 习近平参加十二届全国人大二次会议上海代表团的审议时的讲话,新华社北京2014年3月5日电。

③ 参见《一村一警务助理:黔南州农村社会治理体系新样本》,载2014年8月27日《法制生活报》。

有力的支撑。”[①]

在全国各地方的社会治安综合治理的具体实践中，加大技术设备投入，提升各有关机关进行社会治安综合治理的技术能力，丰富技术手段，是最为普遍，也是最行之有效的方法之一。比如，“到2007年年底，上海已有党政机关、金融营业网点、文博系统、星级宾馆、居民住宅小区、大型公共活动场所、重点企事业单位、金银珠宝饰品店（柜）、24小时便利店、加油（气）站等5万家单位配建了各类技防设施，其中实行24小时监控的电视摄像机安装数达20余万台，有3万余家单位还安装了与区域报警接处警服务中心联网的防盗报警和紧急报警系统”[②]。再如，厦门市提出的坚持“五个注重”的预防和打击犯罪的基本经验中，“注重科技投入，提高治安防控的‘先进性’”排在第二位，其基本措施为“建设视频监控系统；推行人口信息采集系统；普及电子警务办公系统；推广治安管理信息系统；开发卫星定位报警系统”。[③] 江西省赣州市正在摸索“物联网”技术在社会治安综合治理中的运用[④]，也取得了良好效果。

第四节　社会治安综合治理的地方发展趋势

时代发展、经济腾飞和社会进步，在丰富物质生活的同时也带来更多的社会问题和稳定隐患，地方面临的社会治安问题日益严重，已经取得的社会治安综合治理的创新性成果又面临过时的危险。与此同时，随着法治国家、法治政府、法治社会一体化建设的稳步推进，社会治安综合治理工作也将面临自我革新和自我发展的迫切需要。这一切都要求地方党委和政府在社会治安综合治理领域加快创新脚步，继续实践探索和制度完善。目前可见的社会治安综合治理的地方发展大趋势，一是地方立法体制的逐步完善，二是社区治理的重视与强化。

一、逐步完善社会治安综合治理的地方立法

目前，社会治安综合治理在全国意义上仍然主要局限于政策范畴之内，

---

① 谭和平：《社会治安治理现代化的内涵及推进路径》，载《铁道警察学院学报》2015年第1期。

② 郭继：《新时期上海推进社会治安综合治理的实践及启示》，载《上海党史与党建》2008年第5期。

③ 参见“坚持打防结合方针，全面推进平安福建建设”课题组：《新时期福建省社会治安综合治理工作的改革与创新》，载《福建警察学院学报》2008年第6期。

④ 参见尹卫民：《赣州市社会治安防控的完善——从物联网说起》，载《学理论》2015年第7期。

是社会政策的重要组成部分。《关于加强社会治安综合治理的决定》作为社会治安综合治理的纲领性法律文件，也主要是一些政策性规定。因此，有人认为应该制定全国性的《社会治安综合治理法》。我们认为，我国各地社会治安综合治理工作具有很强的地域性，治安治理的工作重点差异性也很大，在全国治安综合治理政策要求的框架内突出地方特点，进一步完善地方立法，也是社会治安综合治理法治化的重要选择。

从上面的比较分析也可以看到，社会治安综合治理的地方立法仍存在着整体规模质量落后，发展不均衡，缺乏可操作性等问题。而且由于社会的发展变化，新的治安问题不断出现（像因社区、互联网等的出现引发的治安问题在20世纪90年代还不突出，但在现在就需要重点予以整治）。现有的社会治安综合治理地方立法已经难以满足现代社会的要求；再加之社会治安综合治理工作涉及面广，需要协调数十个部门的工作，在立法技术上就有更大的难度，这些因素致使已有的社会治安综合治理地方立法与实际情况多有背离。

鉴于社会治安综合治理地方立法存在的各种漏洞和缺陷，加强和完善社会治安综合治理地方立法将成为促进社会治安综合治理的当务之急。我们认为，完善社会治安综合治理地方立法应当从如下方面着手。

（一）坚持立、改、废相结合的原则

完善社会治安综合治理立法要坚持立、改、废相结合的原则。立法是地方社会治安综合治理法规体系建设的重要环节，同时法的清理（修改、补充、废止）也是实现地方立法科学化，完善社会治安综合治理法规体系建设不可或缺的部分。法的修改和补充的任务在于对现行法的内容加以修缮，使立法尽可能实现立法主体所要达到的目标；法的废止的任务在于将不适应社会发展的立法从现行法律体系中清除出去，以使现行法律法规体系得到及时的更新和完善。通过法的清理，可以促进法与社会需求之间的协调，实现法的科学化和系统化，通过法的清理，也有利于立法的展开。一方面，通过法的清理，可以总结立法经验教训，看清利弊得失，找出规律性的东西；另一方面，法的清理过程也就是发现现存法的优缺点的过程。[①] 对于优点，可以继承发扬；对于缺点，可以予以纠正，以为以后的立法做好准备。

随着改革开放的深入和社会经济的发展，党中央、国务院多次以文件形式，就加强社会治安综合治理工作提出新要求、新部署，社会治安综合治理

① 参见周旺生：《立法学》，法律出版社2004年版，第385页。

工作的内容和工作机制等也发生了很大变化。随着社会治安综合治理工作机制、内容的调整变化以及各省经济社会的发展，有些地方性法规已不能适应新形势下社会治安综合治理工作的需要。而且从前面的论述中，我们可以看出，我国仍有接近50部的社会治安综合治理的地方性法规制定于20世纪90年代，但至今依然有效。二十年前制定的地方性法规，很显然已经难以适应日益发展变化的社会经济发展的需要了。因此，有必要对社会治安综合治理地方性法规加以清理，将党中央、国务院有关社会治安综合治理工作的新政策、新要求予以法规化，使之得到更好的贯彻落实；将原有社会治安综合治理地方立法中不符合社会需求的法条予以废止或修改，以适应社会发展的要求。同时，通过立法将各地社会治安综合治理工作积累的经验予以固定和发扬，进一步规范和加强各地社会治安综合治理工作。在进行法规清理时，要注重摸索社会治安综合治理的规律，总结实践经验，将制度创新和实践中的成熟做法纳入地方立法中；要根据本地区的实际和实践，确定地方性法规清理工作的重点。

（二）加强立法理论和技术研究，提高立法质量

当然，我们也不能仅仅注重文本上的比较，而忽视了法律在社会中是如何产生的以及法律条文背后所隐藏的理论因素和社会因素。所以应当加强对社会治安综合治理地方立法的理论研究，确立系统的理论框架，对一些关乎社会治安综合治理立法的重大的、关键的问题展开理论探索。地方立法者应当善于研究、洞悉社会治安综合治理的状况，看清社会治安综合治理和地方的立法活动、制度、技术应当有怎样的关联程度，科学而有效地促使它们之间进行有机的结合。要注意加强对法律法规中相关制度设定的规律性研究，特别是对核心制度的研究，注重对地方立法民主的内容和形式及地方立法需求的研究，注重加强社会治安综合治理地方性立法与其他社会治安综合治理措施之间关系的研究。社会治安综合治理地方立法可以尝试“在构架与内容上，由综合性、系统性向单行性、专项性转变；以具体问题的法规性决定，解决某一领域、某一方面的实际问题。这既可防止‘小法抄大法’，法繁扰民，又能防止‘小法架空大法’，背离法制统一的精神”[①]。总之，要充分发挥地方立法主体的主动性，加强地方立法方方面面的理论研究，以寻求社会治安综合治理地方立法的创新方式，提高社会治安综合治理的地方立

① 《我国地方立法的流变与展望——以上海市地方性法规的分析为例》，http://fzj.haikou.gov.cn/Article/ShowArticle.asp? ArticleID=326，最后访问时间为2015年10月1日。

法质量。

提高立法质量，应该加强对立法技术的研究。立法技术是指在立法活动过程中所应体现和遵循的有关法律的制定、修改、废止和补充的技能、技巧规则的总称。把握立法技术可以使立法成为科学的立法，使立法臻于较高水平，正确调整社会关系，可以从一个重要侧面保障整个法制系统有效的运行，从而充分满足国家、社会和公民生活对立法提出的种种需要。[①] 若要科学地制定社会治安综合治理的地方立法，必须注重加强对社会治安综合治理以往立法的研究，总结以往立法中立法语言和立法框架的方法和技巧，并将其用于以后的立法实践。在立法时，要注意原则性和灵活性的统一、稳定性和适时变动性的统一以及总结借鉴与科学预见的统一。

提高立法质量，还要注重征求社会公众的意见。"如果说 19 世纪至 20 世纪之交的改革家们倡导建立最大限度的中央控制和高效率的组织结构的话，那么 21 世纪的改革家们则将今天的创新视为是一个创建以公民为中心的治理结构的复兴实验过程。"[②]虽然地方社会治安综合治理立法是一项专业性较强的工作，但普通民众的意见同样需要重视。民众的日常工作生活和社会治安的稳定息息相关，而且随着社会的不断发展，公众对于社会治安的要求也不断提高。因此，对于涉及民众切身利益的社会治安综合治理地方性立法过程中，民众的利益诉求必须作为立法的重要考量因素。我国《立法法》明确规定，立法应当体现人民的意志，发扬社会主义民主，坚持立法公开，保障人民通过多种途径参与立法活动。因此，要建立健全面向人民、面向社会，广泛采纳民意、反映民情、集中民智的各种制度与形式，使公民能够有序参与地方立法活动。

（三）加强社会治安综合治理地方立法协调机制建设

社会治安问题是社会多重矛盾和消极因素的集中反映，必须依靠全社会的力量，运用政治的、经济的、法律的等多种手段进行综合治理。因此，关于社会治安综合治理的地方立法也要涉及不同部门的职责和协作的规定。现实中，经常会出现各部门、各地区各自为政的局面，严重影响了社会治安综合治理各项地方立法的实施，一定程度上造成了国家执法资源的浪费。社会治安综合治理立法在制定时应注意把握立法的协调性问题。社会治安综合治理地方立法协调机制应包括地区内部立法的协调机制和与外部地区

---

① 参见周旺生：《立法学》，法律出版社 2004 年版，第 53 页。

② ［美］理查德·C·博克斯：《公民治理：引领 21 世纪的美国社区》，孙柏瑛等译，中国人民大学出版社 2005 年版，第 10 页。

的协调机制。

从上述社会治安综合治理地方立法内容的比较研究中可以看到，社会治安综合治理涉及多个部门的职责，地方性法规多通过立法规定各级人民政府、人民法院、人民检察院、公安机关、国家安全机关、司法行政部门、教育行政部门、民政部门、人力资源和社会保障部门、住房和城乡建设部门、国有资产管理部门、安全生产监督管理部门等众多部门的职责。但地方性法规关于各个部门职责之间的规定又多为原则性的规定，不可避免地导致各个部门之间出现职责重复，导致行政资源的浪费，因此，要加强社会治安性综合治理地方立法内部协调机制的建设，制定社会治安综合治理地方性法规时，要注重加强不同立法条文之间的协调，以实现立法资源的最优配置。

目前，我国社会治安综合治理的立法主要是地方的立法，由于行政区划的作用，各地缺乏立法协调。由于“社会治安综合治理具有区域性，不同的区域特点使社区治安问题表现形态有所差异，区域特点也是动态变化的过程”①，所以，不同地方的社会治安综合治理立法也具有很强的地域性，常常面临与外省立法之间不协调的现象。因此，要搞好社会治安综合治理立法外部的协调问题。加强立法的协调和区域合作，才能合力解决区域中的一些共同的问题，保证社会大环境的整体稳定。例如，我国的东部沿海地区的省份可以加强海防的合作，建立海防统一体系，这样就可以利用不同省份的优势资源，促进各地海防资源的最优利用。再如，我国西部边境地区的省份就可以加强边境防控制度的合作，少数民族聚居的区域也可以加强民族团结事务、宗教事务的协作，合力解决影响我国社会治安的各种因素。

要加强社会治安综合治理工作的协作，就必须在立法上加以协调。各省在制定或修改社会治安综合治理地方性法规的时候，可以借鉴其他省市立法中所确立的已被证实有效的制度设计，制定一些共同的法律规范。也可以多省合作，建立社会治安区域合作制度，制定本区域的社会治安综合治理规定，协调社会治安综合治理中共性的问题，为各省社会治安综合治理工作的协调提供法律上的依据。

二、深入拓展地方社会治安的社区综合治理

（一）地方政府对社区治理的认识逐步加深

从某种意义上说，整个社会就是由一个个社区组成的。社区就是小社

---

① 贾征、刘华杰:《社区治安与综合治理》，中国社会出版社 2005 年版，第 13～14 页。

会，是整个大社会的缩影。社区研究是研究整个社会的起点。社区治安是社会治安的一个重要组成部分，社会的一切活动都是在一个个具体的社区里进行的。随着社区发展的成熟，社区将在社会中扮演越来越重要的角色。因此，社区治安维系的好坏直接关系到整个社会治安的综合治理的成败。研究社区治安综合治理，既是对社区的基本构成单位本身存在的社会问题进行解决，又是为整个社会大环境治安状况的改进提供经验。

在此，我们必须首先要更准确地把握何谓社区，以及社区到底存在何种的功能。唯有在这种认知的前提下，我们才能针对社区治安作出进一步的梳理。社区首先是一个社会学上的概念。社会学家对社区的理解往往是围绕社区的地域、人员、交往、组织、共有的心理等层面作出解释。有学者认为，"可以将社区视为在一定地理区域内的人，以及其社会性活动与现象的总称"①。同时给出社区的构成要素为"人口要素""地理要素""社会要素""组织要素""心理要素"等。② 而正是在这样的结构之下，社区总的来说，都发挥相似的功能：(1)生产、分配、消费；(2)社会化；(3)社会控制；(4)社会参与；(5)互助；(6)防卫。③ 我们以为，这并非是简单的概念分析，而是透过社区的概念提出一种社区治安的可能性。社区的人口要素与地理要素提出了社区治安的问题，正是因为有一部分人聚集在一起，所以需要社会治安。而社区的社会要素、组织要素与心理要素则提出一种社区自治的可能性。这个社区不仅仅在地域上是联合的，而且存在组织与心理上的一致性，这是社区居民寻求新的治安模式的前提与基础。

社区与社会相比，有几个显著的不同，这些区别应当是我们考虑社区治安综合治理模式的着眼点。

第一，社区聚集的是数量固定的人。即便是再大的社区，其组成公民也是相对固定的，而社会范围内的公民则没有这种固定性。因此，社区治安与社会治安的表现形态不同。如前所述，社会治安是一种公共产品，它面向的是整个社会，具有非排他性和非竞争性。社区治安则不同，因为社区治安服务对象就是本社区范围内的人，因此社区治安服务具有排他性，即排除社区外的人接受社区治安这个公共产品，是一种准公共产品。④ 这种排他性就为

① 宋镇明：《社会学》，五南图书出版公司2004年版，第604页。

② 参见宋镇明：《社会学》，五南图书出版公司2004年版，第604～605页。

③ 参见林万亿：《当代社会工作——理论与方法》，五南图书出版公司2003年版，第469～470页。

④ 参见[美]曼昆：《经济学原理》(英文版)，清华大学出版社2006年版，第229页。

引入市场机制提供了前提条件。只有购买社区治安服务的人，才能享受社区治安服务；不购买社区服务的人，就无法享受社区服务。这就为社区居民购买社区治安服务提供了动力，也为市场向社区提供治安服务提供了利益驱动。

第二，社区的范围是一定的地域。而社会所涵盖的范围则非常大。一定区域内的人往往利于形成共同的利益和需求，容易产生特定的社区文化。因此，社区的动员要比社会动员容易得多。亚里士多德所担心的人们对公共事务漠不关心的现象，在一个相对较小而又彼此熟知的圈子里出现的几率，要比在整个社会这个大圈子里小得多，因而依靠社区居民自发地维护社会治安从理论上讲是可行的。而事实的发展印证了理论的可行性。在欧美国家，社区居民自发组成社区委员会管理社区治安是一种非常普通的模式。我国港澳台地区，也广泛存在居民自发提供的社会治安服务。

地方党委和政府在社会治安综合治理的实践中，对社区治理的认识正在逐步加深，研究日益透彻，实践稳步推进。我国一些地方已经在社区治安治理中引入治安承包、市场供给等依赖市场机制的模式，也开始在社区试点居民自发提供社会治安服务的工作。

（二）地方社区治理工作在摸索中推进

既然有了社区治安综合治理，是否需要依靠政府来提供社区治安服务呢？地方政府在这一过程中应当扮演何种角色？这都是社区治理中应当重视的问题。我们认为，社区治安治理可以引入市场机制，进行治安承包；也可以由社区居民自行治理，但这一切方式都不排斥传统的政府模式的介入。公民的自治也好，市场机制也罢，都不是万能的模式，都有自己“力所能及的范围”，一旦超出这个范围，就必须求助于其他的手段。当然政府提供治安管理的模式同样具有局限性。

市场提供社区治安和社区自治与政府提供相比，有以下几项优势：

第一，权利义务明晰。市场机制的引入，使社区治安成为一种市场可以提供的产品，而消费者就是社区的居民。社区的居民与市场上提供社区治安服务的主体，如企业或个人订立购买良好社区治安的合同，就把双方的权利义务明晰化了。社区居民通过支付资金，购买自己需要的治安服务。而治安维护的提供者通过服务社区，获得相应的报酬。如果任意一方未能履行合同，则应承担相应的责任。一个简单的合同关系，标志的是一种良性循环。这对由政府笼统地对社区治安进行维护，出现治安问题时却没有责任承担者的现象是一种有效的改进。

第二,服务内容丰富。随着经济的发展,人们生活水平的提高,个人需求呈现出多样性的特点。我们对济南某社区的调查表明,不同的家庭对社区治安的要求有显著不同。子女较小的家庭要求加强对儿童的保护;养有名贵宠物的家庭要求保护好宠物;有老年人的家庭要求加强防盗措施……而无论是政府提供治安保障还是社区自治,往往着眼于一个比较普遍的问题(比如在私家车较多的社区对汽车进行特别的安保措施,但是都很难照顾到个体的需要)。市场的引入,恰恰可以解决这一矛盾。"哪里有需求,哪里就有市场。"市场的供给是解决个性化的需求最好的方法。市场提供社区治安的局限性也很明显,主要体现在我国社区治安市场供给还很不发达。1996 年,山东省泰安市出现"治安承包第一人"[①]。这一模式在我国发展不过短短十几年,人们对社区治安能否由市场提供还存在很大疑问;为了使得社区治安市场从业人员具备相应的素质,首先"必须要有一套良好遴选、训练与监督之办法"[②]。同时,必须要有相应的法律进行规制,形成标准化的市场准入,而不是任何主体均可以参与。这点,我国台湾地区做得相对较好,其于 1991 年就制定了《保全业法》。[③] 而我国大陆地区虽然有相关的行业现象出现,但是在法律规则层面则存在严重的欠缺。目前,提供社区治安服务的组织或个人远远没有达到规范化的程度,很多家政公司、保安公司在没有特别培训的情况下,在业务范围外承揽一些社区治安工作的情况并不鲜见。这些因素决定了市场提供社区治安在短时间内还不具备大规模开展的条件。

政府作为社区治安的传统保障者,其优势与局限性都是非常明显的。政府的基本职能之一是社会治安的维护,公共安全的保障。社区作为社会的组成部分,其治安当然可以完全交由政府负责,而不用考虑任何其他的方式。社区居民不需要支付额外的资金,就可以获得基于其公民身份的基本治安保障,这正是政府保障社区治安的最大意义。然而,正如上文分析,单一的政府供给既不能适应社会发展变化的趋势,又不能适应居民个体化的需求。这两大弊端造成的结果是,政府方面存在警力不够、公安机关疲于奔命的现象;而社区治安的情况却不容乐观,经常发生各种治安问题。因此,传统的政府供给社区治安的模式已经不能满足社会的需要,进行革新势在必行。

---

① 参见邱乐安:《"治安承包"的理论探索》,载《铁道警官高等专科学校学报》2004 年第 3 期。

② 李震山等:《保全业与治安》,五南图书出版公司 2005 年版,第 23 页。

③ 参见李震山等:《保全业与治安》,五南图书出版公司 2005 年版,第 19 页。

“社区自治，顾名思义就是社区居民通过一定的组织形式依法享有的自主管理社会事务的权利及其实践过程，是居民社区参与的高级形态，是民主精神在城乡基层社会的必然要求和体现。”[①]但是社区自治的主体并非是简单的居民，而且带有相当的组织性，且有一定的组织机构。现阶段我国城乡社区的自治组织主要有这样五种形式：(1)城市居民委员会；(2)业主委员会；(3)志愿者协会；(4)文化体育类社团；(5)村民委员会。[②] 这样的话，社区自治就并非是松散的居民之间的联合，而是带有一定的组织性与协调性，足以提供相应的治安服务，这就为通过社区自治的方式进行治安处理提供了比较坚实的基础。同时社区自治并非是盲目的、无规律的，而是有着相应的实践基础的。这一点我国台湾地区的学者有过相关的论述，他们认为，社区自治有一定的型式，这些型式之间也有主次之分。这包括“社区联防”“社区守望相助”“社区反毒品计划”“社区巡守队”“警察—社区共同参与”等，其中社区守望相助是最多的形式。[③] 与市场提供社区服务和政府提供社区服务相比，社区自治的特点在于其综合性。社区居民自发形成或者透过一定的组织形成一种具有规范性、持续性和稳定性的社区自治体系负责本社区的治安，其针对性更符合本社区的实际情况，要比政府对社区进行的笼统的治安维护更加细化，更加有利于本社区居民的利益。尽管我们说，市场化的社区治安可以更大限度地满足消费者的需求，但是作为社区自治的主体本身就是自身利益的观察者与感知者，对此市场化的社会治安并没有太大的优势。而社区内的居民自发形成的组织，其可信度又高于发育程度较低的社区治安维护市场。同时，其雇用成本也往往低于提供同样服务的市场。这也正是欧美国家多采用社区自治为主的治安治理方略的原因，而且已经提供了相应的实践基础，给我们地方政府相关方面的实践提供了借鉴与反思的前提。这也是目前我国地方政府在社会治安综合治理方面寻求突破的重点领域。

---

① 徐永祥：《社区发展论》，华东理工大学出版社 2001 年版，第 241 页。

② 参见徐永祥：《社区发展论》，华东理工大学出版社 2001 年版，第 242～243 页。

③ 参见李震山等：《保全业与治安》，五南图书出版公司 2005 年版，第 252 页。

第五章
社会治安综合治理的域外经验及其借鉴

治安问题是一个各国政府都会面临的问题。研析域外治安治理的基本模式，探寻域外治安治理的一般规律，并寻找可资借鉴的经验，推动我国社会治安综合治理目标的实现，是研究域外治安治理的意义所在。由于社会发展阶段、经济水平、历史文化等诸多方面的不同，发达国家的治安治理研究与我国的治安治理研究并不处在同一个对话平台上。西方国家在20世纪70年代后即不同程度地经历了治安私营化(民营化)的过程，借助警务运动的有效推动，基本形成了社区自治、市场私营与国家管理并存的治安治理模式，而我国仍处在探寻社会治安综合治理模式的阶段。当前西方社会面临的主要治安问题与我国社会的治安问题并不完全不同。从近十五年来的文献看，西方学者研究的治安问题主要围绕恐怖分子与恐怖组织引发的治安问题、移民政策变化与难民潮引发的治安问题、私营安保公司军事服务引发的治安问题，而这些问题在我国体现得并不明显。① 有鉴于此，本章主要集

---

① 这是因为：第一，反恐政策对中美两国的意义不在一个层面上。自"9·11"以后，美国一直倡议并主导国际反恐，发动"反恐战争"，这对维护美国世界地位和话语权具有重要意义。反恐政策是近10年来左右美国大选的重要议题，因此美国学者关注反恐政策与社会治安的关系具有重要的现实意义。我国尽管也存在某些恐怖袭击事件，但数量很少，很难说对社会治安造成实质性的影响，政治高度亦远远不够。第二，难民问题与移民政策问题是欧洲国家面临的主要问题。西欧普遍的福利制度和宽松的遣送政策是导致难民入境、社会治安混乱的重要原因。而我国基本不存在此类问题，因此，难民潮、移民政策与治安问题的研究于我国没有太多借鉴意义。第三，私营组织的军事服务引发的治安问题主要由私营安保公司的工作人员违反枪械使用规定导致，主要发生在美国及其盟友的海外军事驻地。我国的治安水平远未发展到完整授权的程度(完整的授权包括逮捕、羁押、讯问、移送、使用致命武力等内容)，此外我国实行枪械管理制度，民间也没有私营安保公司提供军事服务的案例。从这个意义上说，研究私营组织的军事服务亦无法为我国的治安治理建言献策。

中于对西方国家20世纪70～90年代的治安私营化趋势、社区自治运动和警务运动进行介绍。在文献选取上，国外文献主要集中于20世纪80年代的学者作品，国内文献主要选取近年来探讨私营化、社区自治等社会治安问题的学者作品；从结构安排上来说，由于私营化趋势、社区自治运动和警务运动是西方国家普遍出现的现象，故本章以具体制度而不以国家为区分展开论述。

第一节　社会治安治理与私营化

就部分发达国家的发展历史来说，自19世纪末行政权扩张开始，至20世纪末监管型国家的基本形成历时百年。在这一进程中，政府职能得到了极大的扩展，如何更合理、有效地履行政府职能，成为各国不得不面对的现实问题。[①] 从世界范围来看，越来越多的政府将部分政府职能委托给私人执行，20世纪80年代以来体现得尤为明显。[②] 不但某些"扩展型"的政府职能逐渐回归社会，比如，很多社会监管职能和经济监管职能，已经有相对完善的法律和制度对其委托的主体、事项、程序等内容作出规范。[③] 即便是更为传统的政府职能，如治安保障、抢险救灾、军事行动等内容，政府也逐渐探索着以恰当的方式将之纳入私营化的大潮。近年来，社会治安的私人治理逐渐成为部分发达国家的一种常态，如何认识域外社会治安私营化的趋势，探讨其主要模式，评价其对地区治安水平的意义，发现其会产生的法律问题，在现有制度框架内探寻解决途径等等，这些都是在研究社会治安综合治理的域外经验中应当回答的问题。

---

① 学术界有观点认为，发达国家往往呈现一种"小政府、大社会"的格局，我们认为不尽然。以美国为例，其大部分联邦部门的规模都远超中国相应的职能部门。比如说，美国的证监会（SEC）有4000多人，而中国的证监会只有3000多人；美国的食品药品管理局（FDA）有1万多人，而我国的食品药品监督管理总局只有2000多人；其他如环境部门、农业部门等机构的工作人员数量也远超我国对应部门的工作人员数量。因为我国很多职能部门并不公布其确切的工作人员数量，我们了解的情况可能并不十分准确，但作为约数的对比，仍然能够说明庞大的政府这一描述并非不准确。关于机构就业人数的信息，可参阅中美各部门门户网站，有些机构的年报中也会提及部门就业人数。

② See Richard Frankel, "Regulating Privatized Government through 1983," *The University of Chicago Law Review*, Vol. 76, No. 4, 2009, pp. 1449-1516.

③ 所谓扩展型职能主要是指国防、税收等传统职能之外的政府职能。桑斯坦（Cass R. Sunstein）认为，美国1929～1932年爆发经济危机后，政府职能出现了极大的扩张，国会通过了有关银行、证券、保险等一系列经济性监管的法规以及针对失业、贫困、教育、医疗和社会保障等社会性监管的措施，即本书所指的扩展型职能。（See Cass R. Sunstein, "Congress, Constitutional Moments, and the Cost-benefit State," *Stanford Law Review*, Vol. 48, No. 2, 1996, pp. 247-310）

一、社会治安治理私营化的发展概述

小罗伯特·普尔(Robert W. Poole,Jr)是美国第一位提出政府服务私营化的学者,也是美国著名自由主义者研究组织 Reason Foundation 的创始人。他在 1988 年的一篇论文中提出一个问题,即如果政府允许私人履行紧急救护、火警、监狱管理、少年管制等诸多职能,为什么不进一步把警察的治安职能也授权给私人执行呢?① 事实证明,Robert W. Poole,Jr 是一位非常有前瞻性的学者,30 年后的今天,美国政府不但早已把诸多治安职能委托给私人安保公司,甚至连很多军队的战争职能也已经交由私人军事公司执行了,这在伊拉克战争和叙利亚战争中体现得非常明显。

传统的观点认为,治安服务具有某些公共物品的特征,使得市场中以利润最大化为目标的企业没有动力去提供,而只能由政府供给此类服务。通常来说,公共物品是指具有非竞争性和非排他性的某类产品或服务。所谓非竞争性是指增加一个人的消费量并不会减少另一个人的消费量;非排他性则意味着要排除某个不付费的个体对该物品的使用会导致某一公共物品变得成本高昂。比如说公海里的灯塔,它可以为数量众多的船只提供照明服务,并不因 A 船看到了灯塔的光而影响 B 船用灯塔导航(即非竞争性);同时该灯塔可能是部分船主集资修建的,但他们很难不让未出资的船主利用灯塔进行导航(即非排他性)。②

萨维斯(E. S. Savas)等学者对公共物品作了进一步的分类。他提出了仅具有弱竞争性和强排他性的“准公共物品”(quasi-public goods),如有线电视、水电供应、收费公路等,这些物品虽然由多人使用(即不具有竞争性),但

---

① Philip E. Fixler, Jr., Robert W. Poole Jr., “Can Police Services Be Privatized?” *The Annals of the American Academy of Political and Social Science*, Vol. 498, The Private Security Industry: Issues and Trends, Jul., 1988, pp. 108-118.

② 参见[美]约瑟夫·E·斯蒂格利茨、卡尔·E·沃尔什:《经济学》上册,黄险峰、张帆译,中国人民大学出版社 2013 年版,第 243 页。需要特别说明的是,从目前的实践来看,即便是被公认为最具有公共物品特征的国防,私营化的特征也非常明显,学界正不断地对公共物品理论进行调整和修正。但就本书而言,公共物品的相关理论确实是域外社会治安私营化的重要理论工具,故本书仍将其作为一个分析工具使用。

可以对使用者收费(即具有排他性)。[1] 这一理论成为分离警察治安职能的理论基础。有些治安服务具有完全的私人产品属性,比如为某个特定的人提供安保服务,保障某处住所的安全情况,确保某个活动不给当地带来混乱,等等,这种特定的、小范围的治安服务最早从普遍的治安服务中分离出来,尽管警察仍然会提供此类治安服务,但很多警局都规定了单独收费。

此后,一些范围稍大的治安服务,也对私人市场逐渐开放,比如某个社区、某个购物中心、某个街区的治安保障。这类治安服务的私营化,实质上是对最早的个人安保、单独住宅保护的一种扩展。一般而言,社区的居民、购物中心的顾客群体、街区的常住人口相对固定,他们能够从良好的区域治安中获得比区域外的人更大的安全和满足感。因此,如果该区域内的人想获得更好的区域治安环境,他们应该自己支付警察巡逻的费用,而非让所有纳税人共同负担。现实中的情况,是警察的巡逻通常不能只针对某个特定的地区,由于警力的限制,巡逻必须覆盖更广泛的区域,即便这个社区的居民愿意付出额外的费用,警局也没有能力提供太多这样的服务,因此,这类治安服务的私营化就成为水到渠成的事情了。

在今日之美国,安保公司的服务范围已经远远超过简单的治安服务,从协助政府境内反恐到保障境外美军驻地、哨所安全,可谓无所不包。但这些内容,与我国社会治安综合治理的现实相距较远,借鉴意义不大,故此处不作详述。

二、社会治安治理私营化的主要模式

如果将社会治安视作一种可以由社会供给的物品而非只能由政府提供的公共产品,那么我们就要回答如下两个问题:(1)谁为社会治安治理买单?公共产品由政府财政支持,即由国家税收作为根本保障。而非公共产品则应由其消费者支付其成本。(2)谁来提供社会治安服务?公共产品由于具有非竞争性和非排他性的特征,而导致市场供给不足,故只能由政府提供。非公共物品则可以依靠市场机制解决。从美国的实践来看,其社会治安私

---

① See E. S. Savas, *Privatizing the Public Sector* (Chatham, N J: Chatham House, 1982), pp. 29-51. 从最严格的意义上来说,这些物品也是具有某种竞争性的,但这种竞争性比较弱。比如某一时间段用水用电的人突然特别集中,可能导致该区域内停水或断电,因此一部分人无法使用该物品。故从这个意义上讲,该物品仍然有一定的竞争性。但此类物品的竞争性与通常所指的"竞争程度"完全不在一个层面上,一般意义上的竞争性意在强调资源的损耗,即A的使用量一定会降低B的使用量。比如一个苹果,A吃一口,B就少一口。

营模式正是围绕这两个问题展开的，有学者将其总结为三种，即私人付费模式(user-financed)、合同外包模式(contracting out)和政府委托模式(deputizing)。[①]

（一）私人付费模式

私人付费模式是指使用者支付一部分费用，政府提供或协助提供某些治安服务的模式。比较常见的情况是居民请求警察对其所在社区提供巡逻服务，或者保证某项活动的安全。比如，在加利福尼亚州的大型购物中心有很多此类实践。由于大型购物中心需要一个稳定的治安环境来吸引顾客，他们往往与警察局达成协议：由警察局为购物中心和周围设置一个专门的巡逻站点来保障购物中心的治安状况，而该站点的设置费用和巡逻人员的工资则由超市完全或部分支付。这种做法被视为双赢的举动，一方面，警局有动力扩招人员，提供额外的治安服务；另一方面，超市获得了更好的治安环境及其带来的更大客流，从而获得了更多利润。

此外，某些情况下公民也要为警察出警支付费用。比如，如果警察因为公民的防盗警报器触发而出警，公民就要支付相应的费用。但实际生活中，此类费用通常在用户误触发防盗警报器、实际并无入室者的情况下缴纳，可以视作对误用公共资源的一种处罚。尽管警察可以要求公民承担使用警力的相应成本，但由于警力资源的限制，越来越多的警察局开始将处理防盗警报器报警的任务交由防盗警报器生产公司，即防盗警报器生产公司直接处理其用户防盗警报器报警。他们可以通过设备定位、系统监控、派出安保人员等手段第一时间代替警察接警，如果防盗警报器生产公司认为自己无法处理，亦可以及时联系警方出警。防盗警报器生产公司与其用户自行就相关费用达成协议，整个过程完全不依赖政府财政供给。研究表明，这种模式节省了大量的人力、财力资源。[②]

（二）合同外包模式

治安领域的合同外包模式是一种政府出资将治安服务外包给愿意承担的私人公司的模式。这种外包起初仅限于一些辅助性的领域。比如，在警察处理完治安事件后，由私人公司临时维护现场秩序；再比如，警察处理完交通事故后，请私人公司将涉事车辆拖走。此后，随着私人安保公司的扩

① See Charles Feinstein, *Privatization Possibilities among Pacific Island Countries*, Honolulu: East-West Center, 1986, p. 10.

② Dale Pancake, "Cooperation between Police Department and Private Security," *Police Chief*, June 1983, pp. 34-36.

大,其承包的业务不再限于辅助性领域,部分国家和地区也直接以合同的形式将某些治安工作委托给较有资质的安保公司。比如,美国纽约、洛杉矶等地学校周围的治安都是由私人安保公司承担的;佛罗里达州公园的治安巡逻也由私人安保公司承担;德国地铁线路的治安巡逻由私人安保公司承担,等等。20 世纪 80 年代以来,美国政府部门所在地区的治安也大都交由私人安保公司负责,包括法院的法警,很多都是从安保公司直接借用的。[①] 此外,美国还有部分地区将完整的治安执法职能外包给私人公司的情形。比如,密歇根州的卡拉马祖地区警局曾与私人安保公司签订合同,由后者全权负责当地治安,安保公司拥有包括对违反治安管理规定者进行逮捕和讯问的一切权力;俄亥俄州的雷米戴维乐地区允许当地的私人安保公司和警局对治安管理权进行投标,因为其竞标的预算价仅有警局预算价的一半,私人安保公司获得了完整的治安管理职能;亚利桑那州等地区也有类似的实践。但这种完全的外包合同或因法院判决违法,或因警局与安保公司存在严重矛盾,或因遇到突发事件安保公司缺乏处理能力等问题,大都未执行到约定期限便被废止了。[②]

(三)政府授权模式

治安服务的政府授权模式,是一种较警察局与私人安保公司签订治安外包合同更为直接的方式。美国的学者认为,治安治理的政府授权模式是指联邦或州或地方政府在一定范围、一定时间内,将治安管理权赋予某些特定的个人的行为。[③] 比如,政府将学校周围、铁路周围、商铺周围的治安管理授权某个私人组织进行全权处理,这个私人组织享有法律许可的搜查、逮捕等权力。但是,被授予完整治安管理权的私人公司的员工都必须在警察局接受系统的培训,在参与多次警察实地侦查、逮捕的训练后,方得实际作业。

与一般的私人安保公司合同不同,被授权的私人组织具有某种准政府机关性质,其工作人员亦有准公职人员身份,可行使的权力也十分广泛。因此,美国不少州都通过法律,将此类经授权的私人安保公司的工作人员称为“特别警务人员”“特别治安员”等。比如,纽约市的零售商铺都会雇佣治安

---

① Wackenhut Corp., “Court Officers Now in 21 States,” *Wackenhut Pipeline*, Dec. 1984, pp. 1-4.

② See “Oro Valley Must Hire Own Police,” *Arizona Territory*, 19 Feb. 1976; Alan C. Miller, “Law Strips Guard Force at Airport of Authority,” *Los Angeles Times*, 26 May 1987.

③ Sorrel Wildhorn and James Kakalik, *The Law and Private Police*, LEAA Report R-872-DOJ, Washington, DC: Government Printing Office, 1971, 4:4.

管理员维护商铺及周边治安，而这些治安管理员都是被授权的私人组织的工作人员，对于盗抢零售商铺的嫌疑人，他们享有从侦查、逮捕、调取嫌疑人联邦数据档案、讯问并制作笔录等一切权力，与警察享有的权力基本一致。[①]在华盛顿特区和波士顿，治安管理员都被允许携带武器，并在必要的情况下被许可使用可能造成严重伤害的武力。除了法律直接授权某个或某几个私人安保公司可以在某个时间段全权维持某区域治安外，有的州也将这种委托权下放给州长。比如，马里兰州、北卡罗来纳州的州长，都可以指定“特别治安员”全权保障某个区域的治安，等等。从这里不难看出合同外包的治安服务与政府授权的治安服务的区别：前者需要在合同中明确列明私人安保公司享有的权力，而后者除了授权保留的情况，在授权的地域范围、时间范围内，私人公司的工作人员和警察的权力并无太大差异。

美国学者认为，体现政府授权的治安管理最明显的两个领域是私立大学的治安和铁路及其周围的治安[②]，不少州通过法律授权大学治安员享有警察的权力。此外，出于保护学生的目的，私立大学的治安员较其他领域的治安员获得政府授权的途径更广。现有立法例表明，除法律直接授权外，私立大学的治安员可以通过法院、警察局、市政府等多个机构获得授权。铁路治安员之所以享有警察的权力则更多地源于历史因素。由于美国政府历史上修建了大量的铁路，以推进领土扩张（如西进运动时期），早期的政府根本无力提供足够的警力维护铁路周边治安，导致铁路沿线经常出现治安问题。在这一背景下，铁路沿线的州政府纷纷授权铁路公司自己组织铁路治安员、铁路巡视员，他们与警察的权力基本相同。这种情况自 20 世纪 30 年代就已经出现，延续至今。虽然今天联邦政府和州政府财力已经获得极大增长，但可能与美国的铁路建设并没有大的变动、铁路治安员的制度设计足以维护铁路治安等因素有关，尚无充分的证据表明铁路治安授权有取消的倾向。

三、社会治安治理私营化的问题与对策

社会治安治理私营化的问题是伴随着私人安保公司被授权范围逐渐扩大而产生的。诚如前述，美国联邦和各州层面皆有允许被授权的治安员使

① See Stewart, “Public Safety and Private”, *Public Administrative Review*, 1985, 45(5), pp. 758-765.

② See Karen Hess and Henry M. Wrobleski, *Introduction to Private Security*, New York: West, 1982, p. 276; Conversation with Lieutenant William Kennedy, “University of Southern California,” *Campus Police*, Jan. 1987.

用非常武力的立法，震惊世界的“2007年驻巴格达美军枪击平民事件”就是由被军方赋予治安巡逻职能的安保公司制造的。[①] 如何应对日益增多的私人安保公司在治安维护中侵犯公民权利问题成为各国关注的问题。正如学者理查德·弗兰克尔(Richard Frankel)指出的那样，私人公司的治安管理权并非由民主程序产生，因此他们在执行治安服务时仅仅追求治安稳定这一个指标，而忽视对公民权利保护等具有重要社会价值的内容。促使私人公司在追求治安目标的同时，能够更加尊重公民的个人权利，成为社会治安治理私营化的一个发展目标。[②]

(一)国际规范的进路

由私人安保公司负责治安治理已经成为一种国际化的潮流。通过承担治安巡逻、代警出勤等治安活动，私人安保公司在保护区域治安方面发挥着重要作用。但在提供这些服务时，私人安保公司的不当活动可能会给当地居民、区域治安情况甚至人权和法治带来不利的影响。针对这些问题，瑞士政府和国际红十字会共同制定了《国际私人安保公司行为规范》(International Code of Conduct for Private Security Service Providers，简称《规范》)，其核心即“保护、尊重和赔偿”的基本框架。

《规范》第6条规定，安保公司在活动中应当遵守可适用的立法和规章，以及该行业的现行商业管理规范；遵守法治原则，尊重人权和客户利益；安保公司应当采取措施建立和推行有效的内部治理框架，以防范、监测、举报和有效纠正对人权的侵害；设法处理有关违反国家(国际)法律或者本规范的活动的指控。

《规范》第30～32条对武力使用进行了严格的限制。其中，第30条规定安保公司应要求其员工采取一切尽可能合理的措施避免使用武力，必须使用武力时要遵守现行法律。使用武力决不能超过限度，而应与威胁相当，与局势相称。第31条要求安保公司将使用武器限定在正当防卫、保护他人免

---

① 事情的经过大概是：美国军队授权私人安保公司在美军驻地周边进行治安巡逻，一位安保人员发现一辆可疑车辆朝其方向行驶，在车辆仍然处在安全距离时，安保人员就对车辆驾驶人员进行了射击，并造成司机死亡。车辆在失去控制后，加速冲向安保人员所在位置，安保人员随即向车辆所在区域进行了密集射击，造成了大量平民伤亡。关于该事件的详细报道，可参见：David Johnston and John M. Broder, “F. B. I. Says Guards Killed 14 Iraqis without Cause,” *NY Times* Al (Nov. 14, 2007); James Glanz and Alissa J. Rubin, “From Errand to Fatal Shot to Hail of Fire to 17 Deaths,” *N Y Times* A1 (Oct. 3, 2007).

② See Richard Frankel, “Regulating Privatized Government through 1983,” *The University of Chicago Law Review*, Vol. 76, No. 4, 2009, pp. 1449-1516.

受迫近的死亡或严重伤害威胁以及防止实施确会带来死亡危险的特别严重的行为等几类情况。第32条规定，如果安保公司员工正式获得国家执法机关的授权，那么他们只有在承担同国家正式员工同等义务的情况下，才可以使用武器。

在羁押和逮捕程序方面，《规范》也作出了规定。第33条羁押规定要求，安保公司在未经正规培训和未获国家授权的情况下，不得羁押、运送和询问被拘留者，安保公司及其员工应当人道和体面地对待所有被拘留者，并按照现行人权规范和国际人道主义法给予保护，禁止酷刑和其他残忍、不人道或有辱人格的惩罚或待遇。第34条逮捕规定要求，出于自卫或保护其他人员免受迫近的暴力威胁的目的，安保公司人员实施逮捕后需尽快将此类被逮捕者移交当局。任何逮捕行动都必须符合现行国家和国际法律，并毫不拖延地向委托方作出通报。安保公司及其员工应当人道和体面地对待所有此类被逮捕者，并按照现行人权规范和国际人道主义法给予保护，特别是禁止酷刑和其他残忍、不人道或有辱人格的惩罚或待遇。

为了减少安保公司执法过程中的侵权行为，《规范》特别强调了安保公司的管理程序。它要求安保公司合理审慎地甄选员工，并建立可核实的预先调查和长期工作监督安排，且安保公司不得征聘不具备有关合同、现行国家法律、行业规范所载原则规定的资格的人员。其中第46条规定，安保公司不得雇用年龄不满18周岁者提供安保服务。第47条规定，安保公司应经常评价和确保其员工依照规定执行任务的能力，并定期审查他们是否满足执行合同任务所需的身体和精神健康条件。第48条规定了最低聘用标准，它要求安保公司在制定携带武器执勤规范时，必须保证被许可携带武器的员工：(1)没有因为犯有表明其不具备可依照本规范提供安保服务的精神品质或能力的罪行被判刑；(2)没有因为品行不良被开除；(3)没有因为确证违反本规定所载一项或多项原则而被解除的其他固定或临时雇用合同；(4)过去没有导致其持械能力依照客观合理性被怀疑的行为。《规范》特别强调，完全支持安保公司采取更严格的审查标准。为了确保安保公司能够对其工作人员进行全面的审查，《规范》第49条赋予了安保公司广泛的调查权：安保公司有权查阅所有求职者在获得公司雇用之前的就业卷宗以及可获得的政府相关记录、文件和档案，包括为军队、警察或其他私营安保服公司工作的情况资料，所有员工均需承诺在法律允许的范围内，配合一切内部调查程序。

为了减少安保公司“滥用私刑”的行为，《规范》对安保公司的报告机制作出了要求。其中第 63 条规定，安保公司必须撰写涉及其员工使用任何武器的事件或事故报告，包括在任何情形下开枪（经批准的射击训练除外）、暴力升级、物资损失、伤害、袭击、犯罪行为、交通事故和有其他安全部队参与的事件，报告中需包括：(1)事件或事故的时间和地点；(2)所有受影响人员的身份和国籍、地址及其他联系资料；(3)造成的伤害和损失；(4)事件或事故之前的形势；(5)签字公司采取的所有应对措施。报告须及时呈送委托方，如果现行法律有要求时，也同时抄送给主管当局。第 67 条规定，安保公司必须制定程序，以回应对安保公司的内部指控或外部指控。这些内容包括：(1)制定其员工和第三方向指定人员提交关于不当和（或）非法行为指控的程序，其中包括针对违反本规范所载原则的行动或不行动提出的指控；这些程序必须公平、易操作和提供有效纠正措施，包括防止今后再度发生的建议。(2)在公开互联网站上登载其控诉受理和调查机制的详情。(3)快速和公正地对指控进行调查，同时充分遵守保密性。(4)保存指控记录、程序结果和纪律惩戒措施，并应要求向主管当局通报，但现行法律载有特别禁止或保护条款的除外。(5)与官方调查合作；各签字公司不得阻挠或容忍其员工对证人、举证或调查制造障碍。(6)如果证明员工有非法行为或违反本规范的行为，采取包括辞退在内的适当纪律惩戒措施。(7)确保诚意举报失职行为的员工获得必要的保护，以免其因为举证而遭报复，例如防止他们遭受不公正或不应有的纪律惩戒措施，并确保没有不当拖延地对所举报案件进行审查和采取相关措施。

《规范》还对安保公司的财产状况提出了要求，由于日益增多的侵权事件，《规范》要求安保公司有足够的赔偿能力。其中第 69 条规定，安保公司需确保在任何时候都有能力履行由于伤害、死亡或财产损失而导致的商业损害赔偿义务。这一充足财务能力可通过客户担保、适当投保（例如，安保公司为其员工和公众投保与公司活动规模和性质相称的金额）或者风险条款提供。超出保险公司承保范围的，安保公司需证明其可以通过其他途径承担财务责任。

（二）国内规范的进路

就美国而言，处理私人安保公司治安活动中导致的纠纷，主要依据《美国民法典》第 42 章的 1983 条款。该条款的核心内容在于指出，任何人因执法行为侵犯公民权利时，公民的权利应当获得救济，包括金钱补偿。[①]此前，公民权利受到执法人员侵犯的通常救济是向法院寻求禁令，但禁令的规定只作用于将来，不溯及既往。因此，如果公民宪法权利受到执法人员的侵害，他只能请求法院颁布禁令，以禁止之后的侵权行为。但对之前受到的侵害，并没有任何赔偿。这种情况在 1961 年 Monrone v. Pape(门罗诉佩普案)一案后得到了改变，最高法院在裁定 Monroe v. Pape 一案中认为，如果警员在执法中侵犯他人的权利，警察应该对此进行赔偿。最高法院在解释 1983 条款的隐含意义时，提出了该条款的三个隐含意义：重新诠释某些法律；当现有法律救济不足时，为公民提供救济；当现有法律救济充分，但实践中难以实现时，为公民提供救济。[②] 根据 1983 条款，如果公民的权利在私人安保公司治安执法时受到侵害，公民可以直接起诉私人安保公司，因为私人安保公司的治安管理行为必然是获得法律许可或政府授权的，符合 1983 条款的规定。关于 1983 条款的适用，需要特别注意以下几个方面：

第一，1983 条款的被诉对象是人。因此，1983 条款要求侵权行为人负责，而不是机构或国家。公民只能对安保公司的具体执法人员提出诉讼并要求赔偿，授权安保公司的政府一般不会被起诉要求赔偿，但可能会因其他条款被起诉，如要求收回对安保公司的授权，禁止安保公司的继续侵害，等等。[③]

第二，1983 条款适用于广义的公务行为。传统上的公务行为是指那

---

① 《美国民法典》第 42 章 1983 条款原文如下：Every person who, under color of any statute, ordinance, regulation, custom, or usage, of any State or Territory or the District of Columbia, subjects, or causes to be subjected, any citizen of the United States or other person within the jurisdiction thereof to the deprivation of any rights, privileges, or immunities secured by the Constitution and laws, shall be liable to the party injured in an action at law, suit in equity, or other proper proceeding for redress, except that in any action brought against a judicial officer for an act or omission taken in such officer's judicial capacity, injunctive relief shall not be granted unless a declaratory decree was violated or declaratory relief was unavailable. For the purposes of this section, any Act of Congress applicable exclusively to the District of Columbia shall be considered to be a statute of the District of Columbia.

② See Monroe v. Pape, 365 U. S. 167 (1961).

③ See Memphis Community School Dist. v. Stachura, 477 U. S. 299, 305 (1986)365 U. S. 167 (1961); Hafer v. Melo, 502 U. S. 25, 31 (1991); Kentucky v. Graham, 473 U. S. 159, 165 (1985); Monell v. Dept. of Social Services of New York, 436 U. S. 658, 701 (1978); Bivens v. Six Unknown Named Agents of the Federal Bureau of Narcotics, 403 U. S. 388 (1971); Hafer v. Melo, 502 U. S. 25 (1991); City of Oklahoma City v. Tuttle, 471 U. S. 808 (1985); Kentucky v. Graham, 473 U. S. 159, 165 (1985); Colvin v. McDougall, 62 F. 3d 1316, 1318 (11th Cir. 1995); Board of Regents v. Tomanio, 446 U. S. 478 (1980).

些本身不违反法律规定的执法行为。1983条款下的公务行为则更广泛，即便执法人员明显违反国家法律，但只要是在执法，这种行为就属于公务行为。比如，安保公司的治安管理人员在维护治安的行动中，明显违规使用武器并造成公民伤亡的行为，仍然属于公务行为，符合1983条款的可诉条件。[①]

第三，1983条款强调广义的责任原则。尽管被告的行为与导致损害的结果之间必须存在因果关系，但这种因果关系是广义的，有连带责任之意。也即是说，如果安保公司的工作人员在治安活动中侵害了他人权利，向该安保公司提供授权的政府机关负责人、与安保公司签订合同的政府机关负责人、负责培训安保公司的政府机关负责人等都可能被追责。[②]

第四，1983条款具有程序性特征。1983条款本身并不创设实体权利，它只是为宪法和法律赋予的其他权利受到侵害时提供了一种救济。因此，要适用1983条款，公民需证明他确实被剥夺了受美国宪法和联邦法律保护的权利，这与一般的程序性条款类似。以正当程序条款为例，如果公民认为私人安保公司执行公务时违反了正当程序原则，他必须证明：(1)他拥有受宪法保护的财产利益；(2)他的利益未经正当程序就受到了剥夺。而证明公民对该财产享有利益，需要有其他联邦法律或州法律的依据（比如关于财产权、土地所有权的法律），正当程序条款本身并不证明该公民对财产享有所

---

① See West v. Atkins, 487 U. S. 42, 49 (1988)[quoting United States v. Classic, 313 U. S. 299, 326 (1941)]; Lugar v. Edmondson Oil Co., 457 U. S. 922, 937 (1982); Parratt v. Taylor, 451 U. S. 144, 152 (1970); Polk County v. Dodson, 454 U. S. 312, 325 (1981); Monroe v. Pape, 365 U. S. 167, 172 (1961); Wyatt v. Cole, 504 U. S. 158, 162 (1992); Lugar v. Edmondson Oil Co., 457 U. S. 922, 924 (1982); West v. Atkins, 487 U. S. 42 (1988); Ort v. Pinchback, 786 F. 2d 1105 (11th Cir. 1986); Lugar v. Edmondson Oil Co., 457 U. S. 922, 929 (1982).

② See Parratt v. Taylor, 451 U. S. 527 (1981); Mt. Healthy City School Dist. Bd. of Educ. v. Doyle, 429 U. S. 274, 285-287 (1977); Monell v. Department of Social Services of the City of New York, 436 U. S. 658, 690-691 (1978); Polk County v. Dodson, 454 U. S. 312, 325 (1981); Fundiller v. City of Cooper City, 777 F. 2d 1436, 1443 (11th Cir. 1985); Oklahoma City v. Tuttle, 471 U. S. 808 (1985); City of Canton v. Harris, 489 U. S. 378 (1989); Gold v. City of Miami, 1998 WL 54803 (11th Cir. 1998); Sewell v. Town of Lake Hamilton, 117 F. 3d 488 (11th. Cir. 1997); Pembaur v. City of Cincinnati, 475 U. S. 469 (1986); Bryan County v. Brown, 520 U. S. 397 (1997); McMillan v. Monroe County, 520 U. S. 781 (1997); City of St. Louis v. Praprotnik, 485 U. S. 112, 127 (1988); Greason v. Kemp, 891 F. 2d 829, 836 (11th Cir. 1990); Brown v. Crawford, 906 F. 2d 667, 671 (11th Cir. 1990); Zatler v. Wainewright, 802 F. 2d 397, 401 (11th Cir. 1986); Leatherman v. Tarrant County, 507 U. S. 163 (1993).

有权。[①]

第五,1983条款具有适用的广泛性。只要符合1983条款,公民即可向联邦法院起诉,而不必考虑州法院是否有并行管辖权。1983条款也不要求任何前置程序。比如,安保公司在治安执法中出现了侵犯公民权利的行为,公民不必同安保公司协商,亦无须向安保公司的授权机关提出申诉,可以直接向联邦法院起诉。此外,请求赔偿的数额原则上也没有限制。[②]

第二节　社会治安治理与社区自治

随着社会生活组织从单位到社区的转变,社区成为社会生活的基本单位和城市生活最为基础的组成部分。而农村城市化趋势的加强,也促使社区逐渐成为我国农村的社会生活单位。在我国社会治安综合治理的结构中,社区治安综合治理应该是重要的组成部分,社区安宁也是整个社会安宁的基本前提之一。从社会基本组成单位着眼来完善社会治安综合治理的主体结构,应该说极为有益;而从国外社会治安来看,社区也是最为关键的治安单位之一。社会自治则是实现社区治安的主要方式。"东西方国家的事实都表明一个基本的政治原理:有效的国家治理,不是通过国家权力无限扩张来完成的,相反,是通过合理范围内的国家权力运作、社会自治的有效展开以及这两种的相互配合和合作来实现的。"[③]故本节对西方社区自治进行专门研究,并着重分析西方社区自治对社会治安的影响,以此为我国社会治安综合治理的进一步完善提供借鉴。

一、社区的基本构成

社区自治以社区的存在为前提。社区最早是由德国社会学家滕尼斯提

---

① See Paul v. Davis, 424 U. S. 693, 701 (1976); Cleveland Board of Education v. Loudermill, 470 U. S. 532 (1985); Baker v. McCollan, 443 U. S. 137, 145 (1979); Board of Regents of State Colleges v. Roth, 408 U. S. 564, 577 (1972); Bishop v. Wood, 426 U. S. 341, 344 (1976); Board of Regents, 408 U. S. at 576; Cleveland Bd. of Educ. v. Loudermill, 470 U. S. 532, 541 (1985).

② See Zinermon v. Burch, 494 U. S. 113, 124 (1990); Carey v. Piphus, 435 U. S. 247 (1978); Farrar v. Hobby, 506 U. S. 103, 112 (1992); Carey v. Piphus, 435 U. S. 247, 266-267 (1978); Smith v. Wade, 461 U. S. 30 (1983); City of Newport v. Fact Concerts, 453 U. S. 247 (1981); Finch v. City of Vernon, 877 F. 2d 1497 (11th Cir. 1989).

③ 林尚立:《社区:中国政治建设的战略性空间》,载《毛泽东邓小平理论研究》2002年第2期。

出[①]，随后逐渐成为共同学术用语，并被赋予了大约 140 多种不同的内涵。[②]比较经典的定义如，“社区是进行一定的社会活动、具有某种互动关系和共同文化维系力的人类活动及其活动区域”[③]。这样的社区是一定区域内的居民生活共同体，而且社区居民之间具有不同种类的联系。只有居民之间具有相互联系，才能创立小范围内的共同生活规范。故有人认为，“社会系包括一个地理区域内有社会互动关系的一群人，以及维系这一群人的连接网”[④]。由此来看，社区就必然具有地理、人口以及关系等要素。也有学者深入总结社区具有人口要素、地理要素、社会要素、组织要素和心理要素等。[⑤]

作为特定区域内的生活共同体，社区承担着很多功能。对此不同学者也有不同看法。如有人认为，社区主要承担经济、政治、教育、卫生、社会、娱乐、宗教、福利及为个体提供社会化途径、互助、参与、控制、基本需求等功能。[⑥] 也有人认为，社区主要承担生存发展、社会整合、社会管制、民主建设等功能。[⑦] 还有人认为，社区主要承担经济、教育、社会参与、感情、社会控制等功能。[⑧] 尽管表述不同，但这些观点多有相似之处，一方面社区为居民提供政治、经济、社会、娱乐、文化等方面的服务，另一方面居民也需要迎合社区这种集体生活的内在规则要求，通过这些需求与规制之间的互动，社区成为满足居民不同生活需求的生存单位，同时也成为居民安居乐业的基本选择。

在社区的多元功能之中，安全维护也是社区的核心功能之一。“安全是其他价值的前提和基础，不论公平、正义还是程序与效益等价值，都离不开安全。没有安全，其他价值目标就不可能实现。”[⑨]安全是社区生活的前提，也是居民选择社区生活的主要标准。同时，当社区成为人们生活的主要场所之后，它也成为犯罪和其他违法行为发生的基本场所。从我国刑法规定的犯罪类型来看，无论是涉及人身还是财产的犯罪都有可能发生在社区。

---

① 参见王名：《社会组织论纲》，社会科学文献出版社 2013 年版，第 171～172 页。

② 参见娄成武、孙萍主编：《社区管理学》，高等教育出版社 2006 年版，第 3 页。

③ 郑杭生主编：《社会学概论新修》，中国人民大学出版社 2003 年版，第 272 页。

④ Harold F. Kaufman, “Toward an International Conception of Community”, in M. Warren and L. Roland, ed. *Perspectives on the American Community*, Chicago: Rand McNally & Company, 1969, pp. 88-103.

⑤ 参见宋镇照：《社会学》，五南图书出版公司 2004 年版，第 604～605 页。

⑥ 参见宋镇照：《社会学》，五南图书出版公司 2004 年版，第 606 页。

⑦ 参见张兴杰：《社区管理》，华南理工大学出版社 2007 年版，第 9～11 页。

⑧ 参见滕五晓：《社区安全治理：理论与实务》，上海三联书店 2014 年版，第 24～25 页。

⑨ 安东：《论法律的安全价值》，载《法学评论》2012 年第 3 期。

当治安需求与治安现实之间的矛盾在社区层面爆发时，无论是政府还是社区自身都不得不提供各种对策来实现安全维护的功能，以满足居民对社区的期待。其中，从西方实践来看，社区自治在推动治安力量从一元化向多元化发展，从而进一步提高社会治安的水平方面发挥了重要作用。

二、主要西方国家社区自治的介绍

西方国家的社区治理分为三种模式：行政型管理、自治型管理和混合型管理。① 尽管在当前背景下很难将某个国家的社区治理完全归结为这三种类型中的一种②，但总体来说这种分类模式还是具有一定辨识度的。自治型社区治理主要强调社区自治，即以居民自身为社区治理的主体，自主决定社区治理的相关事务。在权力下放成为发达国家社会管理显著趋势的大背景下③，自 20 世纪 80 年代开始，发达国家开始进行社区重建。社区重建希求把原来自上而下进行社会管理和提供公共服务的模式转变为政府与社会协作完成的模式，这样可以通过增强社区治理的多元力量来改善社区整体环境。在这其中，社区自治就是实现这种转变的重要路径之一。下面先介绍几个主要的西方国家的社区自治理念。

美国是社区自治发展最为成熟的国家之一。埃拉泽(D. Elazar)甚至将社区自治视为美国的地方自治乃至整个政治体系的核心特征。④ 美国的社区自治有着悠久的文化传承。托克维尔称："英国从前虽是统治全体殖民地的，但殖民地的人民却一直自己管理乡镇的事务。因此，乡镇的人民主权不仅古老，而且自始就已存在。""他们在力所能及的有限范围内，试着去管理社会，使自己习惯于自由赖以实现的组织形式。"⑤不过随着近代福利国家的兴起，美国的社区自治相应地受到限制。不过现在社区自治的理念又逐渐回归本位。"美国有三类社区发展类型：政府控制的社区发展，政党控制的社区发展，以及社区控制的社区发展。后者即为非营利部门控制的社区发展，近年来在美国最为多见。"⑥当然随着社会的发展，现代社区所面临的困境早已非社区本身就能够完全独立解决的，因此"政府负责规划指导和资金

---

① 参见张俊芳：《中国城市社区的组织与管理》，东南大学出版社 2004 年版，第 42～44 页。

② 参见孙其昂、叶方兴、孙旭友：《发达国家城市社区管理模式及其对我国的启示》，载《南京工业大学学报(社会科学版)》2013 年第 1 期。

③ 参见王莹莹：《西方社会管理模式的发展变迁及启示》，载《政法论丛》2013 年第 4 期。

④ 参见郑晓东：《美国城市社区自治的现状与趋势》，载《浙江学刊》2008 年第 5 期。

⑤ [法]托克维尔：《论美国的民主》，董果良译，商务印书馆 1988 年版，第 76 页。

⑥ 严浩主编：《我国城市社区发展政策研究》，中国计划出版社 2002 年版，第 148 页。

支持，社区组织负责具体实施”[①]成为主要运作模式。美国社区自治主要体现在这些方面：第一，“社区居民通过‘以脚投票’选择适合自己的社区居住和生活”。第二，“公民参与是社区自治的重要形式”。第三，“社区非营利组织是社区自治的重要主体”。[②] 美国社区自治的基本原则包括：第一，自治原则，社区事务主要由社区董事会进行自我管理，市政府只能进行没有约束力的指导。第二，服务原则，社区公共职业者作为社区自治的主体，主要提供的是咨询和建议而不是对社区进行管控。第三，责任原则，社区居民不仅是公共服务的消费者而且是社区的治理者，他们需要在积极的公民理念下关注、参与、决定和解决社区事务，当然这也可以通过选举代表实现。第四，理性原则，即社区居民要审慎地思考社区治理问题，在相互的利益冲突中达到妥协均衡。[③] 美国社区自治的治理主体主要是各种官方、半官方和非政府的社区组织。[④] 非官方的社会组织实际上多具有很强的社会公益意识，它们为社区治安做出了很大贡献。如非政府组织“联合委员会”就专门编制了针对美国社区的安全应急预案的手册，用以指导社区居民最大限度地减少社区安全危险的危害。[⑤] 美国的社区自治体现在以上的方方面面，政府主要是提供资金支持。这样，大量的社区事务通过社区自身就予以解决。社区治理主体从一元化走向多元化，在权力下移过程中进一步提高公民的参与性，将社区问题→政府反馈的模式转变成社区问题→自我反馈→政府支持的模式，这样无论是社区问题的反馈效率还是解决问题的积极性都会有很大的提高，其中社区治安必然是重要问题之一，也必然受益于这种模式。

英国作为自由主义的起源国家之一，在社区自治方面有着悠久的历史。[⑥] 现代英国的社区自治带有政治性，是地方自治的组成部分，而且英国的社区被认为是具有战略价值的治理平台。[⑦] 英国的基本公共服务主要在社区层面实现，如医疗卫生服务、个人社会服务、公共安全服务、公共住房保

---

① 郑晓东：《美国城市社区自治的现状与趋势》，载《浙江学刊》2008年第5期。

② 易承志：《美国的大都市区政府治理实践》，载《城市问题》2011年第6期。

③ 参见施雪华、孔凡义：《美国社区治理及其启示》，载《山西大学学报（哲学社会科学版）》2008年第4期。

④ 参见姜雷、陈敬良：《美国城市社区治理实践及其对我国社区工作的启示》，载《北京工业大学学报（社会科学版）》2011年第5期。

⑤ 参见滕五晓：《社区安全治理：理论与实务》，上海三联书店2014年版，第185～187页。

⑥ 如英国都铎王朝时期就已经有以堂区为主的社区自治模式。参见邓云清：《转型时期伦敦的堂区政府与社区自治》，载《社会科学战线》2014年第6期。

⑦ 参见王红艳：《社区治理的英国经验及其启示》，载《福建论坛·人文社会科学版》2014年第11期。

障服务等,其中公共安全服务包括睦邻警察服务、邻里守望项目和社区矫正等。[①] 为实现这些目标,英国采取的是政府提供资金支持,由企业与公共服务组织的公民具体提供社区服务。[②] 由此,"英国社区重建的核心就是建立政府、私营部门、社区组织、社会中介组织、居民之间的'战略伙伴关系',即通过面对面的协商,把当地不同的政府部门、私营企业、社区组织、社会中介组织整合为一体,共同配置社会资源,使不同部门之间相互提供服务、相互扶持、共同协作"[③]。这样,社区自由的空间也就被开拓出来,社区能够自主决定所提供的公共服务,而且由于它与政府等是合作关系,所以彼此能够进行沟通,以最大限度发挥整个社会的力量而不是由单一主体独立决策。

加拿大社区自治也相当有特点。加拿大的社区与国家也非上下级控制关系,而是伙伴关系,社区居民通过自治组织直接参与社区内的公共事务管理。作为政府的伙伴,社区"有责任向政府提出各种意见和建议,如关于城市发展规划、交通改善、环境保护、城市绿化美化、商业社区建设、教育、税收、社会治安、残疾人帮助、儿童福利、老人照顾、犯罪预防等等,并组织公民监督检查政府对其意见的采纳和改进情况,在选举时,以直接选举的方式表明自己的态度"[④]。社区自治在自治性的前提下,具有相当程度的志愿性,社区自治组织的多数成员都是志愿者。[⑤] 同时,在加拿大的社区服务提供中,非营利组织发挥了极为重要的作用。志愿者与非营利组织共同构成了加拿大社区自治中非政府的主体部分。而非营利组织实际上具有相当的专业性,以社会治安为例,加拿大的非营利组织在家庭、儿童、青少年的预防性早期干涉及纠正、治疗等方面发挥了积极作用,并对青少年的卖淫、吸毒和犯罪等问题有专门的服务项目。[⑥]

日本的社区治理则带有混合型的特征。日本以前也采取集权型行政体制,通过自上而下的权力触角实现对社区的控制。但受制于国家财政状况,

---

① 参见曾映明:《英国的社区治理》,载《特区实践与理论》2010 年第 2 期。

② 参见阎耀军、李佳佳:《英国政府社区治理政策与实践及对我国的启示》,载《北京工业大学学报(社会科学版)》2014 年第 4 期。

③ 陈伟东:《社区自治:自组织网络与制度设置》,中国社会科学出版社 2004 年版,第 136 页。

④ 王琳:《治理与自治——中加社区管理模式的比较》,载《培正商学院学报》2004 年第 1 期。

⑤ 参见王璘:《中国与加拿大社区建设比较》,载《岭南学刊》2003 年第 4 期。

⑥ 参见马西恒、[加]鲍勃·谢比伯等:《中加社区治理模式比较研究》,上海人民出版社 2006 年版,第 71、74 页。

日本的集权型行政体制逐渐向分权型行政体制过渡[1]，结果反而促进了社区自治的发展。社区自治的主要目的是优化生活环境、提高生活质量、加强人际交流[2]，且主要依赖于自治组织町内会。町内会主要发挥社区日常事务的自主处理、社区文化建设与举办会员联谊活动、环境保护、预防灾害与危机管理、协调社区内组织、组织游说发挥压力集团作用等功能。[3] 由此，日本的社区管理形成了国家、市场与社区协调管理的基本结构。

总体来看：第一，西方国家社区自治的形成有着现实的必然性，福利国家的发展对政府形成了巨大的财政压力，单一由政府来处理社区问题所带来的困境已经成为多数国家不得不面对的问题。第二，西方国家社区自治是民主发生的内在需求，社区居民参与自身生活环境的运行过程，能够更畅通地表达自身的意愿，且能得到更高效的回应。第三，西方国家社区自治主要通过塑造更加合理的政府、社区、第三方关系来实现，不同主体的优势被充分发挥，而且能够有针对性地优化组合。第四，西方国家的社区自治所带来的效果是多元性的，相较于直接的社区治安而言，社区自治更注重通过塑造良好的社区环境、人际关系和生活状态来消除违法犯罪的社区土壤。

三、西方国家社区自治对我国社会治安综合治理的借鉴

社区治安是社区自治的当然组成部分，但仅从表面来看，社会治安综合治理只是西方国家社区自治的一部分。那么社区自治究竟能够为社会治安综合治理带来什么样的启示？这是值得我们探讨的。实际上社会治安综合治理的“打防结合、预防为主，专群结合、依靠群众”已经充分说明社区自治能够为我们提供的借鉴。社区自治的优势恰恰在于不仅提供了直接的社区治安服务，而且通过改良社区环境、优化社区人际关系、增强社区居民的团结和凝聚力起到了从根源上解决社会治安问题的作用。

首先，西方的社区自治为我国提供的主要借鉴就是如何在资源有限的情况下充分调动各方面的力量推动社区自治。社会治安综合治理是在我国改革开放后犯罪形势日趋严峻的情况下提出来的。尽管有学者提出，社会

---

① 参见[日]中田实：《日本的居民自治组织“町内会”的特点与研究意义》，载《社会学研究》1997年第4期。

② 参见田晓虹：《日本社区建设管窥》，载《学术月刊》1996年第4期。

③ 参见卢学晖：《日本社区治理的模式、理念与结构——以混合型模式为中心的分析》，载《日本研究》2015年第2期。

治安综合治理是社会主义能够集中力量办大事的体现[①]，但这并未缓和因我国社会治安力量的薄弱而带来的愈演愈烈的犯罪恶化状况。实际上，学者已经提出宽严相济的刑事政策来化解治安需求与治安力量之间的矛盾。[②]然而与这种现实形成鲜明对比的是，我国理论与实践仍旧对传统治安模式情有独钟。目前，我国的社区治安采取的是职业化、专门化的模式。“社区治安管理的主体是各参与社区治安管理的组织”[③]，社会治安以全职性、区域性、群众性、长期性、社会性为特征[④]，以依法进行社区治安管理、专群结合群防群治、齐抓共管综合治理为原则。[⑤] 但国家在社会治安综合治理中的主体性地位并未受到撼动。尽管我们已经明确提出了专群结合、依靠群众的原则，但这样是否足以发挥群众的全部能动性进而动员整个社会为治安做出贡献？现在来看，这是很值得怀疑的。

从西方国家的社区自治实践来看，社区自治在当今的兴起，与西方政府所面临的资源紧缺尤其是财政紧张存在紧密关系。因此，政府逐渐在社区治理中退出，主要发挥政策、资金等方面的功能，更多具体的事项开始交给社区自身。这使得一方面，社区自身的力量受到重视，政府权力逐步让位于社区自治。在这种情况下，“政府职能的弛张是社区自治的前提，政府职能架构的调整，也就是政府各部门对公共事务管理与服务的明确分工，是社区自治的政治条件，是社区自治的第一伙伴”[⑥]。另一方面，社会组织的力量得到重视，而且社会组织在坚持自愿、自治原则的基础上保持了与政府的关系。如从美国来看，“政府部门投资主要用于加强社区组织的能力建设，达到可持续的社区建设和发展，如社区发展公司、学校和教会等。贫困城市社区往往缺乏这样的制度建设，因此公共基金应当首先用于提高社区组织的组织能力，而不是投向具体的项目”[⑦]。

我国也强调社区自治，“从发展方向和发展趋势上看，我国城市社区管理体制改革的中心内容是推进基层民主自治”[⑧]。有学者认为，我国社区重

---

① 参见华乃强：《社会治安综合治理概念源头考》，载《公安学刊》2009 年第 3 期。

② 参见房绪兴：《“宽严相济”与“轻轻重重”的刑事政策》，载《中国人民公安大学学报(社会科学版)》2008 年第 1 期。

③ 娄成武、孙萍主编：《社区管理学》，高等教育出版社 2006 年版，第 243 页。

④ 参见娄成武、孙萍主编：《社区管理学》，高等教育出版社 2006 年版，第 245～246 页

⑤ 参见娄成武、孙萍主编：《社区管理学》，高等教育出版社 2006 年版，第 247～251 页。

⑥ 于燕燕：《社区自治与政府职能转变》，中国社会出版社 2005 年版，第 94 页。

⑦ 严浩主编：《我国城市社区发展政策研究》，中国计划出版社 2002 年版，第 149 页。

⑧ 张俊芳：《中国城市社区的组织与管理》，东南大学出版社 2004 年版，第 153 页。

视“培育社区自身力量，将社区自治作为社区建设的最终目标”[①]。但社区自治的主体却受到政府很大的钳制。与西方国家相比，我国的社区社会组织仍然处于初级发展阶段。[②] 尽管从改革开放以来，社会生活组成发生了从单位到社区的转变，这使得国家在社会管理上有所退出。“但是，国家的退出并不必然意味着社会自主性发展空间的拓展。恰恰相反，国家消极退却的社会管理空白没有得到社会力量的及时弥补。”[③]由此带来了社会治理（包括社会治安）上的困境。结果，“国家权力的再度延伸是城市基层政权建设的需要，也是基层民主发展的前提条件。但是国家对基层社区的整合路径却不可能再度遵循全能国家的建设思路，这意味着，国家特别是基层政权必然要使用多元的弹性方法和政策工具再度为基层社会提供公共秩序”[④]。在国家法律明确规定村、社区应该实现自治的情况下，很多地方无论是村两委还是城市的居民委员会逐渐转变成了乡、镇政府的行政执行机构。“居委会的组织类型具有了双重代理人的身份：一是代表国家（基层政权）向居民（社会）传递国家意志，二是代表居民向国家表达意见。”[⑤]但实际上，“居委会作为国家代理人的角色是隐讳的但却是实在的，居民利益代表者的角色是显在的但却是软弱的”[⑥]。

由此来看，在社区的治理中，国家试图将治安问题的解决建立在一个基本前提下，即国家对社会牢牢的掌握。因此，“虽然国家不放弃发展基层民主的承诺，但是，建构稳固的基层政权秩序和严密的行政管理网络仍然是国家的核心改革愿望”[⑦]。国家对于社区管理体制的构建原则为：第一，党政主导，各方参与；第二，重心下移，立足基层；第三，管理与服务相结合。[⑧] 然而在这些原则之下，社会的多元力量难以被充分发挥出来。从西方社区自治的实践来看，社区自身、第三方力量（尤其是非营利社会组织）发挥着极为重要的作用。他们能够提出更为有效的社区服务，也能够一定程度缓和政府失灵的局面。政府权力收缩，社区、第三方组织以自治为中心充分发挥各自

---

① 王青山、刘继同：《中国社区建设模式研究》，中国社会科学出版社 2004 年版，第 251 页。

② 参见王名：《社会组织论纲》，社会科学文献出版社 2013 年版，第 177 页。

③ 王巍：《社区治理结构变迁中的国家与社会》，中国社会科学出版社 2009 年版，第 58 页。

④ 王巍：《社区治理结构变迁中的国家与社会》，中国社会科学出版社 2009 年版，第 59 页。

⑤ 何艳玲：《都市街区中的国家与社会——乐街调查》，社会科学文献出版社 2007 年版，第 113～114 页。

⑥ 王巍：《社区治理结构变迁中的国家与社会》，中国社会科学出版社 2009 年版，第 130 页。

⑦ 王巍：《社区治理结构变迁中的国家与社会》，中国社会科学出版社 2009 年版，第 60 页。

⑧ 参见顾建键主编：《现代社区管理概论》，上海人民出版社 2007 年版，第 62～63 页。

的优势，这样才能促使社区治安最大限度地发挥作用。

其次，西方社区自治为如何建立起更加有效的治安防控网络提供借鉴。从我国学者的观点来看，大多数人已经认识到社区自治组织在社会治安方面能够发挥的作用。如有人提出，“居委会是基层群众性的自治组织，搞好社区治安、维护社会稳定是其义不容辞的责任，同时，在这方面它还有着其他组织不可替代的作用。”第一，宣传宪法、法律、法规和国家政策，维护居民的合法权益；第二，开展多种形式的社区精神文明建设活动；第三，沟通社区居民与相应管理机关的关系，反映社情民意；第四，积极开展社区治安服务工作；第五，协助有关机关预防和打击各种形式的违法犯罪活动。[①] 但是，这种观点主要单方面强调社区自治组织能够做什么。也有人持不同看法，如社区安全管理的原则有自治原则、谁主管谁负责原则、预防为主原则、专门机关管理和依靠群众相结合的原则。[②] 社区安全自治管理与服务组织包括社区居民委员会、社区治安保卫委员会、社区人民调解委员会、社区居民自愿组织。[③] 其中社区居民志愿组织包括治安联防队、义务消防队、邻里守望组织、看楼护院小组、帮教小组等。[④] 相比之下，这种看法更加强调社区安全的自治性。

但实际上这两种看法都尚未意识到社区组织在推动社区治安方面的根本性运行网络。西方社区自治强调国家、社区和第三方组织的共同作用。其实，这三者并非是简单的合作关系，而是有着深刻的运作连续性。社区是治安问题的发生地，社区居民对社区治安的好坏有着切身体会。因此，当社区居民感受到社区治安状况发生变化时，他们有两种处理策略：第一，遵循自治的逻辑，当社区居民感受到治安压力时，可以提高社区自身预防犯罪的能力，如开展邻里守望、增加社区巡逻等，这样他们就能直接通过自身的努力来改善社区治安状况。第二，通过民主的形式对政府形成压力，要求政府提供更好的社区治安服务，而当政府获取相关信息后，基于选举压力等可能会直接提供社区资金、增强警力或者资助第三方提供治安服务。一般来说，在社区自治的模式下，更有可能同时以两种处理方式存在。这样，国家、社区、第三方——自治逻辑和民主逻辑共同将“压力→反馈”模式充分运用于社区治安过程中，不仅社区自身能够发挥更大的作用，而且自治的社区往往

---

① 参见顾建键主编：《现代社区管理概论》，上海人民出版社 2007 年版，第 309～311 页。

② 参见郑孟望：《社区安全管理与服务》，湖南大学出版社 2009 年版，第 6～9 页。

③ 参见郑孟望：《社区安全管理与服务》，湖南大学出版社 2009 年版，第 21～27 页。

④ 参见郑孟望：《社区安全管理与服务》，湖南大学出版社 2009 年版，第 26～27 页。

以群体的方式对政府形成民主压力，增加其有效性。

因此，西方社区自治也并未完全排斥国家的作用，他们主要解决的是国家应该扮演什么角色和如何扮演这样的问题。实际上，西方国家社区自治能够取得良好效果，还有一个重要的原因，那就是：相比较而言，西方社会有着悠久的公民精神，志愿活动也发展得很早。而我国的公民精神呢？费孝通先生在20世纪提出的差序格局几乎成为中国人公共意识认知的共识。因此，对我国的社会治安综合治理来说，充分发挥社会的作用，形成新形势下以社区自治为基础的专群结合、依赖群众的模式有其必要性，但这并不排除国家在其中发挥的政策指导和资金支持等作用。这既是对西方社区自治全面认识的结果，也是对我国社区公民意识认知的结果。

第三节　社会治安治理与警务运动

如果说社区自治更大的作用在于改善社区环境、消除犯罪土壤，那么西方的警务运动则直接面向恶化的治安状况。警察是站在社会治安第一线的主体，承担着打击犯罪的重担。秩序是社会存续的前提，越轨则是任何社会不可避免的现象，因此，社会秩序的稳定成为每个社会的必然需求。我国很早就已经出现具有治安职能的政府官吏，但我国的现代警察制度却引自西方。大卫·贝莱将现代警察制度的特征总结为公共性、专门性与职业性。公共性指的是现代警察作为政府机构的代表承担着维护公共安全的职责；专门性指的是现代警察具有执行法律和防止犯罪的明确使命；职业性指的是现代警察是一种全身心投入的、赖以为生的职业。[①] 现代警察制度相比于古代警察制度无论是从职业形态还是从职业目的等都已经发生了巨变。然而，近代以来，社会犯罪状况也发生了极大变化。警察制度在应对犯罪时也逐渐力不从心，因此警察制度不断进行自我革新，以应对社会变化。在我国的社会治安综合治理中，警察是主力军之一，而如何完善我国的警察制度使其发挥更大的功能，则需要我们从理论和实践的层面予以探索。我国现代的警察制度来自西方，西方的警察制度在某些方面确实走在世界前列，尤其

① 参见谢闻歌：《英美现代警察探源及其社会控制职能透析》，载《世界历史》2000年第6期。

是现代西方的警务运动尤其值得关注。[①] 本节试图对西方警务革命进行专门介绍，并进而分析其对我国的借鉴意义。

一、西方警务革命的介绍

西方警务革命是在西方警察制度基础上进行自我革新的结果。西方警察模式可以分为两种：第一种是大陆派的警察制度，采取半军事化的中央集权模式，如德国、法国、意大利、西班牙等；第二种是海洋派的警察模式，其警察力量主要依附于地方政府，如英国、美国、加拿大等。[②] 从西方警务运动的发展来看，近代西方警察制度发源于英国。1829 年，英国内政大臣罗伯特·比尔创建的伦敦大都市警察被西方社会认为是世界上最早的正式警察。这也是西方社会第一次警务革命。

第一次警务革命目的是应对工业革命背景下社会两极分化导致的犯罪激增局面。在英国早期非职业的治安法官、治安官、守夜人的治安模式下，维护社会治安的群体素质并不高，腐败、无能的现象十分严重。[③] 这导致英国的犯罪急剧恶化，社会动荡不安。由此，建立中央化、职业化的治安队伍来预防和打击犯罪，以取代以前社区自治性的非职业性治安模式，逐渐成为英国政府的选择。1829 年，罗伯特·比尔提出《大伦敦都市警察法》(The Metropolitan Police Act)议案并获得议会通过。这一新警察制度主要表现在三个方面：第一，建立了职业化的警察官僚队伍，不再像之前是义务性的自治队伍；第二，重视预防警务的功能，即通过定期巡逻来预防犯罪、镇压动乱和维持稳定；第三，强化警察素质，提供入伍和纪律要求。[④] 警察逐渐获得社会信任之后，开始承担各种不同的社会职能，如各种社会福利性工作等。[⑤]

第二次警务运动发生在美国。1930 年代以前，美国的警务被称为"政治

---

① 按照王大伟的观点，西方经历过四次警务革命(参见王大伟主编：《欧美警察科学原理——世界警务革命向何处去》，中国人民公安大学出版社 2007 年版，第 443 页)。而其《新警察专业化论——第五次警务革命向何处去》一文则提出第五次警务革命的概念。但考诸本文，西方警务的所谓革命更多的是理念更新而不是实践更新。前四次警务革命在警察制度和设备上都有极大的变化，但绝不只限于理念更新，因此本文仅以前四次警务运动为论述对象(王大伟：《新警察专业化论——第五次警务革命向何处去》，载《中国人民公安大学学报(社会科学版)》2012 年第 6 期)。

② 参见王宽弘等：《警察学总论》，五南图书出版股份有限公司 2001 年版，第 208～209 页。

③ 参见夏菲：《论英国警察权的变迁》，华东政法大学 2010 年博士学位论文，第 17～18 页。

④ 参见[英]罗伯特·雷纳：《警察与政治》，易继苍、朱俊瑞译，知识产权出版社 2008 年版，第 25 页。

⑤ 参见王小海：《英美与我国警察公共服务职能的历史变迁》，载《上海公安高等专科学校学报》2008 年第 1 期。

警务”。当时美国警察的权力来自地方自治政府，并以他们为主要资源供给方。因此，警察对地方政府具有强烈的依附性，两者同时形成一种特殊的利益交换。前者为后者的不断当选助力，而后者则默许前者的违法行为。①1929年，国家法律遵守与执行调查委员会的11号报告《法律执行中的不法行为》指出，当时美国警察存在“为了获取供认和陈述而让犯人遭受肉体或精神痛苦的刑讯逼供广泛存在”，其中包括连续讯问、威胁、恐吓、肉刑、非法拘禁、拒绝让嫌疑犯获得律师帮助等情况。② 针对这些情况，美国开始推行警察专业化运动。警察专业化的核心是警察与政治的分离，“其目的是通过专业化摆脱地方某种政治势力对警察的控制，促使警察成为一支高效率、高质量的文职化队伍”③。通过警察与政治的分离，警察的形象逐渐转变为对法律负责，公众也逐渐把警务与打击犯罪等同起来，警察逐渐成为社会的英雄，但又因其职业化而与公众之间的关系变得淡漠。甚至于20世纪50年代后期，警察与少数族裔、大学生之间屡屡发生冲突，公众认为，“警察成为一切阻碍和平、公平、正义实现的象征。警察和他们为之服务的社会处于敌对状态，执法主体与他们为之效力的群众之间的关系从未如此紧张过”④。为此，美国开始推行社区警务运行，这一运动实际上是美国的第四次警务革命，因为比第二次警务革命略晚但又具有同时性的第三次警务革命在欧美各国发生了。

第三次警务革命发生在欧美各国，其主要内容是警察装备的现代化，包括警用交通器材的现代化、警察指挥系统的现代化、警察信息系统的现代化。具体体现为四个现代化和三个增长。四个现代化为：第一，交通器材现代化，以车巡代替步巡；第二，通信现代化，个人对讲机普及，警察局以及警察局之间的通信网络迅速形成；第三，信息、指挥系统现代化，警用计算机信息系统全面完成；第四，个人装备现代化。三个增长为：人、财、物的迅速增

① 参见袁广林：《美国警察专业化运动述评》，载《中国人民公安大学学报（社会科学版）》2006年第2期。

② 参见夏勇、张小建、王焰编译：《美国警务发展的三个历史时期》，载《江苏警官学院学报》2003年第3期。

③ 王大伟主编：《欧美警察科学原理——世界警务革命向何处去》，中国人民公安大学出版社2007年版，第444页。

④ 夏勇、张小建、王焰编译：《美国警务发展的三个历史时期》，载《江苏警官学院学报》2003年第3期。

长。[①] 如在英国，警察人数从1966年到1991年增长了61%；警察具有高工资而且每年还会自动上调，由政府支付退休养老金，并享受住房、保险等补贴。[②] 不过，装备与待遇的提高并没有绝对遏制犯罪的增长，暴力犯罪反而大幅度增长，而且坐在巡逻车里的警务模式使得警民关系进一步疏远。

针对第二次和第三次警务革命后出现的情况，第四次警务革命提出有针对性的改革方案。第四次警务革命不再仅仅强调设备的更新换代，而是通过对犯罪的观察与分析，进行警察制度的调整，反而具有了警察非专业化时代的某些特征。在警务革命之前，警务采取专用打击犯罪的策略，而"专业打击犯罪策略在控制犯罪方面起到了重要作用，但是它的核心理念在于发现犯罪、逮捕犯罪嫌疑人，而不是致力于消除社区问题发生的根源"[③]。但随着犯罪环境的恶化，"公众要求警察把工作做在前头，要求其不仅要逮捕已犯了罪的人，更要他们去预防犯罪"[④]。警务需求从打击犯罪到预防的转变意味着既有的警务模式必须要发生转变，而预防犯罪应该是利用多元化力量。因此，社区警务导向成为欧美警务革命发展的趋势。社区警务的基本原理有三点：第一，抑制犯罪的关键在社区，而不在警察；第二，警察人数的增长与减少犯罪、增加破案率几乎无关；第三，公众需要的是警察，而不是武装到牙齿的机器人。[⑤] 而从具体改革措施来看，警务运动有以下方面值得注意：第一，不再单纯注重人、财、物的投入，而是将重点放到社区，以社区居民作为警力的后备，以质取胜。第二，不再过分追求警察装备的更新换代，而是要求转变警察服务风格，注重满足民众需求。第三，从被动警务转向主动警务，从打击犯罪为主演化成预防犯罪为主。第四，将单一的巡逻与刑侦转变为社区警务，提供社区服务。第五，形成对警察的多标准评价体系，注重公众评价的意义。第六，将打击犯罪的主体从警察中心转移到社会中心，树立全民皆警的理念。第七，注重中央政府与地方政府的配合，警务不再是单一的中央事务或地方事务。第八，注重警务合作，不仅推进国内合作而且

---

① 参见黎津平：《试论世界警务的四次革命》，载《警学研究》1996年第2期；王大伟主编：《欧美警察科学原理——世界警务革命向何处去》，中国人民公安大学出版社2007年版，第444页。

② 参见王大伟：《西方警务改革的历史与趋势》，载《人民公安》2001年第23期。

③ 王小海：《社区警务是这样产生的——美国警察的理念与实践》，载《贵州社会科学》2015年第1期。

④ 夏勇、张小建、王焰编译：《美国警务发展的三个历史时期》，载《江苏警官学院学报》2003年第3期。

⑤ 参见王大伟主编：《欧美警察科学原理——世界警务革命向何处去》，中国人民公安大学出版社2007年版，第447页。

推行国际合作。第九，推崇警察性质的军事化与平民化相结合的观念，即宣传上注重平民化，组织建设上注重准军事化。第十，允许私人警察的发展，增强警察的整体力量。①

经过这四次警务运动，欧美国家在预防犯罪、打击犯罪等方面有了长足的进步。此外，层出不穷的犯罪现象依然推进着欧美警务的不断自我革新，以提高自身打击犯罪、维护社会治安的能力。如美国人魁斯特佛·斯顿在2011年提出了"警务改革新专业化"，希望警务在推行承担责任性、有效执法性、改革创新性和改革整体性等方面作出努力。② 正是这种不满足于现状、对警务更高标准的要求的精神推动着欧美警务的持续革新，也为我们建设更好的中国警务提供了有价值的借鉴。

二、西方警务革命的经验总结

西方警务革命经过近两百年的发展，有其自身的优势。尽管欧美警务运动有其时代与地缘的特殊性，但在犯罪与人性、打击犯罪的目的与手段中，古今中外实际上多有相似之处。通过发掘西方警务运动的内在合理性，我们可以从中发现很多可取的地方。下面先对西方警务革命之所以取得一定成绩的经验进行总结，在此基础上再提出对我国的意义。

(一)注重目的性与手段性的结合

现在来看，西方警务革命，其目的性十分明确，直接目的是打击犯罪，根本目的是保证民众利益，手段则是多元化的。但从早期来看，直接目的性曾经阻滞了警务运动的发展。如英国克伦威尔时期，曾经试图建立宪兵警察以保卫自己的统治，但第二年就旋即失败。③ 不纯粹的目的容易导致警务改革的失败。而在1829年第一次警务革命之前，英国政府就已经提出要针对恶化的犯罪环境进行警务改革，但因为其与英国的自治理念不合，所以屡屡遭到挫败。警务革命具有目的上的明确性，但现实制度设计上始终将自治作为直接目的予以保障。至少，警务在英国当时就承担着保卫自治的功能，这导致它无法最大限度地发挥打击犯罪的功能。甚至是第一次警务革命的

---

① 参见王大伟主编:《欧美警察科学原理——世界警务革命向何处去》，中国人民公安大学出版社2007年版，第448～449页。

② 参见王大伟:《新警察专业化论——第五次警务革命向何处去》，载《中国人民公安大学学报(社会科学版)》2012年第6期。

③ 参见孟庆超:《论中国传统警察的"秩序化"——兼与英国传统警察的比较》，载《政法学刊》2005年第3期。

《大伦敦都市警察法》,其通过也是以排除其在伦敦市的适用为前提的。[①] 因此,在第二次警务运动中,警察与政治的分离实际上继续扮演着使警务直接目的单一化的角色。通过警察与政治的分离,警察不再为政治领袖服务,而且警务手段也被限定在更加合理的范围内。在直接目的单一化之后,不同的手段也就得以充分发挥作用。无论是理念革新还是装备革新,甚至于私人警察的发展,这些措施无不围绕着以手段实现直接目的这样的逻辑发挥作用。

(二)注重专业性与民主性的结合

尽管警务革命的直接目的是打击犯罪,但其根本目的是保障民众的利益。因此,民众对安全的感受,对警务的评价成为左右警务发展的重要力量。无论是哪一次警务革命都有着民众力量的作用。第一,民众的需求是警务革命发起的重要原因。无论是第一次警务革命前治安模式的腐败、无能,还是第二次警务革命前警察的贪腐、暴力,这都是民众的切身感受。可以说,从比尔时代,警务革命就已经开始注重公众感受在警务改革中的作用,并成为建立"新警察十二条原则"之一。[②] 约翰·安德逊曾直接指出:"社会变迁对警察的冲击主要体现在要求警察从被动反应的警务风格向主动先发警务风格转变,因为社会正在从专制走向民主。"[③]所以当第四次警务运动来临时,民众对警务的感受,对警察与自身之间隔阂的判断,更是警务革命需要遵循的重要原则。之后,民众感受进一步成为警务评价体系之一,警察的专业化之发展也是为了满足民众的需求,如早期警察专业化是为了满足民众对恶劣社会治安的不满。当纯粹的警察专业化使得民众失去对警察的信任时,第四次警务革命则提出平民化与军事化结合这一发展方向,实际上这就是调和警察专业性与民主性之间的关系。尽管有人提出,这种趋势是向第一次警务革命之前的义务警察(又称"更夫")靠拢,但这与传统治安模式有着本质的区别。

(三)注重直接性与根源性的结合

西方警务革命走过了从一开始的注重直接打击犯罪到注重从根源上解决犯罪的历程。警务革命以武装警察为起始。首先,警察的专业化、职业化提高了警察的内在素养,警察提高了应对犯罪的内在能力。其次,警察的非

---

① 参见夏菲:《论英国警察权的变迁》,华东政法大学 2010 年博士学位论文,第 29～30 页。

② 参见朱启禄、王大伟:《中西警务评价指标体系与比较》,载《公安大学学报》1995 年第 4 期。

③ 王大伟主编:《欧美警察科学原理——世界警务革命向何处去》,中国人民公安大学出版社 2007 年版,第 297 页。

政治化实际上弱化了影响警察职能的因素，使得警察能够集中力量打击犯罪，而不需要花费很多警力去迎合政治人物的想法。最后，警察的现代化通过用各种现代化装备来完善他们应对犯罪的外在能力，压制性的武装有利于对犯罪形成直接有效的打击。甚至于，社区警务的功能之一也是最大限度地发挥社会力量打击犯罪。但在不影响这些直接力量的基础上，第四次警务运动更加注重从根源上解决犯罪问题。约翰·安德逊提出："警察好比一棵大树。树上的枝枝杈杈是警察的不同警种和分工。前三次警务革命总是力图使这棵大树长高，再长高。可是树长高了，就长疯了，脱离了土壤。第四次警务革命才认识到：'树有多高，根有多深。'警察这棵大树要长高，树根必须深深扎在土壤之中，根深才能叶茂，大树才能硕果累累。这里的'土壤'就是社区。"[①]而从社区出发，警察就要深入社区，与社区居民建立良好的关系，加强预防性巡逻，并对社区居民的信息进行系统性搜集，以提高及时发现犯罪嫌疑人的能力。遏制犯罪的根本方式在于预防犯罪，因此，第四次警务革命希望建立起以预防犯罪的社区导向警务为第一级警务战略，以紧急救助与快速反应为第二级警务战略，以刑事侦查为第三级警务战略。[②] 这样实际上就形成了预防为主、防治结合的警务理念，并且能够从直接性与根源性两个层面实现打击犯罪的目的。

（四）注重理念性与实践性的结合

在西方警务运动的发展过程中，理论与实践都起到了非常重要的作用。一方面是整体警务革命层面的理论与实践革新。如第一次警务运动之所以能够践行，很大程度上依赖于当时警务与实践的真实情况。[③] 而之前如英国1693年的捕贼法、1748年亨利·菲尔丁开始的弓街治安模式、1792年的《米德尔塞克斯治安法官法》等都成为第一次警务革命的实践基础。以后历次警务革命莫不如此。实践推动理念的革新，针对第一次警务革命，比尔提出建立新式警察的十二条原则，后来又总结为九条原则。第四次警务革命中约翰·安德逊提出警务树原理。而整个警务革命又受到了问题导向警务、

① 王大伟主编：《欧美警察科学原理——世界警务革命向何处去》，中国人民公安大学出版社2007年版，第445页。

② 参见王大伟主编：《欧美警察科学原理——世界警务革命向何处去》，中国人民公安大学出版社2007年版，第446页。

③ 参见［英］罗伯特·雷纳：《警察与政治》，易继苍、朱俊瑞译，知识产权出版社2008年版，第21页。

“破窗”理论和新公共管理理论的影响。[①] 另一方面，个体警员层面也被要求同时具备理论与实践素质。警察的专业化要求“警察的工作需要特殊培训、技巧或能力，警察成员要致力于献身警察事业，以及警察成员在工作上享有一定程度的自治”[②]。这就提到了两种不同的要求。首先，警察必须具备实践能力，同时为了提高警察的实践能力，英国警察实行两年实习师徒制，美国实现上岗前半年培训制。[③] 而且他们不仅成为警察需要培训，成为警察之后也要进行在职培训或继续教育。[④] 培训与晋升也有密切的关系。其次，警察还要具有一定的信念，无论是献身于警察事业还是独立自主地处理某些问题都意味着警察必须具有一定的理论基础，对警察的性质、能力以及职业价值等有一定的了解，唯有如此才能更好地执行警务。

从这四方面来看，警务革命给我们提供两个层面的启示：第一，历史层面上，四次警务革命的发生、发展甚或衰落都有其时代性的原因，面向时代而又不拘泥于时代是西方警务不断革新、不断创新的基础。第二，共时层面的，纵观四次警务革命，实际上第四次警务革命也即社会警务运动是集大成的，它在实践与理念上都最值得推崇，也最能够体现现代西方警务现状，从而最值得我们参考。

三、西方警务革命对我国社会治安综合治理的借鉴

我国社会治安综合治理的基本原则是“打防结合、预防为主，专群结合、依靠群众”，这与西方第四次警务革命存在相通之处。两者都强调依靠社会力量推动社会治安，但又对怎样依靠社会力量、怎样实现社会力量与警察力量的均衡可能会存在态度上的差异。与我国警察制度的短暂发展不同，西方的警察制度已经有了数百年的历史。当西方进行警务革命时，他们实际也面临与我们大致相同的问题。也正因其如此，西方警务革命对我国而言更有意义和价值。

---

① 参见王小海：《社区警务是这样产生的——美国警察的理念与实践》，载《贵州社会科学》2015 年第 1 期。

② 王春梅：《警察职业专业化探源——从英美警察的专业化谈起》，载《公安学刊——浙江警察学院学报》2010 年第 5 期。

③ 参见王大伟主编：《欧美警察科学原理——世界警务革命向何处去》，中国人民公安大学出版社 2007 年版，第 103 页。

④ 参见胡祎、曹娜、孙景建、姚运玲：《美国警察制度与中国警察制度之比较——浅析我国警察制度的完善》，载《天府新论》2007 年第 S1 期。

(一)进一步提高警察的专业性

从西方警务革命的历史来看,专业性是警察主体提高自身应对能力的重要内容。我国学者认为主要包括职业知识、职业技能和职业伦理。[①] 也有学者提出更为多元的专业化要求:警察人员选用专业化、警察职权行使专业化、警察管理体制专业化、评价机制的专业化、监督和惩戒制度的专业化、警察文化氛围的专业化。[②] 仔细分析这些专业化要求,前者是对警员本身的要求,后者是对警察制度的要求,这些都值得思考。实际上,警察装备的专业化也应该成为专业化的内容,这也是西方第三次警务革命的主要内容。从警员素质来看,我国的警察队伍素质参差不齐,尽管具有公安大专或本科及以上学历的警员逐渐增多,但仍然有不少军队转业或社会招录人员。近些年来,有些地方警察低素质导致的社会问题不断出现,一定程度上也与之有关。从警察制度的专业化要求来看,我国的警察制度也存在多方面的问题。如最近的警察枪支管理问题屡见不鲜,警察行使职权的方式备受诟病,警察的评价机制也受制于内部行政关系,等等。我国警察的装备也与西方存在一定差距。从目的来看,警察专业性的提高,一方面为了提高应对突发性犯罪的能力,而且现在对这种应对能力开始提出越来越高的要求;另一方面则是警察从应对犯罪打击者转向社会服务者。如现在西方国家的警察开始承担更多的社会服务,功能多元化意味着警察素质应该更加多元化。合格警员的要求可能不再仅限于具有打击犯罪的能力,而且要求能够满足更多元的民众需求。这也应该成为我国警察专业化的努力方向。

(二)进一步提高警察的民主性

我国的警察在理念上与群众是血浓于水的关系。但在实践中,二者容易产生隔阂。相反,西方警务革命之后,公仆形象逐渐成为警察的标志性形象之一。他们所提供的服务可能包括"操作拘押设备、发放执照活动、监督选举、以行政辅助法院并保证人身安全、护送公共官员、拖走抛锚的卡车、写停车罚单、提供紧急医疗服务、将猫从树上抱下来、节日查户、打开锁死的汽车、帮助将自己锁到门外的人回家等。"[③]警察几乎 24 小时提供相关服务,已经成为社会特殊群体争夺的资源。实际上,我国的警察基本上也会提供这

---

① 参见袁广林:《警察职业素质论纲:专业化的视角》,载《中国人民公安大学学报(社会科学版)》2007 年第 4 期。

② 参见徐镇强:《警察专业化发展问题研究》,载《江苏警官学院学报》2009 年第 1 期。

③ 王大伟主编:《欧美警察科学原理——世界警务革命向何处去》,中国人民公安大学出版社 2007 年版,第 479 页。

些服务内容，但能否做到 24 小时全天候服务则是值得商榷的。而且，“随着我国政府职能的不断转变以及人民群众公共服务需求的不断增多，警察公共服务职能将会成为警察职能的重心”①。相关功能是否能够发挥作用，与群众对警察的观感有着十分重要的关系。另一方面，警察的考评与群众之间的关联性也值得进一步考虑。在我国现行体制下，警察是对上负责的，但不可否认，民众的社会评价对警察是具有一定的影响力的，但这种影响力如何能够转化成为现实影响力并制度化，是警察民主化必须反思的问题。西方警察功能的转变与其民主性关系紧密，而且现代警察功能的考评等都有民主性的参考，如西方国家有外部警务监督制度和通过民主选举来影响警务的制度。我国应该在这些方面作出进一步努力，促使群众对警察的评价能够更好地反馈到制度中，从而实现警察内部的优胜劣汰，这也是我国社会主义制度下警察为人民服务的宗旨之必然要求。

(三)进一步发挥社区居民打击和预防犯罪的作用

我国的社会治安综合治理强调“专群结合，依靠群众”，重视群众在打击和预防犯罪方面的作用。然而群众应该如何发挥作用并非十分清晰。有的强调群众自治组织在安全方面的宣传和教育②，有的强调应该发挥社区安全自治管理与包括社区居民委员会、社区治安保卫委员会、社区人民调解委员会、社区居民志愿组织等在内的服务组织的作用。③ 这大都是泛泛而谈，即使某些自治组织在发挥治安功能，但实际上多数都在政府的控制之下。相比之下，西方更加重视社区居民的自发性治安力量，警察与社区居民逐渐建立起互信型合作机制。“在打击重罪的斗争中，警察需要公众的合作；市民必须与警察保持联系，并报告他们所知道的信息。”④而在更为广泛的社区参与者中，市民也为社区潜在犯罪的消弭做出了重要贡献。这样，一方面社区居民可以配合警察打击直接的犯罪活动，另一方面社区内部也能够开展各种不同的活动来铲除犯罪土壤。

这三个方面实际上迎合着西方警务革命在打击犯罪与预防犯罪两个不同方面的努力。加强警察的专业性、提高警察素质，有助于提高警察打击犯

---

① 王小海：《英美与我国警察公共服务职能的历史变迁》，载《上海公安高等专科学校学报》2008 年第 1 期。

② 参见顾建键主编：《现代社区管理概论》，上海人民出版社 2007 年版，第 309～311 页。

③ 参见郑孟望：《社区安全管理与服务》，湖南大学出版社 2009 年版，第 21～27 页。

④ 闫月梅、李晖、庄芮、贾红梅编译：《社区治安与犯罪问题解决》，中国社会出版社 2004 年版，第57 页。

罪的能力；而提高警察的民主性，塑造更加和谐、互信的警民关系，则有助于形成全民皆警的氛围，进而对潜在犯罪分子形成最大程度的威慑。因此，我国警察制度应该从这几个方面借鉴西方警务革命，提高自身应对犯罪和预防犯罪的能力。

第六章 社会治安综合治理的改革路径

社会治理现代化是社会管理理念和方式的重要升级，是国家治理现代化的重要支撑，是维护社会稳定的有效途径。多年来，社会治安综合治理与时俱进，积累和创造了许多预防、打击犯罪、教育改造犯罪、挽救失足青少年等具有指导和推动意义的成功经验，需要很好地继承和坚持下去。但也应当看到，当今社会最重要的特征在于其复杂性、多元性、深层性，伴随利益阶层的固化、利益樊篱的加深和贫富差距的分化，由此所引致的社会矛盾和社会问题更加难以用统一、普适的管制工具加以消解，这是现阶段社会治安综合治理所面临的必然情势，给该项工作的推进、延展带来许多意想不到的困难，但同时也蕴藏了更多调整的空间和变革的机会，为社会治安综合治理改革路径的探索提供了难得的整合契机。这就要求我们要进一步寻求理论上的创新、观念上的突破，进而推进实践层面的工具手段的更新选择，秉持顺应趋势、与时俱进、开拓创新的改革原则，直面既存的顽疾和弊病，在理清社会治安综合治理的目标定位的基础上，从社会治安综合治理的体制改革、体系建设和制度规范三大层面上，强化资源整合、部门协调和动态调节，努力为我国社会治安综合治理探寻出一条既适应国情现状，又回应现实关切，对未来发展有较强指导和实践意义的综合性设计方案。

第一节　社会治安综合治理的应然目标

方向明确才能步履坚定，目标清晰方可凝心聚力。社会治安综合治理是一项艰巨的工程，只有明确目标，才能凝聚社会最大共识，才能汇聚社会正能量，才能聚集民智，才能真正把社会治安综合治理工作做好。社会治安综合治理的主要目标是：社会稳定，重大恶性案件和多发性案件得到有效的控制并逐步有所下降，社会丑恶现象大大减少，治安混乱的地区和单位彻底改观，治安秩序良好，群众有安全感。[①] 囿于特定的历史场景和制度传统，将社会治安综合治理的目标定位于社会既充满活力又和谐有序是合情合理的。但是，现在看来，我们认为这一主要目标并非唯一目标，以社会治安综合治理的方式，实现中华民族伟大复兴的中国梦才是其理想目标。这一目标深刻地反映了我国改革发展的趋势和要求，综合考虑了国际国内的形势和条件，为我们党在新的历史起点上进行社会治安综合治理指明了总的方向。

一、社会治安综合治理的目标确立依据

社会治安综合治理的目标确定不是任意的。因为“目标是根据客观现实发展的必然逻辑，运用理论所设计的未来前景。反过来，目标又是验证理论设计的试金石”[②]。社会治安综合治理的目标，就是在预定时期内，社会治安综合治理所要达到的治理水准与治安状态。社会治安综合治理的目标确立，既是社会治安综合治理实际工作的需要，也是社会治安综合治理理论建设的需要。社会治安综合治理目标的确立，不但有助于以目标总揽社会治安综合治理系统工程的全局，有利于各个组成部分或子系统结成统一的有机整体，形成统一意志，也有利于各组成部分分工合作，发挥子系统的特定功能，并及时根据设定目标进行理论的反思与修正。

我国社会治安综合治理目标的确立，既要考虑社会治安综合治理相关因素的综合作用，包括社会治安的现状、趋势，社会犯罪的诱发与控制因素，社会经济发展状况和趋势，社会生产对人民的物质文化需要满足的状况和趋势，社会风险的防控能力，公安、司法干部队伍的数量和质量、装备状况等，同时也要考虑社会治安综合治理的政策法律依据和理论研究的成果面向。总体来说，社会治安综合治理目标的确立应当包括以下四个方面的因素。

第一，社会治安现状。正确评判目前的社会治安综合治理的现状和发展趋势，是我们制订社会治安综合治理战略任务和目标的基础。只有正确

① 参见《全国人大常委会关于加强社会治安综合治理的决定》，载《新华月报》1991 年第 1 期。

② 马结、常远：《论社会治安综合治理的目标与指标体系》，载《政法论坛》1989 年第 3 期。

认识目前的社会治安综合治理状况和发展趋势，才能使我们所制定的社会治安综合治理的战略任务和目标建立在符合社会治安客观规律的科学基础之上。否则，社会治安综合治理目标就成了无本之木、无源之水。在定位社会治安综合治理目标时，各地应该从本单位、本部门、本乡、本县、本省市的实际情况出发，根据需要与可能，经过通盘考虑，实事求是地提出恰当的目标。没有结合社会治安综合治理现状的目标设定，或者目标太低或者目标过高，都会导致治安综合治理措施执行的偏差，不利于社会治安的有效防控与社会秩序的稳定和谐。

第二，社会治安防控能力。实际上，社会治安防控能力建设，也属于社会治安综合治理现状的范围。但是，我们这里单独列出，一方面意在强调和突出社会治安防控能力的建设意义，另一方面，也源于社会公众观察角度的差异。在社会公众的视野中，更多侧重于辖区的犯罪率、发案率等特定指标，而很少甚至也无从知晓公安干警以及司法机关的实际办公条件和防控能力。但是，对于社会治安综合治理所提出的人防、物防、技防等三个防控方式而言，社会治安综合治理的目标依据中必须考量这一综合防控能力，构筑立体化社会治安综合治理防控网络。

第三，社会公众诉求愿景。治理的核心价值是民主。公众参与就是公民及各类公民社会组织试图影响公共政策和公共生活的活动。列宁指出："民主是一种国家形式，一种国家形态。但另一方面，民主意味着在形式上承认公民一律平等，承认大家都有决定国家制度和管理国家的平等权利。"①在社会治安综合治理过程中，社会公众既是积极参与者，也有着自己的目标诉求愿景，有自由表达自己意愿影响公共生活的权利。不仅有利于弥补政府非完全理性和非社会整体利益主张的不足，也有利于协助政府提高公信力，有利于实现社会公平和正义，特别是有利于被排斥在主流政治和经济过程外的弱势群体，从而减少社会矛盾。

第四，政策法规理论依据。党的十七大提出要建立健全"党委领导、政府负责、社会协同、公众参与"的社会管理体制，党的十八大又将法治保障纳入社会管理体制中，这充分说明了法治在社会有序运行中的重要性。也就是说，社会治安综合治理的现代化，不仅要求治理要更加科学、更加民主，同时也要求这种综合治理更加制度化、规范化、程序化。当前的社会治安综合治理工作仍然主要靠党和政府，特别是党的权威来推行，综合治理工作法治

---

① 《列宁选集》第3卷，人民出版社1995年版，第257页。

化的目标应当是逐渐摆脱过度依赖权威控制运作的格局，实现人治模式向法治模式的转变。因此，社会治安综合治理目标设定也必须以现有的政策法律法规甚至与时俱进的理论学说为依据。

总之，社会治安综合治理是一个复杂的多因素、多变量的社会系统工程。它的目标的确立，不但需要从我国社会治安综合治理的全局和战略出发，而且还必须以社会治安现状、防控能力、社会公众需求和政策法规为指导和依托。只有把社会治安综合治理的目标决策纳入国家治理现代化的轨道，或者作为它的必要组成部分，才会获得良好的目标决策的效果。

二、社会治安综合治理的目标评价标准

国外社会治安综合治理目标评价标准体系包括的内容相当丰富，可以设想几乎每个国家对自己都有多种评价指标。而且，对于社会治安综合治理目标的评判标准都是复合性的。也就是说，社会治安综合治理的目标评价标准体系中，既有主观指标也有客观指标，既注重过程也注重治理结果，由多个分解指标汇聚，使整个指标体系具有聚合性与系统性。每一种指标体系在其设立之初，都渗透着设计者的某种主导理念。

在我国，自从提出把综合治理作为解决社会治安问题的一个总方针以来，社会治安综合治理的战略任务和目标就已经明确。归纳起来，就是组织社会各方面的力量，综合运用政治的、经济的、法律的、行政的、教育的、文化的各种手段，预防和控制违法犯罪，做到经济发展、治安稳定，为改革和建设创造良好的社会秩序，维护国家的长治久安。这一目标既回应了人民群众的期盼和关切，也为我们党在改革处于克难攻坚时期带领人民创新社会治理凝集了力量。

同时，社会治安综合治理所要实现的目标并不是一个单一性的目标，而是多个目标的复合体。既要实现社会治安的工作目标，又要实现建设和谐社会的目标，还要讲求经济效益，不能不顾经济成本。也就是说，这是一个政策性、技术性、艺术性很强的问题。尽管不同时期、不同地域经济发展的不平衡和改革力度的差异，决定了其社会治安综合治理的实际情况各有特点，社会治安综合治理的目标体系也各有差异。但是就宏观而言，社会治安综合治理的目标体系是把“政治安全优先、社会和谐有序为主、兼顾经济发展”作为目标模式，即是政治安全、社会和谐、经济发展的综合平衡。所以，评价社会治安综合治理的目标评价标准应当是一个综合评价体系。

另外，因为社会治安综合治理的目标评价标准体系的构建本身是有规

律可循的，既要精炼实用，又要系统全面，既要能对现状给以评价，又要能对今后的工作产生推动作用，这样的评价标准体系才是有效的。在对国内外有关社会治安综合治理目标评价标准初步分析的基础上，结合中国当前社会治安综合治理实践，我们认为，中国社会治安综合治理目标评价标准可以从以下三个方面入手。

首先，社会治安综合治理的政治安全标准。政治安全是指一定社会的政治系统保持动态的有序性和连续性。具体来说，它是指没有全局性的政治动荡和社会骚乱，政权不发生突发性质变，公民不是用非法手段来参与政治或夺取权力，政府也不采用暴力或强制手段压制公民政治行为，以此维护社会秩序。简言之，政治安全不仅是极重要的民生问题，也关乎最基本的发展环境，政治安全是把社会冲突控制在一定的秩序之内。我们党要巩固执政地位，要团结带领人民坚持和发展中国特色社会主义，通过社会治安综合治理保证政治安全是头等大事。政治安全是国家安全和社会稳定的核心，事关最广大人民的根本利益，事关“两个一百年”奋斗目标和中华民族伟大复兴中国梦的实现。

其次，社会治安综合治理的社会和谐标准。实现社会和谐，建设美好社会，始终是人类孜孜以求的一个社会理想，也是包括中国共产党在内的马克思主义政党不懈追求的一个社会理想。人民对美好生活的向往，就是我们的奋斗目标。社会主义和谐社会，是中国共产党 2004 年提出的一种社会发展战略目标，指的是一种和睦、融洽并且各阶层齐心协力的社会状态。十八届三中全会发出了创新社会治理的号召，提出最大限度增加和谐因素，增强社会发展活力，提高社会治理水平，同时改进社会治理方式，激发社会组织活力，创新有效预防和化解社会矛盾体制。当前，维护社会和谐稳定是社会治安综合治理的基本任务。二十多年的实践充分证明，社会治安综合治理是解决社会治安问题的科学方针。只有切实加强社会治安综合治理，抓好排查和预警，抓好打击和防范，抓好服务和管理，才可以有效维护社会和谐稳定。

最后，社会治安综合治理的经济发展标准。实践证明，社会治安综合治理水平是决定经济发展的重要因素。充分发挥社会治安综合治理优势，可以为地方经济发展保驾护航。社会管理综合治理是我们党的政治优势和社会主义制度优势的集中体现，是符合我国国情、维护社会治安稳定的科学方针，是坚持和发展中国特色社会主义事业的重要保证，因此必须长期坚持，并在继承中创新、发展。当前，中国正处于“十三五”规划部署的关键时期，抓好社会治安综合治理工作尤为重要，当然任务也更加艰巨。面对新形势、新任务，社会治安综合治理工作只能加强，不能削弱。把社会治安综合治理纳入当地经济社会发展考核因素与评判指标具有很强的现实意义。

当然，建立完备的目标系统是运行的前提和重要依据。在这个庞大复杂的社会治安综合治理目标评价标准系统中，各个子系统又有自己的目标，各个子机制也有自己的目标。但是它们都是社会治安综合治理总目标的延伸，决定于并服务于社会治安综合治理的总目标。

三、社会治安综合治理的目标层次设定

目标就是旗帜，旗帜就是力量。如上所述，社会治安综合治理目标是社会治安治理多元主体进行社会治安综合治理期望达到的主观设想，是主观意识对于客观现实的反映程度，能为具体社会治安综合治理实践活动指明方向。[①] 同时，社会治安综合治理目标体系又是复杂庞大的，而且还会呈现动态变化的特征。在这一庞大复杂的目标体系中有多个不同目标，不同目标之间存在层次上的差异和联系。因此，根据我国现实情况和制度设计的需要，可以将社会治理目标划分为终极目标与具体目标两个层次。

首先，社会治安综合治理所追求的目标是建立稳定、安全、和谐的区域性社会秩序。构建和谐社会，建设美丽中国，既是马克思主义的不懈追求，也是我们党和人民不断追寻的社会主义理想。因此，从这一意义上来说，社会治安综合治理的终极目标是促进社会和谐发展。

其次，对于社会治安综合治理目标的具体设定，有学者从发案率、破案率、重新犯罪率、重大刑事案件在刑事案件中所占的比例、违法犯罪和治安灾害造成的人身伤亡和财产损失综合统计指标、安全感和安全度等角度进行过分析。[②] 但是，这一分析过多依赖国家司法机关的统计数字，社会公众的评价因素相对不足，而且数字统计受各种因素影响，难免出现不实数据，这样容易造成评价失真，同时也不利于提高公民参与社会治安综合治理的积极性。因此，我们认为可以从以下几个方面来设计：

---

① 参见陈成文、赵杏梓：《社会治理：一个概念的社会学考评及其意义》，载《湖南师范大学社会科学学报》2014 年第 5 期。

② 参见周忠伟：《对社会治安综合治理政策的分析》，载《武汉公安干部学院学报》2007 年第 1 期。

（一）公民权利的保护程度

“没有一个伟大的民族不尊重权利。”[①]国家主权在民，充分尊重和保障公民权利是社会治理现代化的价值追求。在中国，与社会治安综合治理工作相关联的“严打”斗争、收容审查、刑事羁押等方面都有过限制、侵犯人权的情况，这些问题有些已经得到了纠正。但是，类似于强摊、强派，强拆、强征等一幕幕权力“乱作为”闹剧，还在各地普遍上演着。当然，尊重和保障人权是近年来执政理念提升的显著标志。关于尊重和保障人权问题，已经写入党的十五大、十六大文件之中，2004年又写入宪法之中。社会治安综合治理也内在地要求公民平等参与关乎己身利益的公共事务治理过程，参与国家的权力运转和政策制定，充分共享社会改革、经济发展的文明成果。因此，在综合治理实践中，面对复杂局面、深层次问题，必须真正树立以人为本的观念，重视人权的尊重与保护。

（二）社会公平维护程度

公平是人类孜孜以求的目标，是社会得以良性运行的重要基础，是构建和谐社会的核心价值理念。社会治安综合治理必须致力于创造权利公平、机会公平、规则公平，使民主、公正、自由、平等的观念深入民心，并以促进社会公平正义、增进人民福祉为出发点和落脚点。促进社会公平，是科学发展之本，是社会治理之基，更是社会和谐稳定的根本。“社会主义法治的公平正义，表现在社会治安综合治理方面，就是公平综治。”[②]当前，城乡分治的“二元结构”堪称中国社会的特殊现象，也是中国社会治安综合治理的突出问题。农村人口在就业、教育、社会保障等各个方面与城市人口基本上是双轨制，城乡硬件建设也差别甚大，以致于“城市像欧洲，农村像非洲”。伴随着经济快速发展，农村劳动力加速转移，大量流动人口不断涌向经济发达地区，客观上导致了这些地方在城乡“二元结构”的基础上，又叠加了本地人与外来人这一新的“二元结构”。社会双重“二元结构”，再加上贫富差距扩大、地区发展不平衡等因素，共同形成阻隔基本公共服务均衡“流动”的最大藩篱，构成影响和制约我国和谐社会建设的严重障碍，成为引发社会矛盾、影响社会稳定、阻碍社会融合的重大消极因素。[③] 因此，要从根本上缓解社会治安综合治理的压力，不仅要实行“打防并举”的治标策略，更重要的是建立

① [法]托克维尔：《论美国的民主》(上)，董果良译，商务印书馆1987年版，第387页。

② 金其高：《论社会主义法治与社会治安综合治理的关系》，载《江西警察学院学报》2011年第2期。

③ 参见殷昭举：《中国社会治理的现代化》，载《社会学评论》2014年第3期。

公平综治的法治环境。

（三）政治安全稳定程度

党的十一届三中全会以来的实践证明，改革是振兴中国的唯一出路。实践也充分证明，加强社会治安综合治理工作是实行改革的重要保证。没有稳定的政治安全环境和全社会的安定团结，经济建设搞不成，“十三五”发展规划和“四个全面”的体系建设就只能是一句空话。两者之间紧密联系，相互作用，相辅相成。当代中国经济快速发展，社会处于转型之中，社会稳定面临严重挑战，成为国家面临的重要难题。现代型社会治安综合治理工作体系的设计，应适应和服务于有效控制犯罪的总体目标。当前的社会矛盾主要集中在劳动就业、劳资纠纷、复退转军人生活待遇、征地拆迁、融资集资、计划生育、村务管理、农村土地承包经营、社会保障、环境污染等方面，特别是基层群众受传统伦理道德、文化习俗和现代市场经济的多重影响，宗族纠纷、土地纠纷、劳资纠纷、环境保护等问题诱发的群体性事件逐渐增多，严重影响了政治安全与社会稳定，因此必须加强源头治理方面，更加注重民生和制度建设，坚持科学民主依法决策，防止和减少社会问题产生。

（四）法治制度体系完善程度

完善的经济社会和真正的权利时代的社会治安综合治理的模式，是具有系统的法治化和法治的系统化为典型特征的模式。当前，社会治安综合治理体系还不健全、科学，而且政策的成分多于法制的成分，还远没有形成统一的、稳定的、连续的法律实施活动。关于社会治安综合治理的依据主要有两个特点：一是政策性、纲领性的文件较多。二是各地经验性、尝试性的工作体会较多。尽管社会治安综合治理立法似乎初具规模，但仍存在以下突出问题：(1)全国人大常委会关于加强社会治安综合治理的立法相对滞后；(2)各地方社会治安综合治理条例修订不及时，且创新性不够；(3)社会治安综合治理机构的法律地位存在争议；(4)违法犯罪预防方面的立法比较薄弱；(5)社会治安综合治理的法律监督比较薄弱。[①]“很多仅仅停留在政策层面的话语表述上，缺乏法律适用的可操作性。”[②]在这种情况下，灵活性和随意性将同时得到张扬，规范性与强制性也一同被压抑，没有法律明确设定的模式，很难在符合政府组织法及依法管理的有关原则下建立起机构、职

---

① 参见康均心、周亮：《从“综治”到“法治”：犯罪控制的科学之路——写在社会治安综合治理两个〈决定〉颁布20周年之际》，载《法治研究》2011年第8期。

② 冀祥德：《国家治理现代化与社会治安综合治理法治化》，载《贵州民族大学学报》2015年第2期。

能、权力、责任明确的综合治理实施体制。而如果没有这套体制的正常运行与保障，也很难组织全社会的力量积极投入综合治理。

（五）社会公众的安全感指数

感觉是外部物质世界在人们意识中最简单、最初步的反映形式。安全感是指人民群众对社会治安状况的直观感受。这种感觉是由社会治安现象的具体特性作用于感官而在人们意识中的反映。它虽然属于主观认识的范畴，但是亿万人民群众对社会安全的感觉又是一种客观存在，从这个意义上说，它又属于客观的东西。因此，安全感是一个具有可靠性、真实性的衡量社会治安综合治理目标的指征。当然，对社会公众安全感指数的测量，会是一项比较复杂的和困难的工作，不仅需要直观描述和定性描述，而且还需要定量的描绘。但是，从公众的视角，可以通过调查公众的安全感指数发现社会治安综合治理工作的差距。

之所以从这五个方面确立社会治安综合治理的具体目标层次，我们前面已经给出了一些解释。这里需要补充说明的是，这五个方面具体层次的目标设定，汇聚了各地实践观察的集体智慧，也对社会治安综合治理的方向和改革路径提供了引导和规范进路。而且，从政治艺术的角度看，要让社会治安综合治理工作发挥成效，也有必要在干部考核和地方党政班子考核中将社会治安综合治理的目标设定予以充分的体现，并将考核结果与主要领导职务的升迁相结合。[①] 只有这样，社会治安综合治理的终极目标和具体目标才能够顺利实现。

第二节　社会治安综合治理的体制改革

社会治安综合治理是社会建设的主体构成，是调动社会各方力量解决治安问题的战略方针，也是建设和谐社会、提升国家治理体系和治理能力现代化的重要指向。当今，社会治安治理在体制改革层面面临的问题表征、现实困境与我国社会形态的发育、计划经济时期政府一家独大、社会自治功能薄弱、公民意识匮乏等现象有着千丝万缕的联系。因此，对社会治安综合治理改革前景的分析与展望，不能囿于社会领域的单一视角，而应将其置于新时期我国社会形态重塑，政府与市场、社会三方关系优化调整和公民社会日渐强大、政府规模收缩和职能转向的宏大背景之下，从重构政府与社会的关

① 参见包雅钧：《当前中国社会治理评估的思考》，载《科学决策》2011年第7期。

系、激活社会组织的活力、挖掘公民自治的潜力、提升社区治理的能力等角度，为我国社会治安综合治理的体系改革遴选模式、积蓄经验、明确方向。

一、重构政府与社会的二元关系

多年来，指令性计划经济体系使我国政府形成了“限制性管理”“配给制服务”的社会治安问题处置模式，其特点是以政府为中心，采用行政命令、计划指令的方式进行强制干预，基本不考虑公众的实际需要和组织的主体利益。[①] 这种模式是与计划经济体系相适应，建立在公众、社会对政府权力绝对服从基础上的。比如长期应用的“社会治安综合管理目标管理责任制”“谁主管，谁负责”原则的工作机制，将治安管理的责任摊派，强加于单位与个人，并以此成绩来考核单位领导，强化考核比重的效力，致使行政领导投入很多精力用于社会治安治理，这无疑是将社会治安综合治理的研究视野人为窄缩、偏狭，蜕化为政府一家治理，尽管在特殊时期能有效整合社会有限资源，提高解决治安问题的效率，但从长远看，严重遏制了社会组织的发展，构成了对公民参与意愿和热情的消解与剥夺，更是与社会利益多元化、组织机构不断细化、公民意识日渐强化的时代现实不相容。为此，应从以下三方面探寻政府与社会关系的重构，进而在政府必要的监管、指导和扶持下全面激发社会治安综合治理中社会力量的发挥。

（一）实施“社会化”的发展战略

“社会化”是我国社会治安综合治理体系改革发展的必由路径。伴随着社会组织功能的丰富化、机构属性的独立化和政府逐步还权、赋权于社会，政府与社会的关系已从国家主义、威权主义的迷雾中走了出来，“单位人”开始被“社会人”所取代，以往的政社不分、政府包揽、政府是唯一权力中心的情况发生了根本性转变，许多社会中介、行业组织和公民团体开始独立承担职责，成为社会资源聚合的权力中心，政府对社会的实际控制受到多方限制，政府不再包办、垄断社会，而必须在坚持“有限政府”的发展理念下积极培育市民社会，唤醒民众的主体意识，强化公民的参与能力，这是“社会化”内涵的应有之义，也是建设由国家主导的政府防范、社会协防、公民自防、有偿治安服务的综合性防范体系所必须容纳的内容。

---

① 参见邵守臻、张明：《创新社会治安综合治理的几点思考》，载《北京人民警察学院学报》2010年第4期。

（二）实施“多中心治理”的治理模式

“多中心治理”是20世纪90年代西方政府行政改革实践中总结出的成功理论，为我国社会治安综合治理提供了重要的学理借鉴。世界银行在1997年发布的报告《变革世界中的政府》中指出：“好的治理的核心含义是政府的职能应该从划船转变为掌舵，即从繁琐细碎的执行事务中抽离出来，专心制定政策和科学施策。”这同样是奥斯本和盖布勒在《改革政府》中所着力倡导的“企业家政府”必备要素，即强调政府对公共事务的管理应采取与社会合作互动、共同治理的模式。社会治安综合治理作为一项公共安全服务项目，是一种公共物品，应由政府干预，这也是政府履行公共管理职责的重要体现。但政府干预并不意味着要单方面垄断经营和供应公共物品，并不是要排斥和拒绝社会力量而采取“单中心治理”策略，因为仅凭政府对社会治安的单方面治理，很难提供高质完善、符合差异化要求的治安公共物品，甚至还会出现“管理失灵”。往常政府在社会治安综合治理中为维护社会稳定所施行的类似“严打”的高压控制政策，就是政府依靠传统的高威管制所采取的政策选择。这种做法既容易滋生“重打轻防”，甚至“打击万能”的想法，又与依法治国的理念相抵牾，一定程度上还可能引发更为猖獗的犯罪活动，尤其在赌博、枪支买卖、毒品交易等直接获利性犯罪活动方面，政府的这种控制政策会相应增加该类活动的风险，随之也会增加该类活动的收益，潜在中令更多人怀揣侥幸心理而铤而走险。① 考虑到传统科层制和威权官僚制因层次冗余、等级森严、机构臃肿、人浮于事和官员自利动机最大化的固有弊端，必须变政府独大垄断的“单中心治理”为借由分权、社会参与等形式所展现的政府与社会共同参与的“多中心治理”，这种治理模式强调政府部门应着力支持各种类型、不同层次的社群、个体的自治能力，致力于培养社群的治安综治能力，以一种紧密协作、上下联动的高互动行为模式推进社会治安的综合治理，以实现治理主体、治理资源和治理行为的多元性，提升治安问题综治的社会治理实效和民众满意程度。

（三）政府宏观调控下推进社会治安综合治理市场化

20世纪80年代改革开放使我国经济结构和社会结构发生深层次变化，以公有制为主体、多种所有制经济共同发展的基本经济制度和“鼓励一部分人先富起来”的政策导向，在积累了庞大经济体量的同时，也因日渐增大的

---

① 参见游祥斌、李祥：《反思与重构：基于协商视角的社会治安综合治理体制改革研究》，载《中国行政管理》2014年第12期。

贫富差距和不尽合理的收入分配格局，使拥有超额私人财产的人数总量迅速增加，而与之相对应的是大量破坏社会稳定，扰乱社会治安的违法犯罪行为发生在私人所有权控制下的场所和单位。一方面，经济结构、经济条件和社会阶层的变化使民众对安全需求提出了更高要求，集中表现在多样性、个性化和对更高安全系数的追求。显然，名目繁多的社会组织、利益分化的广大公众都已不再局限于满足政府所提供的一般性、普适性、缺乏区分度的公共安全服务。另一方面，伴随市场经济的深入推进和“花钱买服务”意识的渐入人心，人们对有偿服务满足个体安全需要的意愿、热情和购买力与日俱增，各类专业化、类型化的安全服务企业有了顺应市场发展趋势的生存和扩展空间，像物业公司、保安服务公司的快速发展，政府为组织、组织为个人购买安全服务的活动便是明证，这都为社会治安综合治理引入市场化机制培育了氛围，创造了条件。

社会治安综合治理的市场化主要体现于社会治安服务的市场化，意指政府向企业、社会组织购买专门性的安全服务，以改善某些社区的治安状况，弥补政府专门机构工作力量不足、职能履行不到位的缺陷；通过引入价格机制和激励机制，以市场的运作模式和杠杆作用促动资源分布，以提升社会治安综合治理的服务质量和竞争性。这一机制的应用将引发四方面的联动反应：

第一，打破政府一家垄断社会治安综治的格局，标志着在政府这一主体外还存在多元的资源配置和行动反应机构，政府不再是唯一的提供者，促动政府由原先无所不包、无处不管的“全能政府模式”变为“有限政府模式”，即只负责提供基础性、普遍性、一般性，且与政府社会管理和公共服务职能相适应的治安服务项目。

第二，开放社会治安市场，在此领域提供的相关服务中以有偿服务为主，辅之以必要的公益性无偿志愿服务。

第三，企业和社会组织遵循市场规律，受供求关系和价格机制的引导，面向服务对象提供个性化、特色性的治安服务，以适应市场分割的需要，为不同人群提供精准服务。

第四，社会治安市场中提倡公平竞争，以契约合同的方式确定供需双方的权利义务。[①]

---

① 参见王焱：《社会治安综合治理模式转型与要素整合》，载《江苏警官学院学报》2009 年第 2 期。

建立在四个层次上的社会治安综合治理的市场化机制，并不意味着排斥、抵制政府的介入；相反，在推进市场化进程中，政府的宏观调控不仅是必要的，也是刚性的。政府宏观调控的手段表现在：(1)通过市场化运作的方式，吸引社团、企业甚至公民个人承包，比如城市社区治安状况较差，政府可以出面招标，选择有条件、资质好、服务规范的保安公司负责社区治安维护，由政府作为需求方通过付费的方式购买这部分安全服务，像欧美等国家实行的私人保安公司制就是这种模式的具体应用，实践中收到了良好效果。(2)对于额外的治安服务，政府可鼓励企业、社团、个人提供适宜的治安服务，政府主要通过扶持、培育、引导等手段来规范治安公司和私用治安产品企业的发展，借此帮助街道、居委会等社区机构组织治安联防队提供资金保障，为大学、厂矿企业开展活动减轻负担，改善市场化体系中治安服务的品质和水平。(3)政府还可在市场运作的框架下通过价格机制，对某些提供社会治安安全服务的机构和部门给予资金补贴、政策优惠，通过税收减免、合法退税等价格补偿手段，引导资源的合理流动，保障政府在适当范围内正当作为，为社会治安综合治理市场化的开展和推进保驾护航，充分激发市场化机制在犯罪预防方面的积极功效，挤压犯罪空间，增大犯罪成本，填补单靠政府所不能及的治理空白。

二、激发社会组织内生动力

在社会治安综合治理中，政府与社会的合作需要有强大的社会力量、完善的组织机构和健全的职能架构作为支撑，换言之，就是要有一个发育成熟，具备较高自治能力的强势社会作保障。“社会组织作为社会协商的组织载体，是社会治安综合治理的有生力量，尤其在社会转型加速的当下，传统安全风险与非传统安全风险交织叠加，改革中的原有矛盾尚未彻底解决，新的矛盾不断涌现、激增的背景下，必须顺应社会主义市场经济和社会利益多元化的趋势，积极培育社会组织，充分发挥社会组织通过社会协商、谈判、沟通来表达利益诉求；只有通过健全的社会组织，形成完整、全面的利益表达机制，才能在社会协商过程中进行利益协商，最终完成利益整合与利益实现，从而充分发挥社会组织在公共秩序维护中的重要作用，实现社会治安综合治理的目标任务。”①显然，我国在此方面的发展基础还非常薄弱，计划经

---

① 游祥斌、李祥：《反思与重构：基于协商视角的社会治安综合治理体系改革研究》，载《中国行政管理》2014 年第 12 期。

济体系下“强政府、弱社会”的传统权力运行格局和习惯于让位给政府管理驾驭，社会组织、公民团体退居其后的行动模式都不利于社会治安综合治理的体系改革与制度创新，必须先从强化社会组织的内生动力，增强其运作实力和发展自信的角度入手，逐步建构起与我国社会治安综治的情势相适应、政府与社会联手合作的崭新社会形态。

（一）培育社会组织治理实体

社会组织，又称“第三部门”“民间社团组织”，是市民社会的主要载体，具有非官方性、独立性、自愿性和非营利性等特点，该组织是连接政府与公民的通道，反映公民诉求和社会情势的主要途径，也是弥补政府缺陷、发挥社会优势的组织形式。近年来，我国社会组织发展迅猛。截至 2014 年 6 月底，全国社会组织数量达 56.1 万个[①]；社会组织的履职能力、社会认同和发挥实效得到显著增强，日益成为反映公民意愿、集合民众力量、弥补政府不足的有生力量。在社会治安综合治理的体系中，社会组织的参与主要体现在参与社区治安治理的事前预防上，像近些年在社区层面酝酿、产生和推广的“邻里守望、治安联防、小喇叭工程、打更工程”等都在提高居民自防意识，及时查堵和消除社区治安隐患，提早遏制各种社区治安案件、青少年犯罪行为，以及消除社区治安治理的时间、空间盲点，编制严密的预防犯罪网络等方面发挥了重要作用[②]，成为重构政府与社会间合作关系的有效行动模式，为打造“强社会”的社会形态夯实了基础。但同时，也要密切留意第三部门在发展、壮大过程中而衍生的一系列突出问题，如对民间社团组织发展的意义和必然性认识不足，政府管理介入过多过细，政策导向的含糊不清，社会监管上的孱弱乏力，以及由此滋生的行业腐败、官员寻租等相关问题，这是政府在培育社会力量，保障第三部门健康、独立发展的进程中必须攻克的难题与责无旁贷的职责。

（二）明确社会组织权责关系

社会治安综合治理工作是一项庞大的系统工程，需要各方联动、各司其职，社会组织应在政府部门的管理、监督和指导下实现对社会治安综合治理的依法、有序参与，明晰上下级关系，理顺各层级、各部门间的职权归属，厘清职能边界，建立起权责配比清晰，职、权、责相适应的内在联系，是社会组

---

① 参见《截至 6 月底，全国社会组织数量达 56.1 万个》，载 2014 年 7 月 30 日《公益时报》，http://www.gongyishibao.com/html/zhengcefagui/6785.html。

② 参见王焱：《社会治安综合治理模式转型与要素整合》，载《江苏警官学院学报》2009 年第 2 期。

织在正确的位置合法履职的根本前提。近年来,从实际操作的层面看,由几个相邻居委会所在区合并形成的“大社区”成为一种可以借鉴的优良模式。该模式表现在“大社区”内设置负责该区域社会治安治理工作的社区综治室,承担维护社区秩序、打击违法行为、联合社区警务实现信息共享的基本职责,这有利于在社会治安综治领域充分整合社会资源,调动社会组织的自觉性和主动性,也能更好地对接和服务不同社区对社会治安的差异化需求,日益成为社会组织发挥作用的有效尝试。

在前期考察中还发现,设置的社区综治室大体包含以下几方面职能:一是安排法院、检察院、公证员、律师进社区,为社区居民提供法律咨询和服务;二是由区委共青团负责组建的预防青少年犯罪工作站;三是由司法行政部门负责的社区矫正项目;四是由当地公安机关派出所负责的流动人口管理治安服务;五是由计划生育部门负责的计划生育的服务与管理;六是由民政部门、劳动部门负责的劳动环保职责。

社区居委会作为社区治安居民自治组织,是组织、开展和保障社区治安综合治理活动顺利开展的重要载体和责任主体,是我国城市社区管理的最基础环节,也是承担社区治安职责的重要载体。《城市居民委员会组织法》依据宪法为社区居委会规定了六大任务,主要包括:政治整合、公共服务、民间调解、治安维护、政务协助、民意表达。该法还规定:“居民委员会根据需要设立人民调解、治安保卫、公共卫生等委员会。”

从上述规定不难看出,尽管居委会不是一级行政机关,不具有法律规定的国家行政职权,只是群众性自我管理、自我服务的自治组织,但在职责设定和实际工作中与维护社区治安、确保社会稳定的职责都有交涉,是社会组织中履行社会治安综治职责的机构载体,在开展社区治安综治工作中主要承担以下职责:宣传宪法、法律、法规和国家政策,维护居民合法权益;向居民会议负责并报告社区治安工作,组织落实关于加强社区治安的决定;开展多种形式的社区精神文明创建活动;及时调解社区纠纷,化解社区矛盾,促进家庭、邻里团结和睦;根据社区实际需要,设立人民调解、治安保卫、公共卫生等委员会,或者确定居委会的成员分工,指定专人负责社区治安工作,完成交付的社区治安任务;协助人民政府和派出机关做好与居民利益切身相关的社区治安、治安联防、流动人口管理、计划生育、社会救济、公共卫生等工作;及时向人民政府或派出机关反映居民关于社区治安方面的意见、要求和提出建议;教育居委会全体成员遵守法律、法规和国家政策,力争以廉洁奉公、办事公道的原则为社区居民提供各类服务;积极培育各类社区组织，大力发展劳动服务、治安服务、法律服务等中介组织；做好社区内被法院判处管制、缓刑、假释、监外执行、保外就医等服刑人员及依照法律被剥夺政治权利的犯罪人员的监督和教育工作，负责开展社区矫正工作，使其承担必要的社区服务工作，以正常状态回归社会。以上所列述的居委会职责，涉及社会治安综合治理的“预防、教育、管制、引导、管理、规范”等各环节，政府和其他国家行政部门在法律允许的范围内授权、赋权给居民委员会，这是在国家常规治安管控力量之外所应用的有效尝试。

（三）丰富载体形式，增强综治能力

社会治安出现的新形势、新特点和在特定时代背景下所呈现的新问题、新矛盾，再加上社会组织的逐渐成熟、社会力量的蓬勃兴起，改变了单方面由政府和国家传统治安防控力量垄断治安综治工作的格局，客观上产生了政府与社会合作、国家行政力量与社会民间力量互相协作、支持，从组织协作、工作流程中探求形式创新、载体延伸的实质需要，深化作为社会组织重要表现的城市社区、农村社区与传统警务力量的合作，打牢治安防控根基，成为增强社会治安综治能力的必然选择。(1)社区警务是实现社会组织与国家行政力量相互合作、支持的典型表现，它最早产生于西方国家现代警务改革中，是指社区居民在警察的带领下，运用自然、人文环境等多种方式，全面、系统地维护社区公共安全。它不只是一种警务工作模式，更是一种全新的治安防控思维和社会公共安全思想体系，其核心目标是减少和遏制社会犯罪，维护良好、稳定的社会秩序，以增加全体公众的安全感。通俗讲，它是存在于警方和社区之间的一种相互作用的过程，旨在共同发现和解决社区治安问题，通过警察工作与社区治安自治工作的有机结合，进一步密切警民关系，控制和减少社区犯罪，搞好社区安全防范，其核心内容是改变传统的与社区隔离的警务战略，使警务工作重点真正下沉到社区，发展与社区群众的伙伴关系，共同承担社区治安管理任务，严密社区治安防控体系，从而达成有效预防和减少犯罪的目的。(2)社区警务重在强化立足社区，以密切联系社区和服务社区居民为导向，警察与社区守法公民、热心社会治安的公益志愿者结成合作伙伴，共同致力于交流信息、研究情况、消除隐患，动员和鼓励社区以灵活多样的形式参与警务活动。(3)社区警务作为社会组织与国家治安防控力量合作的重要形式，它旨在依靠社会公众的力量抑制犯罪，改变传统的单纯依靠警察惩治犯罪的旧观念，突出警民融合与信息共享，广泛动员社会资源，集中民智，以多个地方稳定有序的“小治安”累积、扩展成遍布社区、城市的“大治安”，推动小气候影响大气候，最终实现社会治安治理整体导向有序、良性、法治的轨道。

广大乡村作为社会的最基层，也是社会组织可以大展身手的广阔天地，近些年来，在一些地区大力推行的农村警务战略是社会治安防控工作在农村的时代表现和其不断向纵深发展的必然趋向，在对农村社会治安面的管控治理中收到了良好成效，积累了一些可以推广的成熟做法，主要表现在：通过机制保障农村治安联防队、治安巡防组织的作用发挥，在1～2个村居之间设立警务室，让有条件的民警携家属一起到警务室工作、生活，真正扎根农村，实地指导和协作农村治安综治工作；积极利用和引导治安巡防力量搜集、了解农村治安情况，利用农民常年在此生活、熟悉村情民意的优势，为社会治安综治工作领域的拓展畅通信息渠道，并通过对表现突出的组织、个人予以表彰奖励等形式，进一步巩固和深化农村社会组织与国家行政力量间的融合与共促。

三、构建社会治安综合治理的法治体系

对于社会治安综合治理领域的法律体系建设，有学者认为：“社会治安综合治理法不同于一般的部门法、专业法，它有着显著的综合性、协调性和普遍性，其立法形式必须与其工作性质、特点、服务对象和具体实情相适应。由此，立法应采用总体立法与单行法规相结合、中央立法与地方立法相结合的方式进行。”[①]此说法切中时弊，贴合实际，为我国社会治安综合治理机制的法治化指明了方向。当前，我国社会治安综合治理，无论是其体系建构、要素关联，还是运作环节、评估监测、效果反馈，暴露出的突出问题都要以法治思维和模式对其予以总结、提取、解决和升华。社会治安综合治理的法治体系应包含由全国人大或其常委会根据社会治安综治的实际状况和特定需要，尽快制定出台内涵全面、指向清晰、上下统一的综合性法律规范，形成指导、规范总体工作的专门性纲领文件，并在此之下由国家有关机关、省级立法机构根据本部门、本地区的社会治安综治现状制定必要的单行行政法规和地方法规，以确保法律规范在地方层面的贯彻执行。现阶段，尽早形成符合我国国情、呼应现实问题、回应公众诉求的社会治安综合治理的法律体系，建构起以中央层面主导的整体立法，加快推进相关法律的配套建设，补全和完善地方法规，是社会治安综合治理体系改革的重要环节。

---

① 冯新华：《社会治安综合治理立法探要》，载《湖北公安高等专科学校学报》2000年第2期。

（一）尽快制定统一的专门性法规

1991 年通过的《全国人民代表大会常务委员会关于加强社会治安综合治理的决定》是社会治安综合治理的纲领性法律文件，在综合治理工作中发挥了主导作用，为社会治安综合法治化奠定了基础，直到目前仍是社会治安综治遵循的权威性行动准则，但由于该决定中所作的规定多是原则性和政策性的，而不是可以直接适用和指导实践的法条规定，它既没有给参与治理的各方主体以明确的授权，也没有在法律框架下形成清晰的责任归属和设定模式，自然也很难建立起机构、职能、权力、责任明确的社会治安综合治理的实施机制。另外，考虑到该决定出台的时代背景，在当时或可使用强制规定、行政指令等方式，调动社会力量，激发主体积极性，为解决社会治安问题提供依凭和便利，但这仅是"国家—单位—个人"的传统社会结构下的政策表征，而无法与当今社会的发展趋势、治理理念和客观实际相洽，日益成为阻滞社会治安治理向更高水平、更深层次迈进的障碍。缺乏全国性的专门立法意味着对社会治安综合治理的总体活动缺乏系统、持续、稳定的法律保障，造成社会治安综合治理的制度落实、行为成效在各地差异较大，很难等量齐观。在社会治安综合治理的实践中，地方多是以党委和政府等部门或领导人的主观意志为施策保证，难以为社会治安综治提供可靠长远的立法支持。

从地方立法实践的角度分析，各地关于社会治安综合治理的立法实践为全国性的专门立法提供了经验借鉴，比较有代表性的像北京、山西、山东、吉林、甘肃、上海、江西、西藏、新疆等九省先后出台了地方性法律法规，以法的形式进一步明确了领导机制、机构属性、社会职责、工作机制、保障条件等重要内容，对社会治安治理的地方法治化作出了积极的探索，也为适时出台全国性社会治安综合治理的法律规范准备了条件。有了指向清晰、权责分明、保障周全的法律顶层设计，社会治安治理的法治化进程才能突破瓶颈，为各类治安问题的解决和社会和谐稳定夯实法律基础。

（二）协调关联法律，理顺相互关系

在对现有社会治安综合治理相关立法进行梳理的基础上，对既有的社会治安综合治理的相关制度进行整合，促进其与关联法律的协调是依法治国理念下建设法治国家、实现治理体系和治理能力现代化、促进社会治安综合治理法治化的必然要求。社会治安综合治理是一项系统工程，牵涉跨部门、跨领域的多方协作，其立法活动也必然是体现综合性的专项立法。社会治安综合治理领域的专门性法规的制定、实施及立法目的的实现，必须实现专门性法规与其关联法律法规的协调统一，这是确保社会治安综合治理法顺利实施的重要前提，也是社会主义法制统一原则的内在要求。由此必须确保该领域的法律规范要符合宪法和上位法的规定，与同位法相统一，既要保证法律规范自身的合理性和可操作性，还需保证法律规范不与其他法律的规定相悖。但因“我国实行一元多层级的立法体制，法出多门，各种法律规范造成我国法律体系的效力等级分明、结构严谨、协调统一的整体。只有当法律之间实现有效的联接和互动，上下位法的效力层次清晰，同位法之间互相协调配合、密切联动才能确保法律规范的统一和有效实施”①。据此来说，在我国社会治安综合治理立法进程中，除了保持其本身必不可少的法的正当性和合理性外，还要做到与多层次、多方面的关联法制的衔接，与其他法律规范在整体上相互关联、互相配合，实现法律层级的协调统一。

社会治安综合治理的法治化建设是一项系统性、综合性工程，在围绕达成目标的立法进程中必然会涉及不同法规的相关规定，对于治理主体、群防群治、治安运作、社区矫正等方面的规定也与宪法、刑法、行政法、社会法及程序法等具体规定互有牵扯，有时甚至还面临相互冲突的情况，可以说能否处理好社会治安综合治理立法与现有法律规范间的关系，实现相关法律规范的调适，理顺其内在关系，直接决定着立法的质量、执法的成效和司法的公正，因此要保证社会治安综合治理法实现应有的目的，就必须在立法时遵循法律统一原则，执法中做好与相关法律的配合、协调，形成合力共同维护社会稳定，矫正社会问题。具体而言，与社会治安综合管理法关联度较高、联系较密切的法律规范主要有以下四大类：一是作为国家根本大法和基本法的宪法；二是界定和明确社会治安综合治理责任主体责任的《治安管理处罚法》《刑事诉讼法》等法律规范；三是规定社区、自治机构职权范围和组织流程的《村民委员会组织法》《居民委员会组织法》；四是面向社会弱势群体，彰显公益精神，提供社会保障的法律规定，如《社会救助法》《志愿服务法》《就业促进法》以及保障妇女、儿童、残疾人等弱势群体权益的保障性法规。这些法律规定的原则规范、立法指向和保障群体都与社会治安综合治理的立法牵扯较多，要在立法、执法活动中密切关注与相关法的协作配合，以全方位保障社会治安综合治理的于法有据、依法运作。

（三）完善配套设施，规范地方立法

“法律的生命在于实施，一部法律如果在实施后无法有效实施的话，有

① 王洁：《社会治安综合治理立法研究》，山东大学2014年硕士学位论文，第54～55页。

法就等于无法。”[①]目前，社会治安综合治理的专门性法律制度仅有上文提及的《决定》，其他尚付阙如，像《治安管理处罚法》《预防未成年人犯罪法》《未成年人保护法》《企事业单位内部治安保卫条例》等相关法律规定，虽与社会治安综合治理活动联系密切，但缺乏体系化的法律指引和整体统合，碎片化程度严重。另外，社会治安综合治理立法的条款大都是一些原则性规定，不可能面面俱到地涉及施行中的具体情况，这都应是相关配套法律所应跟进和填补的。[②]

在此方面，我国社会治安综合治理立法的配套法律基本处于空白，更无从谈起现实中发挥相互衔接、细化补充、易于操作的优势。比如对社会治安综合治理中关于保障条件、激励约束和责任归属的相关规定，原则性很强，相应的适用性就较弱，这就需要出台与之相配套的法律规定，将实际情况与原则规定相对接，增强法条的操作性，将刚性的法律规定通过操作性、适用性强的法律条款落到实处。另外，对于一些已在实践中被采用且证明有效的行为措施和制度创新，也要适时地将其以法制的形式加以确认。像近年来，在大型居民社区兴起的保安服务业，作为在警察数量不足、常规治安力量有限的形势下应运而生的新型业态，是维护社区治安、打击不法活动的有生力量，但这种行之有效的制度设计却因缺乏法律层面的规制、指引和约束，而在实际运作中处处遇阻，其业务范围、行为准则、机构权限等核心部分均无相关法律依据，产生了大量违法犯罪的空间，严重影响了保安服务业的规范、健康、有序发展，亟待出台配套法律规定予以明确，赋予其合法的主体身份。

地方立法是构建社会治安综合治理法治体系的重要一环，也是支撑其顺畅运作的关键所在。提升地方立法质量，首先，应从地方立法的立、改、废入手，坚持三者并行。通过对旧法的清理，可为新的立法总结成熟经验、汲取失败教训，从中归纳出规律性的东西；修改和废止法律法规，也是革故鼎新的过程，辩证审视、批判继承，为不断提升立法的质量和生命力蓄积养分，因此它是立法质量不断精进、日臻完善的重要环节。其次，应加强对立法理论的研究和立法技术的应用，跳出局限于法条的本本研究，将立法目光聚焦立法背后的理论支撑和社会要素，建构起一个系统完整、体系严密的立法框架，将社会治安综合治理及其相关的活动、制度、技术等要素，科学高效地统

① 许王斌：《配套立法制度研究》，山东大学2012年硕士学位论文，第12页。

② 参见王洁：《社会治安综合治理立法研究》，山东大学2014年硕士学位论文，第44页。

合在这一框架内,保证理论严谨、论证充分、外延周全;掌握立法技术是提高立法水平的有力抓手,要注重加强对既往该领域立法的研究分析,从中梳理出最恰当的立法语言、方法和技巧,并在坚持"原则性和灵活相统一、稳定性和变动性相统一、总结借鉴和科学预见相统一"的原则基础上实现科学立法。再次,要广泛征求公众意见。"良法是善治的前提。"科学立法离不开以民主的方式吸纳和听取民众意见。"如果说 19～20 世纪之交的改革家们倡导建立最大限度的中央控制和高效率的组织结构的话,那么 21 世纪的改革家们则将今天的创新视为一个创建以公民为中心的治理结构的复兴实验过程"①。虽然立法需要具备专业的法理知识和缜密的法律思维,看上去似乎是精英、专家涉足的领域,与普罗大众无关,但法律中涉及的每项条款,执法中产生的实际影响,却与每个普通人的生活和整体社会秩序都高度关联,尤其在公民意识觉醒、对公共生活的参与能力不断增强的当下,在立法过程中拓宽民众参与渠道,畅通民意表达机制,充分考虑公众利益诉求,既是增加公民对法律的理解力、降低执行成本和压力的需要,也为提高地方立法的质量创设了重要通道。最后,要重视立法评估。立法的目的在于借助法律法规等禁止性规范的实施,确定行为准则,规制社会生活,因此,衡量一部法的立法质量关键看其实施效果,而立法评估制度就是检验法律实施成效的有效渠道,"它通过对立法规则的可操作性、适应性、相互衔接性以及规避执行的原因等采取的全方位检测,及时发现漏洞并修补,再经由先进的立法理念对后续立法施以科学导向,确保了我国法治建设的良法前提"②。它通过对已出台的法律法规执行情况、实施效应的细节分析和总体评测,从执法反馈中判明、甄别立法中存在的问题,进而为法的修改、完善提供翔实可靠的依据。

第三节　社会治安综合治理的体系建设

20 世纪六七十年代以来,全球社会变迁出现了新的趋势。德国社会学家乌尔里希·贝克在其著作《风险社会》中,用"风险社会"的概念指代人类社会现代化进程步入的新阶段,指出当代社会是充满了体系性危险和人为因素的社会。从该分析视角看,我国社会转型期所面临的风险,可归纳为社

① [美]理查德·C·博克斯:《公民治理:引领 21 世纪的美国社区》,孙柏瑛等译,中国人民大学出版社 2005 年版,第 10 页。

② 李鸿飞:《立法后评估制度研究》,中国海洋大学 2008 年硕士学位论文,第 11～12 页。

会转型中的风险和全球化进程中的风险，由此促成了社会结构的巨大变革，政治、经济、文化短时期内难以协调，各种社会矛盾和问题相应增多，出现利益矛盾、价值冲突、信仰迷失、发展失衡、行为失范等诸多不尽如人意的地方，致使危及社会治安的因素增多，社会治安综合治理面临更为严峻而现实的考验。有学者指出："在现代化的前、中、后三个时期中，后期最稳定，中期最不稳定。中期阶段是社会阶层分化、社会矛盾突出、社会弊端丛生、社会失衡呈积累和强化态势的时期。由此判断，我国目前正处在中期阶段，进入了不稳定因素快速增长的时期。"[①]当前我国社会所表现的时代特征、承载的发展任务和积聚的社会矛盾，都需依循建构和完善社会治安综合治理体系建设的理路，进行改革路径的探寻与尝试。从体系建设入手，夯实社会治安综合治理的内在基础，构建起涵盖社会控制、法律规制、监督评测、激励制约、群防群治和资源整合等层面的工作体系，有利于推动我国社会治安综合治理向着系统化、制度化、规范化的方向迈进。

一、社会控制体系建设

社会的稳定是处于动态中的稳定，相对应形成的社会控制也应是动态、积极的控制，而非一潭死水、消极被动的控制。社会控制的本质含义是一个社会良性发展、内在运行的理性调适，它旨在达到的是规范前提下社会结构、行业组织和社会互动关系的合理化状态。[②] 转型社会需要加强社会控制，但转型社会又必然导致社会控制能力的降低，这是转型社会面临的一大困境，也是无法规避的基本矛盾。在我国社会转型的关键期，如何正确把握导致社会治安突出问题的原因，并据此构建合理的防控体系，具有重要的理论价值和现实意义。当前，我国社会控制体系还处于重构中，原有的社会控制体系已被打破，而新的控制体系尚未正式建立，造成社会控制体系在实然效应和实际作用上出现了诸多空缺与漏洞、缺位与失位，造成社会整体控制力的下降和削弱。一个功能完备、体系健全、作用积极的社会控制体系，是针对社会转型时期利益格局调整、利益阶层分化和利益分配重组后造成的心理失衡、情绪对立、矛盾激化等相关表现的调适与平衡，它通过协调社会利益关系，重建社会利益格局，调整社会阶层分布，达成新的利益平衡状态；通过弘扬道德评价，倡导舆论监督，加强道德控制，形成与市场经济、服务政

① 郑杭生：《转型中的中国社会和中国社会的转型》，首都师范大学出版社 1996 年版，第 26～27 页。

② 参见郑列、王瑞山：《社会转型时期治安防控体系的思考》，载《理论研究》2005 年第 5 期。

府、法治社会相适应的道德秩序；通过对社会行为和价值观的指引导向，培育诚实守信、尊法重法、公正无私的社会氛围，砥砺公民品行。社会控制体系在利益调整、道德评价和氛围营造等三个层面的联合发力，可从根本上健全社会防控机制，纠偏治安乱象，为维护公平正义，保障社会良性、顺畅运转奠定坚实的基础。

从社会控制体系的运作机制看，总体上分为“评估、决策、整合”三个阶段。首先，经由社会评估，建立起对社会发展的现状、既存问题和未来走向的正确认知，把握社会矛盾产生的背景和根源，预测和判断社会问题的发展态势，并提出具有针对性、适用性的干预举措，提前管控风险，化解和消融社会矛盾，发挥预警、防范的作用。其次，决策是在评估基础上，预见性、前瞻性地制定实现社会发展目标的方案和对应政策；整合是针对社会转型期特有的结构变迁和阶层分化的阶段性特征，对社会中存在的异质型因素进行归纳、梳理，实现再整合、再纳入，将其划归至合理的控制范围内。它同样以评估结果为依据，以制度化、法制化为特征，重在解决经济利益、文化价值、社会制度等层面存在的分歧和冲突，为社会在新的基础上实现整合创造条件。

二、法律规制体系建设

法律以其强有力的规范功能和强制功能在维护社会秩序、促进社会和谐、保障民众安居乐业等方面发挥着不可替代的作用。聚焦现实，我国社会治安综合治理体系中法律规制体系在创制、运作及对相关因素的聚合、社会关系的调整等方面存在固有的内在局限。从立法层面来说，法律作为人类意志的产物，其客观上滞后于社会现实，面对纷繁复杂、快速变化的现代社会，法律规制的领域、对象和调整实效总难免会有相对“滞后”和“僵化”的特征；从执行层面来说，即便是制定得较为完备的法律本身可能代表着公平、正义、良善等社会建设的必备要素，但法律运行过程中对强力和对人的依赖，仍然不可避免地会使法律的实际运作效果与其目的之间产生一定差距，有时甚至会出现明显的抵触和背离的现象，法律的固有局限和人为介入、干预等因素可能会与违法犯罪行为无法得到依法审判、社会公正被欺凌践踏等因素相勾连，进而导致一些人寻求法外救济，形成事实上法的虚置或新的越轨，加剧执法不力、司法不公等情况的发生，从而破坏社会稳定，扰乱治理秩序，对社会治理构成显而易见的风险与隐患，增大社会治安综合治理的操作难度和设计成本。

三、监督评测体系建设

建设社会治安综合治理的监督评测体系是提前判断、有效应对和全面掌控社会治安管理的重要手段，可以显著增强综合治理的预见性、针对性和实效性，及时了解社会治安的变化情况和发展趋向，并以此为载体和依凭作出快速、准确、务实、对症的行动反应和决策机制，实现对各类社会治安问题的精准盯控和“靶向打击”。社会治安综合治理监督评测体系应按照社会治安综合治理的标准、原则、要求和倾向，将其囊括的部分做具体的内部分割，形成主要包括评估主体、评估客体、评估内容、评估程序、评估效果、评估反馈等六部分，且各部分间协调一致、联系紧密的有机整体。该体系通过对社会治安综合治理在不同时期、不同区域治安形势的实时监测和治安工作的审慎分析，作出比较客观、周全的系统评估，定期向社会公布监测与评估结果，使之常态化、规范化、制度化，以便动员和聚集群众、媒体、行业组织和其他社会资源，扩大社会综合治理的民意基础和社会影响，为持续改进和提高工作效率，探寻更为科学的治理模式提供准确翔实的信息支持，并以强有力的监督评测改善和增进社会综合治理的实效。

四、激励制约体系建设

激励制约机制是公共行政中惯用的工作模式，也是政府职能转变、注入企业家精神的体制改革中提高工作效率、优化组织风气、调动参与人员热情和主体责任的重要工具。对业绩好、表现出色的组织和个人进行奖励，而对敷衍塞责、屡出问题的行为进行惩处和规制，可充分发挥该机制搞活组织气氛、提升服务质量、增加公众满意度的既定优势，实现“奖优罚劣”“良币驱逐劣币”的目标诉求。当前，在社会治安综合治理工作中引入激励制约机制，主要聚焦综治工作的成效，实施“四个纳入”，即纳入党政领导班子和领导干部政绩考核内容，纳入国家公务员等级考核内容，纳入社会治安综合治理目标管理考核内容，纳入经济组织、社会组织和公共组织经济、社会效益考核内容。在成果应用中，主要表现为：对社会治安综合治理成效明显的予以表彰，对组织发展提供资金奖励、政策支持，与个人的薪资、提级、晋升等项目挂钩，并借助传统媒介、互联网平台加大宣传推广力度，使在综治工作中表现突出的组织与个人真正尝到甜头，受到鼓舞。对社会治安综合治理措施落实不力，导致发生重大治安问题或各类治安隐患屡查不止的，责成限期整改，通过实施“红黄蓝”三色预警机制，倒逼相关部门和主管领导层高度重视，拿出切实可行的应对举措。

长期以来，激励制约机制作用发挥不力，执行一段后便陷入"疲软松懈、中途变通"怪圈的一大原因便是没有形成严苛、刚性的处置标准，对被限期整改、黄牌警告、红牌预警的对象仅是程序上下发整改通知单，对主管领导进行约谈或相关部门出面干涉，基本还停留在非常表浅的层面，远达不到触及相关部门核心利益的地步。因此，建立严明、统一的标准要求，坚持"不查清问题的原因不放过，不落实整改措施不放过，不追究责任人的责任不放过"，适时提升处罚力度。在具体操作上，可考虑采取如下措施：(1)地方、部门凡被一票否决或黄牌警告、限期整改的，在未改变治安面貌之前，取消评选综合性先进和社会治安综合治理先进集体的资格；视情取消其责任人评先评模、评定优秀公务员、称职晋升和晋职晋级的资格；发生重大问题、造成重大影响的，严格依据党纪、政纪和国法，严肃追究领导责任。(2)经济组织、社会组织、公共组织凡被一票否决、黄牌警告或限期整改的，视情处以罚款、停业整顿、吊销证照，触犯刑律的依法追究责任。(3)对被一票否决或黄牌警告或限期整改的地方、部门、经济组织、社会组织和公共组织，予以挂牌明示，并通过新闻媒体等形式公开曝光。[①]

五、群防群治体系建设

群防群治体系建设的长期缺失对社会治安综合治理的体系完善、建设成效都影响极大。数量庞大的群众性治安组织如果不按照法律进行规范和严格管理，不仅谈不上应然作用的发挥，还可能引发极为严重的消极后果。现阶段，聚焦我国社会治安综合治理的时代特征和各类治安案事件的触发机制，融合社会治安综合治理活动的复杂性、连发性、聚合性、对抗性、群体性的内涵特质，仅靠传统视野下管制型政府为履行维护社会治安的职能而对社会治安活动进行统治、管制和整治的国家机构，仅靠单一的政治、法律手段予以惩处，远不能适应社会治安综治的形势发展和处置要求，还需广泛动员、集聚和整合社会力量，借助经济、文化、教育等方式，形成多元治理、多措并举的应对格局。

(一)依法设立群防群治组织

群防群治队伍的活动有时涉及公民的基本权利和义务，若该组织是依

---

① 参见张传发:《当代中国社会转型与社会治安综合治理创新》，华中师范大学2004年硕士学位论文，第28～29页。

法行使权力，就必须依法设立，这样既可以避免群防群治因为没有特定的组织形式或过于松散而难以发挥作用，又可防止滥用权力或利用这类组织的名义妨害社会秩序，“法律应当明确规定群防群治组织的人员资格和数量、主办单位和管辖范围等，建立严格的工作规范和管理制度，依照法定程序报经政府有关部门审查批准，然后才能成为群防群治的法律主体”[①]。尽管现实中群防群治组织有政府组建型、自治自防型、内部保卫型和警民联防型等不同类型，不必要也不可能使之整齐划一，但需要规定总的原则，使它成为依法成立、具有行使权力的资格和能力，并承担相应责任的组织。

（二）健全群防群治组织的管理体系

其一，政府应根据综合治理规划和治安布局的需要，统筹群防群治组织的设置，有必要和有条件的区域和单位都应建立；不必要独自建立或条件不充分的单位可以联合建立，政府组织部署地域之间和单位之间的治安联防，政府支持并加强重点地域、部位和行业的群防群治组织的建设；政府控制群防群治组织的建制规模；政府可以根据综合治理的需要，采用警民联防和其他调用群防群治组织的形式。

其二，对群防群治组织必须严格管理，反对放任自流，要对群防群治组织实行自身管理、主办单位管理和政府主管部门管理的多级管理方式；法律要对群防群治组织的设立章程，并对组织的建立、运行管理等制度提出明确要求。政府主管部门支持和指导群防群治组织的建设，并监督查处其违法活动，追究其法律责任。

其三，促进治安防治功能从单一趋向多元，从治安队伍向治理队伍发展，降低其社会成本，提高其社会效益，适合社会多方面的需要，是综合治理融入社会生活和社会管理的重要途径，因此，法律应当鼓励群防群治组织根据实际需要和自身条件，从事社会服务等事务。

其四，实行资金来源多元的物质保障。群防群治经费除政府解决大部分外，按照“安全应当消费”的理念和“谁受益，谁出资”的原则，由受益单位和受益人出部分资金。同时，积极探索市场经济条件下治安管理、治安防范和社会服务相结合的新路子，多渠道地吸纳社会人力、物力、财力资源，实行社会资源的优化配置，使维护社会治安稳定成为一个全新的产业[②]，争取良

① 付于江：《转型期我国社会治安综合治理体系改革》，四川大学2006年硕士学位论文，第32～33页。

② 参见张传发：《当代中国社会转型与社会治安综合治理创新》，华中师范大学2004年硕士学位论文，第32页。

好的社会效益和经济效益，并以经济效益为支撑，促进社会治安综合治理工作良性、可持续发展。

六、资源整合体系建设

有学者研究指出："除政府中公安部门和专业化警察组织以外，还有四种维持社会治安的力量：一是政府出资，由公安机关实际管理使用，但实行市场化操作方式的半专业化队伍，如各个社区的社区保安队。二是专业化的保安公司。三是企事业单位自建保安组织。四是由基层社区组织动员的业余治安自治力量，主要是社区志愿者和治安积极分子。社会治安综合治理就是要由政府来整合这四种要素，共同维护社会治安秩序。总的来看，这些要素可分为三类：第一类是政府性质的，如公安部门、政法部门等；第二类是市场化性质的，如专业的保安公司等；第三类是公益性质的，如社区志愿者和非盈利性的社会组织等。政府的主导作用是要将市场化要素和公益性要素与政府工作有机结合起来。[①] 这种要素整合模式是社会治安综合治理必须要进行选择的治理机制，不同的要素整合模式会形成不同的治理效果。总体归纳起来，社会治安综合治理各要素的整合模式主要涉及四个方面的协调配合：

（一）政府的主导作用主要体现在宏观调控、监管评测等方面

政府综合运用多种治理方式，并逐步减少直接治理，增加间接治理的应用比例。直接治理是针对已发生的犯罪行为或违法现象；间接治理则是对各种诱发犯罪的因素进行提前介入，以消除因素影响，预防犯罪行为的发生。直接治理多是运用法律、行政的手段在短时间内迅速解决问题，消弭影响，重在治标；而间接治理则是综合运用教育、思想、文化的手段实行治理，更在长远，重在治本。[②] 社会治安综合治理更高层次的战略要求应是预防犯罪，因此尽管打击惩治犯罪在当今仍占据重要位置，但绝不是为了打击而打击、为了惩罚而惩罚，而是要着眼于建立起减少违法犯罪因素，预防不法行为的长效机制和与之相适应的体系环境，通过教育、改造、挽救工作，淡化社会治安整治的打击色彩和短效意味，将社会治安综治的重点逐步转向治本，这是政府在社会治安综合治理工作中应着力扮演和承担的角色模式。

---

① 参见陈建中、杨鞠：《推进社区治安资源整合，构建社会防控体系》，载《上海公安高等专科学校学报》2006 年第 3 期。

② 参见董少平：《从治理体制优化到社会结构优化的转变——社会治安与社会稳定的生态分析》，载《湖北行政学院学报》2004 年第 1 期。

（二）发挥市场机制的调节杠杆作用，有效整合社会治安的各类要素

市场机制要求以有偿服务为基础，以价格机制为杠杆，通过各个市场主体对利益的追逐、对需求的满足，来实现各自的利益最大化。[①] 发挥市场机制的作用来整合社会治安的各种要素，就是将竞争机制引入社会治安综合治理当中，解决政府工作低效的问题，用其他市场主体的竞相参与促进资源的合理流动，提高社会治安工作的整体效率。

（三）加快社会化进程，将政府管理与社会参与有机统合起来

社会化是社会治安综合治理由传统向现代转型的重要途径。通过社会化，政府可将一部分由社会承担的职能交给社会组织，逐步形成国家政府防范、社会力量防范、公民个人防范和有偿治安防范相结合的多元化、综合性防范体系。像广泛存在于社会中的社工组织、保安公司、私家侦探社等机构都是实施社会化的机构保证，可以通过政策、资金的支持来引导这些社会力量有序、主动地参与社会治安综治工作，在为政府减轻负担、促进职能转变的同时，也可有效锻炼、磨砺社会组织的自我发展能力。

（四）不断在实践中修正、补充，推进创新

社会治安综合治理工作是一个不断发展的动态过程，传统社会治安综合治理以领导责任制为主，并衍生发展出“一票否决制”“领导责任追究制”等相关制度，在对以往制度、经验和模式进行全面总结和科学分析的基础上，更要根据社会治安形势发展的形势变化和需要，不断丰富和完善制度的内涵，探索适应市场化、社会化、法治化、信息化特征的新模式，在批判继承的基础上推陈出新，推进社会治安综合治理的各类治理制度和元素的整合与联动。

第四节　社会治安综合治理的制度规范

制度规范是社会治安综合治理工作改革方向和发展路径的内在依循，也是各项改革举措通过制度化方式予以认可、固定和确认的外在表现。我国社会治安综合治理长期在缺乏统一、专门的法律规范，配套法规建设严重匮乏和地方立法质量偏低的法制环境下发展，但是在依法治国和不断增强治理体系与治理能力现代化的时代背景下，构建完备、齐全、严密的法律制

① 参见王焱：《社会治安综合治理模式转型与要素整合》，载《江苏警官学院学报》2009年第2期。

度规范，推进社会治安综合治理法治化，是调整、完善制度规范的根本前提和必要条件。当前一个时期，非常有必要在逐步形成较完善的法律制度规范的前提下，进一步对现有社会治安综治的制度运行进行系统梳理、深度反思和结果反馈，对不适宜继续施行的制度及时纠偏、调整和重构，唤回其制度精神；加强对现有制度的整合、协调和联动，并根据制度评测结果开启新一轮的制度设计，这也是不断夯实社会治安综合治理制度基础，务求制度建设科学化、常态化、法治化的必由之选。

一、构建完备齐全的法律制度规范

法律实施方式必须以法律实施体系为基本载体。现行政策实施方式已经使综合治理的法律依据出现了结构性的问题，那就是虽然有很多可以援用的法律法规作为具体实施的依据，但关于综合治理实施体系及其自身建设的法律依据还非常缺乏。由于刑事、民事、经济、行政方面的法律都可作为综合治理的依据，这些法律的实施是由法律确定的机构或部门按照法律规定的职权进行的，法律规定了由哪些国家机关或部门负责实施，并赋予这些机关或部门相应的职权，但这些法律不能由综合治理主管部门负责实施，因为现行法律没有设立负责实施综合治理的国家机关或主管部门，也没有赋予任何一个国家机关或部门具有主管综合治理实施的职权。换言之，我国还没有真正建立起严格意义上的社会治安综合治理的法律体系，法律实施缺乏明确的体系指引和规范。

根据国家组织法的有关原则，由政府一个部门主管综合治理是合理的，甚至是唯一的选择。例如法律规定，由政府组建或选择一个专门机构或部门，作为政府组成部分，是负责综合治理全面实施的主管部门。该部门制定综合治理的政策和规章等规范性文件，制定本级政府综合治理的中长期规划和具体计划，并负责实施。它有确定的职权范围，有权指导、监督和查处其他国家机关或部门以及企事业单位、群众自治组织与综合治理有关的活动。该部门对其活动承担法律责任，受政府领导，接受人大监督，其负责人作为政府组成人员由同级人大常委会决定任免等等。建立法律实施体系的核心在于：政策的权威主要来源于党的政治权威，在这种权威之下，政府与企事业单位及广大民众都在政策执行中承担相同的角色，原本应由政府承担的责任被弱化了，却无形中强化了企事业单位和民众的治安责任，而法律实施方式则把政府放在为社会和民众服务的位置上，强化了政府的责任，强调了企事业单位和民众享有社会安全保障的权利。

建立法律实施体系，首先就要确定综合治理法律制度的主要调整对象。政策实施方式涉及所有与综合治理有关的法律实施与政策活动，要把这些活动中的政策和政策实施体系问题作为主要调整对象，而法律在具体的实施和应用中则主要对实施主体、实施手段、职权责任和监督规制等作出相应的制度设计，因而其主要的调整对象是关于法律实施主体的组织体系、活动原则与权利义务等方面的法律关系。① 在此过程中，要特别注意几个方面的重大转变：(1)社会治安综合治理活动并非是一项宏观政策的实施，而是具体的法律实施；(2)调控综合治理实施的主要助力不是政策，而是法律保障；(3)推动综合治理的主要不是政策的号召，而是强制性的国家管理；(4)实施或参与综合治理活动，主要不是出于所谓的“政治责任”或笼统、宽泛、界定模糊的“社会责任”，而是一种非常明确、不容推卸的法律责任。

依法治国，建设社会主义法治国家，旨在把国家的一切管理活动纳入法制的轨道。作为整个社会系统中的一个子系统的社会治安综合治理，也必然要实现法治化。从某种意义上说，法治化程度是社会治安综合治理从传统模式向现代模式转变的重要标志。目前，社会治安综合治理工作仍然主要靠党和政府特别是党的权威来推行，带有天然的人治色彩。社会治安综合治理工作法治化的目标，应当是逐渐摆脱过度依赖权威控制运作的格局，实现人治模式向法治模式转变。② 推进社会治安综合治理法治化，应从以下四大方面着手推开：

（一）尽快建立统一的社会治安综合治理法律体系

一是加快制定出台专门性的《社会治安综合治理法》，统筹规划、管理和安排社会治安综治活动。《社会治安综合治理法》的基本内容应包括以下几个方面：规定社会治安综合治理的性质、作用、基本方针、基本原则和基本任务；确定社会治安综合治理的工作范围、对象和基本手段、方法；明确社会治安综合治理的责任主体及其基本权利义务。

二是补充并完善治安综治工作所指向领域的配套立法。就目前社会治安综合治理工作的需要而言，应制定与之相关的配套法律建设，尽快完成帮教法、调解法、群防群治法、流动人口管理法等专门性法律法规。

三是根据实际需要和地方治安综治活动的发展形势，适时制定、修改和

---

① 参见付于江：《转型期我国社会治安综合治理体系改革》，四川大学 2006 年硕士学位论文，第 31～32 页。

② 参见张传发：《当代中国社会转型与社会治安综合治理创新》，华中师范大学 2004 年硕士学位论文，第 28～29 页。

废止地方性法规,加强对地方性法规的规范管理。

(二)提高公众的社会治安综合治理法律素质

“徒法不足以自行。”人们的法律意识越高,法律实施的效果就越好。社会治安综合治理法律意识的培育,不在朝夕,需要经年累月的积累、沉淀和萃取,是一项长期艰巨、利在长远的系统工程,必须有前瞻规划、总体设计和充足耐心,定出与之相适应的实施路线图,并在执行中注意把握好内容的针对性、方法的适用性和工作的实效性,将三者有机统一起来,培育良好的社会氛围,增进公众认知,逐步提升全体民众的公民意识和法律修养。

(三)健全法律的实施监督评测体系

法律是否能代表好、发展好、维护好最多数人的利益,在其规范的领域发挥好指引、评价、教育、强制和预测的作用,离不开监督评测体系的反馈,为法的具体实施和下一步的修改、完善提供依据。在对社会治安综合治理活动的法律监督中应遵循两大原则:

一是全面监督。主要表现在对监督主体和客体的全面覆盖,其中监督主体包括立法机关、执法机关,也包括党政机关、人民群众以及社会舆论;监督客体不仅包括党政机关和行政、司法部门,还应积极吸取和纳入各种社会力量,所有社会治安综合治理的责任主体,均是监督的客体。

二是实际归责。所谓实际归责是指责任主体一旦实施消极的违法行为,没有依法履行义务就要受到相应的处罚,从而真正起到提醒、警示和告诫责任主体依法履责的作用,促使其严格遵守、执行法律。实践中,贯彻好此原则关键是要在立法中明确责任主体的违法责任及具体处罚办法,同时还要在法律监督的过程中,严格遵守实际归责的原则规定和纪律要求,对不依法履行社会治安综合治理工作职责的相关主体严肃追责、严格处罚,从而保障社会治安综合治理的依法进行。

(四)将社会治安综合治理工作纳入法制轨道

依法治国的时代背景下,社会治安综合治理工作的法治化意味着所开展的各项工作、工作中所涉及的环节流程、人员安排、资源筹措、行政决策等方方面面都要秉承法治的精神,运用法治的思维,以法治的方式和手段加以审视、判断和行动,尤其要注重培育社会知法、守法、懂法、尊法、重法的法治理念,培植公民的法律信仰,为社会治安综合治理增强法治基础。

二、修正现行制度的执行偏差

传统的社会治安综合治理中的制度以领导责任制为主,主要以“红黄蓝三色预警制”“一票否决制”“领导干部责任追究制”等制度设计为标志。现行的社会治安综合治理的制度安排，应务求契合社会转型、政府职能转变、社会力量壮大的新形势，保证职、权、责相适应。从实现方式上来讲，政府授权给社会组织，同时在政策、资金、人员、技术等方面提供全方位支持，以激发组织发展活力和治安综治效能的鲜活变化。从制度运作的实效和产生的影响看，在高位运行的“严打政策”，带有临时性、短期性特征的“专项整治制度”和长期被寄予厚望的“社区矫正制度”，在实际运行中都存在不同程度的偏差。简言之，“严打”政策是脱胎于20世纪80年代社会矛盾急速变化期的应急政策反应；“专项整治制度”始终游离在法律规定控制的范围外，存有不少的制度嫌隙；“社区矫正制度”未能充分发挥其批评教育、正面引导以及促其矫正对象尽快以社会需要的方式回归社会的制度作用。因此，在社会治安综合治理法治化研究的宏大视域下，亟须按照制度规范的要求对上述三项制度进行必要的纠偏和扶正。

（一）特殊时期“严打”政策的反思与改良

“严打”是指依法从重从快严厉打击刑事犯罪活动的简称，是解决一定时期内问题突出、性质恶劣的社会治安事件而采取的打击严重刑事犯罪的活动。20世纪80年代，我国处在政治、经济、社会改革的酝酿、启动阶段，各类社会问题凸显，各种社会矛盾骤然激增，“严打”是为应对这一时期的社会治安问题而适时设计的一项制度。因此，“严打”的制度设计和政策导向都有非常鲜明的时代特征，是典型的应急式制度的表现形式。迄今为止，全国范围内开展的“严打”活动进行了四次，在遏制违法犯罪活动、打压犯罪分子、促进社会治安形势好转、保障民众安全需求等方面发挥了应有的作用。历史地看，“严打”有其存在的合理性与必要性，但如果从当今社会治安综合治理工作的视角出发，“严打”政策的制度合理性及其实施方式等问题则需做全新的解读和定义。

考量一项制度设计的合理性、适当性，绝对不能脱离它产生的背景、适用的对象而泛泛研究，必须还原其所处的时代环境。不可否认的是“严打”政策出台时，我国法制建设的进程还很滞后，经历了“文革”的政治动荡和法治生态的严重破坏，许多工作都处在百废待兴的阶段。尤其是当经济领域的改革开放大门缓缓打开时，为了保障经济的快速增长，必须为其创设一个安定、平稳的社会环境，“国家社会治安状况和社会发展的总体目标，是刑罚启动和刑事政策推进的原动力。因此，国家严打政策的出台既是实现社会公平正义的需要，更主要的是有其功利性的目标选择”[①]。在当时施行“严打”政策基本是无可非议的，且借助于国家行政力量的强力推动，执行中也畅通无碍，短期内取得了显著成效。但由于法制建设的长期缺位，使得“严打”制度始终缺乏良好、适宜的法制环境，再加上该政策缺乏执行上规整、清楚的程序设计，这一天然缺陷又给政策执行者罔顾法纪提供了空间，出现了一些背离法治要求、侵害人权、肆意执法的现象，给“严打”政策的实施留下了难以弥补的制度缺憾。从当前国家施行依法治国战略的要求出发，“严打”必须坚持法治理念和科学理念，其政策内涵不仅要囊括对于严重危害社会稳定的犯罪分子适用较为严厉处罚的明确规定，还要对执法者提出要求，确保执法者自觉守法、公正无偏地严格执法，牢固树立依法施策理念、程序意识和人权保护意识，真正在法律的框架之内“从重从严”执法。[②] 1991 年通过的《关于加强社会治安综合治理的决定》，规定了社会治安综合治理工作的范围，即“打击、防范、教育、管理、建设、改造”，并将“打击”作为其首要构成。这一特定时期下确立的工作重点也要随着社会发展而灵活调整，更加注重社会治安综合治理整体效能的发挥和全面内涵的阐释，健全对“严打”政策的监督与考核，保证“严打”始终在法治的轨道上平稳推进，坚决防止突破法治底线、肆意践踏人权等行为的重现。

（二）专项整治制度的优化与调整

专项整治，又称“专项治理”“专项行动”，是相关机关依据法律、法规的规定，对某类突出治安问题，在一定时期内聚拢人员，集中精力，针对特定内容和对象开展集中打击或整治，以改善该领域违法犯罪突出的局面，继而建立该项工作安全管理的长效机制，营造持续稳定的社会治安局面。与具有强烈国家管制色彩的“严打”政策相比，专项整治所适用的对象和范围更为广泛，“严打”只是作为专项整治的分支而存在。这一制度设计在我国各个领域大量存在，且应用频率较高，几乎已成为国家一定时期内治理过程中的一种常态化治理行为，被冠之以“运动式执法方式”。这一执法方式强调在短时间内迅速整合资源，为达成整治目标，追求更高的执法效率，而采取集中管制和打击行为。尽管这种方式因其具有临时性、阶段性、间歇性的特点而受到法治专家、学者的诟病与批评，但在我国社会转型期各领域矛盾多发的情况下，专项整治制度以其强大的资源调动与整合能力，能够在最短时间

① 游伟、谢锡美：《“严打”政策的回顾与科学定位》，载《法学论坛》2004 年第 1 期。

② 参见王洁：《社会治安综合治理立法研究》，山东大学 2014 年硕士学位论文，第 62 页。

内有效汇聚力量实施治安问题的专项治理,并取得了良好实效,恰好能弥补单方面制度性执法所不能及的弊端。这种方式放在当今中国社会治安综治的环境下,有其自身存在的必要性、合理性和正当性。

专项整治制度囿于急躁冒进的实施理念、执法者素质不高和过分强调结果考核等因素,在具体的制度操作中可能会出现与社会公平正义相背离,甚至触及法律底线的问题,因此要对其中不符合法治要求的部分予以清理和剔除,使其在法治的框架内发挥作用。由此,必须对该制度进行必要的优化和调整。第一,要合理规范专项整治制度的领域、范围、时间,加强对该制度从提出、批准、生效等环节的程序监管,以减少整治的随意性,推动专项治理活动规范化运作。第二,要通过专项整治制度推进相关领域社会治安综合治理长效工作机制的建立,以专项整治的调整为契机,积极探寻面向相关领域,改善治安管理水准的规律和方法,推动该领域长效工作机制的建立。第三,要切实转变执法参与者的思想理念,提升法律素养和执法能力,最大限度地削减执法中因人为因素产生的对相对人正当法律权利的不当侵害。

(三)社区矫正制度的重构与回归

在社会治安综合治理体系中,为实现预防、控制和减少违法犯罪的目的,事前预防和事后打击是治安综合治理的重要举措。“严打”意味着在某个特定时期,针对某些特定领域对较为严重的犯罪行为采取严厉的刑罚和持续性打击,通过打击、惩处、遏制犯罪高发,减少违法犯罪行为的存量。而社区矫正制度则旨在通过对某些社会危害相对轻微的犯罪人员进行犯罪心理的疏导、犯罪行为的矫治,促使其尽快回归社会,达到预防犯罪的目的,相比“严打”的事后打击,社区矫正制度重在事前干预,更能达到“治本”的效果,也更加接近和符合社会治安综合治理的本质,一直被社会各界寄予很高的制度期望。尤其是2013年11月12日,《中共中央关于全面深化改革若干重大问题的决定》规定:“废止劳动教养制度,完善对违法犯罪行为的惩治和矫正法律,健全社区矫正制度。”劳动教养制度被正式废除后,社区矫正制度对减少犯罪增量、缓和社会矛盾、调适对立冲突等方面的作用发挥更为关键,社会也对其投入了更大的关注度,社区矫正的制度重构和属性回归成为必然。首先,要拓展社会矫正的使用对象,在现有界定的范围基础上,科学甄选适用对象,避免盲目扩大。其次,要完善社区矫正制度的机构建设和程序机制,理清机构内部的组织架构、职能配置和人事安排,使其更加符合当前社区矫正制度的发展需要。[①] 最后，尽快制定社区矫正的专门法规，从刑事执法法规的角色中跳出来，提高立法位阶，由全国人大及其常委会统一制定专门性法律法规，为该制度的设立、运行提供制度框架、适用界限和法律原则，防止各地发生自行其是、滥用社区矫正制度的行为。

三、推进制度的关联整合与科学设计

除了对既有的制度规范进行必要的纠偏、优化、重构和调适，还要全面、细致地分析各项制度间的内在联系，通过制度间的协作与配合，促动相关制度的二度整合，并在制度应用的现行基础上进行新一轮的制度设计。新的制度安排应遵循注重充分发挥政府管理和社会组织管理的双重优势的设计原则，使它们在功能上实现优势互补，在责、权、利等方面进行合理的搭配和适度的分工与互制，并通过各主体在社会公共规范下积极参与、平等协商、良好协作，构筑起一种契约式的运作方式。在此方式的指导下，各类具有关联性或互补性的组织、机构、团体和个体以及公共服务的各个领域，社区的各种资源力量整合成具有良好效能的新型社会治安综合治理系统，从而实现政府行政法制管理与社区自主契约管理的同向共促，这必然会带来社会治安绩效的质与量的增值。以下撷取我国社会治安综合管理工作中有代表性的三项制度在体系建设中的实际应用，做一具体的实证说明。

（一）治安治理协作制度

治安治理协作制度是以维护社会稳定为目标，通过党委统筹，政府主导，多方参与，在各种治理主体之间搭建对话、协作平台，规范参与主体行为，推动参与主体之间良性协作关系的形成，解决各类社会问题，化解社会矛盾，维护良好社会治安的专项治理制度。治安治理采用协作治理模式，使得各要素借助某种途径和手段有机组合在一起，其所发挥的整体功能总和大于各子系统单独的、彼此分离时所发挥功能的代数和。[②] 治安治理协作制度不仅强调治理主体间多元性、治理方式多样化的整合利用，更强调各治理主体和治理手段在处理社会治安问题中的紧密协作，实现政策应用的合力。根据亚当·斯密的说法，“市场是最有效的资源配置方式”，具体说，就是要注重治安治理的市场化模式的运用，运用市场杠杆撬动和搞活资源的优势，

---

① 参见但未丽：《社区矫正：立论基础与制度构建》，中国人民公安大学出版社 2008 年版，第 21 页。

② 参见陆世宏：《协同治理与和谐社会的构建》，载《广西民族大学学报（哲学社会科学版）》2006 年第 6 期。

提供社会治安服务，以强化力量共同参与社会治安综合治理。其中，公共治安承包是治安综合治理市场化的方式选择，此方式最本质的特征“是以社会人力资源为警力的后备，通过全社会整体治安力量和资源的综合配置实现警力价值的最大化和社会治安综合治理综合的最大化”①。像保安公司、私人侦探、保镖机构等都是公共治安承包的具体应用，考虑到治安治理所处的社会环境、各地经济发展水平和不同群体需求程度的客观差异，统一部署社会治安综治工作是不明智的、不切实际的，必须要在充分考虑各自差异的基础上，加强制度应用的本土化，以促进治理资源的自由流动和高效配置，实现社会治安综合治理效益的最大化。

（二）治安应急管理制度

处在社会转型期和重大变革期的我国，经常要面临社会突发事件易发、频发的考验，应对社会突发治安事件成为社会治安综合治理体系中非常重要的一个环节。近年来，在校园、医院、大型商场、火车站、机场、码头等人员聚集场所和社会关注度高的公众场合发生的重大治安案事件屡见不鲜，对公共秩序的稳定和人民生命财产安全构成了严峻挑战，日益成为社会治安综合治理领域的新课题。治安应急管理是指治安管理相关部门在突发治安事件的事前预防、事发应对、事中处置和善后管理过程中，通过建立必要的应对机制，采取一系列必要手段和管控措施，以维护社会正常秩序，保障公众生命财产安全，促进良好治安环境的相关活动。体系完善、内涵丰富的社会治安应急管理制度能通过对各种突发治安事件的提前预判实现事先预防，进而从源头上减少突发重大治安事件的发生。目前，我国虽然初步形成了统一的社会治安应急管理体系和法律体系，但体系的严密性、完整性和联动性还有很大欠缺，治安应急管理体系中还存在主体不明、权限不清、程序不实、考核不严、责任追究不力的突出问题，没有形成对治安应急管理核心权力的有效制约。

健全和完善治安应急管理制度，一方面要将加强专业治安应急管理领域的队伍建设与强化社会力量参与相结合，坚持专群合作，加强专业力量与社会力量的协作联动，像各类基金会、红十字会、志愿服务团体等都是可以发掘、利用和导引的社会力量，充分调动社会力量在应对治安应急管理活动中的主体意识和融入热情，实现社会力量与政府力量的统合。另一方面要坚持重在预防、防患于未然的制度导向，加强对可能诱发各类治安突发事

① 邹东升：《契约治理视域的治安承包》，中国检察出版社 2009 年版，第 2 页。

件，危及治安应急管理活动的风险、隐患的研究，依循"抓早抓小抓"苗头的防范原则，强化源头分析，切实增强工作的主动性、前瞻性和判断性，并根据工作实情健全完善各类应急预案，提前料想问题的后果和演化势态，通过预案演练，明确各方责任和处置流程，切实保障治安应急管理制度的科学、务实、高效。

（三）平安建设制度

伴随我国经济社会发生的一系列深刻变革和全面推进依法治国，构建法治政府的施政背景转换，社会治安综合治理模式呈现出新的时代特征，开始进入以"平安建设"为表征的动态治理阶段。平安建设是指在中央政法委、中央社会治安综合治理委员会及其地方对应机构的推动和主抓下，动员民众、社会组织等力量作为主体而开展的一系列创造良好社会环境的行为，这一建设所致力追求的是达成一种社会和谐、安宁、有序、平稳的治理状态。自 2003 年，在中央综治委的大力推动下，十几年来在地方层面的实践积累了丰富经验，结出了丰硕成果，相继形成了以"平安乡镇""平安社区""平安校园""平安厂区"等为代表且有地方特色的实践形式，以及矛盾纠纷化解机制、城乡联动治安防控机制、平安建设考核机制、责任追究机制、群众动员机制等维护社会治安的机制探索。[①] 2007 年，为深入开展农村地区的平安创建活动，中央综治委出台了《关于深入推进农村平安建设的实施意见》；2010 年，聚焦"三农"的中央一号文件再次重申强调平安建设；2012 年，中共十八大报告中也明确指出要继续深化平安建设，这一切都为平安建设制度的实践提供了清晰的发展路向和坚实的纲领支撑。平安建设制度在推行中形成的可复制推广的成熟模式、成功经验和颇具特色的机制创新，还未在现行立法文件中对其作出明确规定，这在一定程度上限制了平安建设向常态化、法治化方向迈进的步伐，因此不仅要将平安建设的制度完善作为社会治安综合治理工作体系的重要补充，还要完善与其相关的立法体制，全面、及时、稳妥地将各项实践成果好、社会效应佳、群众反响热的做法固化、确定下来，纳入法治化轨道，为更好地化解社会矛盾、消除治安隐患奠定制度基石。

① 参见王洁：《社会治安综合治理立法研究》，山东大学 2014 年硕士学位论文，第 74 页。

三、推进制度层面的技术创新

社会治安综合治理坚持以犯罪预防为中心，必须把人力防控与高科技防控有效结合起来。[①] 建立人防、物防、技防一体化的治安防控模式，树立以"人防为根本"的意识，强调人在社会治安防控中的特殊地位和作用。提高人防在社会治安防控体系中的主体功能作用及管理水平、防控效益，构筑"以物防为基础、以技防为方向"的理念。针对社会治安新情况、新问题的出现，加大社会治安基础设施的建设力度，提高技术防控的理论和实践的水平和效果，推广应用各类新型治安防范的技术设施，如"电子防盗门、值班闭路电视、分装在大型楼宇建筑内的监视器、机动车反劫盗报警网络系统等技术防控手段"[②]，不断进行犯罪预防方面的技术创新，使人防、物防和技防在防范技术手段上总是处于先进水平，使犯罪分子无机可乘，杜绝犯罪行为发生的可能性。社会治安综合治理的整体模式要求是在目前领导责任制的基础上，不断进行制度创新，适应市场化和社会化的趋势，继续发展合同责任制、义务责任制等。

实现技术层面的制度创新，开辟社会治安综治打防体系的新格局，还必须要着眼于当今信息技术日新月异的大势，将打防理念、产品研发、系统合作等环节主动融入信息化建设的洪流。具体来说，就是大力推进社会治安综合治理的信息化，其当务之急是要抓好五个信息平台的打造：一是构建人口信息平台，主要包括常住人口信息、外来人口信息、重点人口信息等；二是刑事犯罪信息平台，主要包括刑事发案信息、犯罪嫌疑人信息、网逃刑嫌人员信息、证人信息等；三是治安防控信息平台，主要包括矛盾纠纷排查调处信息、重点要害部位防范信息、城市和农村治安防范信息、人防物防技防信息等；四是紧急事件信息平台，主要包括群体性事件信息、群体性纠纷械斗信息、群死群伤的治安灾害事故信息等；五是综治信息平台，主要包括综治机构信息、政法队伍信息、群防群治队伍信息、群众自治组织信息、社会工作队伍信息等。[③] 以上五个信息化平台的构建是整体推进社会治安综治信息化建设的基础工程，通过大数据的筛查、过滤和融合，实现重要信息的定点

---

① 参见周仕平、郁贝红：《新型社区治安综合治理系统工程构建之探析》，载《兰州学刊》2004 年第 3 期。

② 马勇霞：《论我国转型时期的社会治安及其防控机制》，载《宁夏社会科学》2003 年第 2 期。

③ 参见张传发：《当代中国社会转型与社会治安综合治理创新》，华中师范大学 2004 年硕士学位论文，第 28～29 页。

传送和归口管理,借助跨数据的联网推送,提高对社会治安的决策水平和快速反应能力,从信息技术层面为我国社会治安综合治理工作提供信息载体和技术支持。

结语
构建完善的社会治安综合治理评估体系

一、社会治安综合治理评估的内涵及意义

何为社会治安综合治理评估？社会治安综合治理评估与社会治安评估高度关联。目前国内社会治安评估的类型主要有四种：第一种是“官方宏观评估”，即政府自行编制区域性宏观评估指标体系，由政府或其委托的评估机构对某个区域的社会治理状况、综合实力、竞争力或发展潜力等进行衡量评价，社会治安问题与经济发展、政策环境、生态资源、人口素质等众多要素都作为评估子项目被纳入指标体系中。第二种评估是狭义上的“社会治安综合治理评估”，它侧重于治安综合治理工作措施、过程及结果的检查与考核，由各级党委、政府、社会治安综合治理委员会为主导，并与各部门业绩、个人政绩直接挂钩。第三种是由“公安机关主导的治安评估”，旨在对公安机关维护社会治安的工作状况和绩效予以考核，或者以治安预警为目的进行评估。第四种是由“社会商业机构或私人组织主导的治安评估”，即为了评价某个区域的商业投资、就业、生活的环境，把社会治安作为子项目纳入评估指标体系，多采用犯罪整体状况调查、居民安全感调查等方式来进行。

可见，由于评估目的和评估主体不同，社会治安评估的四种类型之间存在明显差异，“社会治安综合治理评估”仅是“社会治安评估”的一种类型。相比较“社会治安评估”的范围广泛、主体多元，社会治安综合治理的评估目的、内容和主体则具有相对的确定性。从理论研究状况来看，“公安机关主导的治安评估”是目前研究的主阵地[①]，政法委主导的“社会治安综合治理评

① 参见吴义来：《关于完善社会治安评估体系的若干构想》，载《公安研究》2008年第12期。

估”的相关研究成果则比较少。基于此，我们将重点探讨政法委主导的社会治安综合治理评估，认为“社会治安综合治理评估”是指由各级政法委主导，依据一定的标准和程序，运用特定技术方法，通过对治安综合治理工作运行过程中的各个阶段、环节，政策执行的实际效率、效能以及民众满意度等进行检测和评估，以判断社会治安综合治理政策及其工作实施效果的一项跟进性、反馈性研究工作。[①]

科学、规范的评估工作应当成为社会治安综合治理政策过程的重要一环。政策评估是检测和提升综合治理政策制定及其实施质量的重要方法。伴随我国社会转型、国家治理和法治政府建设的深入推进，社会治安综合治理的评估工作也应与时俱进。尤其是社会治安综合治理评估指标和评估体系的科学性、合理性、规范性亦应不断优化，综合治理工作中的“公众参与度、成本/产出比率、法治化要素”等维度应成为新增的考核指标。[②] 社会治安综合治理评估标准和指标体系的设计应遵循科学性、合理性和发展性的原则，其目的就是要构建与我国社会发展阶段、治安综合治理工作特征相适应的综合性评估体系，进而用该体系来科学、准确、系统地考评社会治安综合治理的指标设置、项点分布、活动趋向和效应显现。我国目前正处于社会转型的加速期，许多新的、多元化、难以消解的社会矛盾和各类社会治安问题不断显现，综合治理评估的理论研究和实践发展亦应与民主化、法治化、责任化、信息化等社会治理特征相适应，在评估标准及指标的统一性与灵活性、稳定性和发展性之间求得适度平衡。

二、社会治安综合治理的评估方案及其构成

评估方案是指导评估工作的整体蓝图，其科学化、合理化水平在很大程度上决定了评估的质量和成败。著名政策评估专家彼得·罗西等认为，任何政策评估方案都应包括四个方面：“评估要解决的问题，解决评估问题所采用的方法和程序，评估者与政策相关者的性质（评估者与政策相关者的有效互动），评估结果的发布程序。”[③]我们认为，一个全面的政策评估方案至少应当包括下列内容：评估目的和意义，评估具体内容和重点，评估方法，评估

---

① 参见关越：《关于社会治安综合治理和构建和谐社会的法律思考》，载《公安研究》2006 年第 2 期。

② 参见刘祖云：《当前中国社会转型特征再探讨》，载《武汉大学学报》2002 年第 6 期。

③ [美]彼得·罗西等：《项目评估：方法与技术》（第 6 版），邱泽奇译，华夏出版社 2002 年版，第 29～30 页。

标准与测量指标体系，调查问卷等评估工具，政策信息的收集与分析方法，评估时间和进度，评估经费的使用和安排，评估结果的报告与交流程序。而不同的政策评估在评估方案的构成上还有其特殊性，需要根据评估要求、评估能力、评估条件、评估限制等主客观因素来确定评估方案，在社会治安综合治理评估工作中尤其需要注意根据其评估特点制定具有可操作性的、现实可行的评估方案。

每一次社会治安综合治理评估，都有其基本评估要求。这些基本要求有的是社会治安综合治理政策明确提出的，有的是社会治安综合治理评估主体基于评估需要提出的，有的则是由该次评估的客体、目标等客观决定的。在制定评估方案之前，必须首先明确本次评估的基本要求。评估能力是评估主体从事评估活动以及与评估密切相关的活动并得出有效评估结论的各项能力的总和。评估指标设定能力、评估数据采集能力、问卷调查能力、数据分析能力等都是评估能力的重要组成部分。评估主体在制定评估方案之前，需要对自身的评估能力作出准确判断，只有这样，才能使评估工作有效推行并取得预期效果。评估条件和评估限制是影响评估方案制定的客观因素，社会治安综合治理评估是理论指引与实践调查紧密联系的综合性活动，具体评估工作的开展首先需要具备一定的前提条件，比如社会治安综合治理评估理论的基本支持，社会治安综合治理主治部门、参治部门、帮治部门的密切配合，客观的评估数据可以全面获取，真实的社会综治实践过程和结果可以观察等。如果缺少必要条件，社会治安综合治理工作将无法开展，或者无法取得真实的评估结果。在基本条件已经具备的前提下，评估主体还需根据现有条件和限制，有针对性地制定评估方案。

根据社会治安综合治理的实践特征，我们认为，社会治安综合治理评估方案至少应当包含评估主体、评估目的、评估标准、评估指标、信息收集与分析方法等方面的内容，这也是社会治安综合治理工作中的重要环节和核心内容。下文便按照上述环节展开，并着重分析社会治安综合治理评估指标体系。

三、社会治安综合治理的评估主体与评估目的

综治主体综合是社会治安综合治理的一个显著特点，也是其内在要求，故此，社会治安综合治理评估主体也相应具有多元化的特点。依据评估主体是否来自政府内部，可以将他们分为两类：内部评估主体和外部评估主体。内部评估主体指的是政策制定或执行部门及其下属的研究机构等；外部评估主体指的是政策制定和执行部门以外的评估者（主要包括专业的评

估组织、舆论界、社会团体、民众等)。内部评估与外部评估各具优点并有很强的互补性,实践中应使二者相互结合,提高评估的质量和可信度。

要正确看待并支持政府内部的综治评估工作,“局内人”对综治工作全过程的详尽了解和认知、获取第一手信息资料的便利性以及所获评估结论对综治工作执行与调整的影响力,皆是其他评估主体所无法比拟的。应推动政府建立正式的、专业化、相对独立的评估机构及人才队伍,给予相应的制度和组织保障,提高其评估的专业化水平,并使之成为内部评估的主干力量。但一般而言,外部评估主体与内部评估主体相比则立场更加中立,地位更加超然;同时,专业研究人员的思维严谨而活跃,能使评估结果更加科学可信。因此,社会治安综合治理评估工作可以考虑适当引入外部评估主体。

不同主体的评估各有特点,由于各自视角不同,不同主体所设计的评估方案以及得出的评估结论可能会存在较大差异,甚至不同主体进行社会治安综合治理评估的目的也不尽相同。但无论评估目的为何,所有主体的评估过程与结果,对于社会治安综合治理的主导者和主要参与者,都具有极大的参考和指引价值。可以说,不同主体对社会治安综合治理作出的评估,其最终指向都是社会治安综合治理的领导者和决策者。因此,社会治安综合治理评估的目的,主要是决策者进行社会治安综合治理评估的目标。社会治安综合治理评估工作大致可以分为三个层面的目的:一是管理与改进。通过评估工作改进综治政策的制定与执行绩效,提高综治工作的运行效率和质量。二是责任与控制。依据评估结果作出奖惩决定,通过适当渠道(如书面报告的正式形式)反馈给参与综治的各个责任机构及部门。三是节约开支。随着综治工作量的加大,系统运行规模日益庞大,产生了大量的财政支出,通过评估工作摒弃那些成本高昂但效率低下的工作措施和方法。

上述三个层面评估目的的实现,需要依托于评估主体对社会治安综合治理目标的准确定位,而社会治安综合治理目标的设定又受到社会治安综合治理工作相关政策出台时政治和社会背景的影响,需要以综治政策为其制度渊源。上文已对社会治安综合治理工作相关政策出台的政治和社会背景、政策内容等作了详细描述,下面仅对综治政策的目标体系进行分析。政策目标是政策计划和试图达到的一组或最终状态,衡量一项政策实现其预期目标的程度是必不可少的评估内容。社会治安综合治理的政策文本中包含一些对政策目标的明确表述,但很多并不能直接作为评估依据,主要原因有:关于目标的表述存在模糊性,缺乏具体性和明确性;一些目标过于笼统,没有针对特定的综治问题,它实际上是同类政策的总目标,而不是特定目标;除了文本上的目标外,还有其他目标,也就是说具有多重目标;目标在执行过程中可能会有所调整。为提高目标界定的全面性和准确性,宜将目标分解,建立一个由总目标、具体目标和阶段性目标三个层次构成的目标体系。(见表1)

表1　　　　社会治安综合治理评估的目标体系

目标层次及类型	内涵界定及其表述
第一层 总目标	1. 内涵。特定政策在一个较长时间里希望取得的成就而作出的正式、全面的言辞陈述。 2. 表述。“预防和治理违法犯罪,化解不安定因素,维护社会治安持续稳定。”
第二层 具体目标	1. 内涵。对政策所要达到的状态作出的更为集中而具体的言辞陈述。 2. 表述。“社会稳定,重大恶性案件和多发性案件得到控制并逐步有所下降,社会丑恶现象大大减少,治安混乱的地区和单位的面貌彻底改观,治安秩序良好,群众有安全感。”
第三层 阶段目标	1. 内涵。在实施过程的不同阶段希望达到的效果。 2. 表述。“地方政府出台具体方案,保障配套措施和资金;建立组织领导机构,配备工作人员;季度、年度目标、三年或五年规划。”

四、社会治安综合治理的评估标准

评估标准是衡量综治政策及其实施状况是非利弊的价值尺度,也是对综合治理工作进行评估的基本依据;只有选择并参照一定的评估标准,才能设计出符合特定要求的评估指标体系,进而作出科学合理的评估。评估标准应当根据社会治安综合治理政策本身、评估目标和客观评估环境等因素而科学设立,科学有效的评估标准以及基于它而建立的评估指标体系是社会治安综合治理评估方案的核心要件。

(一)可借鉴的评估标准维度

有学者认为,“评估标准是评估各项具体政策的特定陈述”,并以多元理性为指导,把评估标准大致分为两类:技术标准和社会政治标准。其中技术标准又包括经济标准、效益标准、效率标准和工作过程标准,社会政治标准包括公平性标准、可行性标准、社会标准、科学性标准。这一分类方法为我们建立评估标准体系,提供了一个可供借鉴的、较为全面、合理的参考维度。(见表2)

表 2　　社会治安综合治理评估的标准维度

名称		含义	必要性及内容
技术标准(一种回溯性的评估标准,主要用于对执行中和执行后的公共政策,即对政策执行过程、资源使用情况和公共政策效果进行科学评价)。	经济标准	又称“资源投入标准”,指对政策执行过程中投入和使用的人、财、物、时间、信息等公共资源进行的考量。	考察的主要问题有:政策执行了一段时期后耗费了多少资源?配备了多少执行人员?他们的工作时间如何安排?各种资源投入是怎样分配和使用的?各种资源的投入与使用是否符合政策规定和法定程序?信息资料掌握的数量和分析使用如何?
	效益标准	主要用于衡量政策资源投入以后取得的成果,并通过政策执行的实际效果与目标之间的比较,衡量政策目标完成的程度。	政策效益包含两层含义:一是政策执行的实际效果,指在不考虑政策资源投入的前提下,政策对象由于政策执行而得到改善的情况,反映了政策执行对于政策对象的实际改善水平。二是政策效果的充分性是指特定的政策效益对该政策问题、政策诉求及其目标人群的需要、价值和机会的满足情况。
	效率标准	特定政策效益、效果与资源投入成本之间的比值和考察。	效率标准主要是为了衡量一项政策取得某种效果时所必须消耗的资源数量,资源的投入和使用是否达到最佳状态。 涉及的主要问题有:每单位资源投入能产生多大的效益?达到一定效益后,能否合理地降低成本?有没有其他更佳的方式或途径取得相同的政策效果?
	工作过程标准	又称为“执行力标准”,是指用来衡量政策实施过程(即从资源投入到绩效产出)是否体现了较高能力水平的标准。	主要用来衡量政策执行机构的运作和执行人员的工作状态是否达到最佳状态;有没有违反政策原则、滥用行政自由裁量权,以致造成政策执行的扭曲等;公众参与度即政策相关方及公众参与程度。

续表

<table>
<tr><th colspan="2">名　称</th><th>含　义</th><th>必要性及内容</th></tr>
<tr><td rowspan="4">社会政治标准（旨在对公共政策的价值和目标、因公共政策执行而导致的利益格局的变化等问题作出衡量；透视和反映社会的整体现实状况，发掘更为隐秘的社会政治问题，进而探求社会改进的途径和方式）。</td><td>公平性标准</td><td>公平性标准（Justice）与社会理性、法律理性等密切联系，主要是指分配上的公平。</td><td>衡量由于特定政策执行而引起的权利、价值、机会、资源、收益与成本在不同社会群体和成员之间的分配是否符合公平、正义、人道等基本原则，掌握资源和利益分配的公平程度，进而探索消除利益分配不公的途径和手段。</td></tr>
<tr><td>可行性标准</td><td>可行性标准包括四个方面：技术可行性、经济与财政可承受性、政治可接受性和行政可操作性。</td><td>技术可行性是从技术的角度考察政策方案能否达到预期目标，是否具备了实施政策方案的技术手段，在现有技术水平上达成政策目标的可能性有多大；经济与财政可承受性考察政策实施的所需投入是否超出政府的财政支付能力或影响到政府对其他重要方面的投入；政治可行性标准实际上就是前述的回应性、合法性、公正性等标准；行政可行性涉及的主要问题有：行政管理系统能否把一个政策方案或项目具体化、执行者有多大的授权及控制力、目标群体的配合程度如何、有没有足够的人力物力保证政策的执行、有没有备选的执行方法等。</td></tr>
<tr><td>社会标准</td><td>主要用来分析政策执行对社会总体发展状态、趋势以及社会局部发展的数量分析与客观描述。</td><td>通过对政策执行前后社会发展、变化状况进行比较，衡量政策执行是否符合社会指标的要求以及社会指标是否需要修正。</td></tr>
<tr><td>科学性标准</td><td>主要是衡量执行中的公共政策在目标设置上是否理性科学，是否具有回应性和妥当性。</td><td>回应性是一个指向性标准，指公共政策执行结果满足特定受益目标社会群体的需要、偏好和价值的程度。
适当性标准在考察公共政策的效益、效率、公平、回应性、充分性的基础上，对政策目标的价值和支持政策目标的前提假设是否可靠进行反思，并从总体上判断政策本身及其目标对社会是否适当、合理、必要。</td></tr>
</table>

（二）评估框架及其标准的选择

社会治安综合治理评估标准的选择应当全面，要充分关照综治政策及其运行的全过程，诸如社会治安综合治理的工作投入（人、财、物、时间、信息等）、执行过程（宣传、组织、实施）、政策输出（治安维稳，安全保障服务）、政策效果（安全服务产生的影响）等。评估标准还应能够检验综合治理政策及其工作效果、总结经验并确定今后工作调整的方向，“不仅用边际利率向纳税人证明自己存在的理由……用更相关的概念为自己正名，如效率、效力和社会价值等”[①]。

综治评估标准的选择还要坚持正确的社会、政治价值取向，做到具体和适当。因为采用不同的标准来评估同一项内容，则可能导致不同的甚至完全相反的结论。例如，对某个区域的社会治安综合治理工作措施进行评估时，如果按照效果标准来进行评估，可能是非常成功的；但由于政府投入并浪费了巨额资金，若采用效率评估标准的话，某些工作措施可能并不可取。

现有的综合治理评估标准和指标的设计大都针对政策实施后的效果和产出，较少涉及工作方案及其执行的动态过程，评估范围较狭窄，重心偏后，因此很难对综治工作的执行改进提供有针对性的建议；即便是结果评估也存在标准不全面的问题，比如过分倚重违法犯罪的负向指标，忽视公众满意度、投入/产出标准等。

为克服这些问题，保障评估标准和指标的完整性，对于治安综治评估标准的选择，宜采取在相关评估标准理论的指导下，进行文献分析、小组讨论和专家咨询，同时借鉴和采纳政策评估理论中的“结构—过程—结果”逻辑架构[②]，拟定和划分评估内容及指标体系框架，然后将逻辑框架与评估标准体系相结合，通过研究小组讨论、专家和利益相关方[③]意见咨询[“边界分析

---

① ［美］尼古拉斯·亨利：《公共行政与公共事务》（第7版），张昕等译，华夏出版社2001年版，第198页。

② “结构—过程—结果”评估逻辑框架为：（1）结构评估，其目的是了解项目实施的软硬件环境，包括政策/资金支持、组织管理、设备和人员情况等；（2）过程评估和实施评估，主要目的是对项目实施过程进行监测和监督，了解项目是如何运作的，及时发现与解决问题，是否符合政策要求，有哪些创新点，存在哪些问题等；（3）结果评估，判断项目是否完成各项任务和达到预期目标，项目的效果和效率，间接和长期的影响等。

③ 利益相关方（stakeholders）指那些与政策运行有直接或间接关系的团体、组织或个人。大致可以分为三类：一是政策的制定者和执行者；二是与被评估政策有直接或间接利益关系的人，包括政策对象、监督者、利益集团、评估的发起者和资助者；三是与政策没有利益关系但表示强烈关注的群体或个人。

法”(boundary analysis)[①]是界定政策相关者的常用工具]等方法确定其评估标准。(见表3)

表3　社会治安综合治理评估逻辑框架及对应标准[②]

构　成	描　述	内　容	评估标准选择
结构评估	了解社会治安综合治理工作实施的软硬件环境,包括政策法规、资源投入、组织管理、设备和人员情况等。	主要包括:各级地方政府/综治委的配套资金、政策支持;对治理工作的重视情况和以往开展类似治理工作的效果与环境;各级综治管理机构与人员设置;各级综治方案、政策、法规等;各级综治委关于工作组织、管理、激励与监督的具体办法规定等。	科学性标准,可行性标准,经济标准。
过程评估	对治安综合治理实施过程进行监测和监督,了解治理工作是如何具体运作的,是否符合政策要求,有哪些创新点,存在哪些问题。	主要包括:社会治安综合治理工作政策、法律、法规的出台和信息发布情况;资源投入、管理、使用;综治工作的组织启动和过程控制;相关工作人员的技能培训、日常管理、权责落实;综治工作的检查监督、考核评估、奖惩措施和工作情况总结。	工作过程标准,经济标准,科学性标准,效益标准。
结果评估	判断治安综合治理工作是否完成各项任务和达到预期目标,治理工作的效果和效率,间接/长期的影响等。	主要包括:各级综治部门出台的政策、措施与现实的符合情况;综治工作的开展和效果,与目标要求的契合度;资源使用的合规性及其效果;综治工作发挥的积极作用,社会治安状况的改善;利益相关者及公众满意度;工作经验的推广等。	经济标准,效益标准,效率标准,公平性标准,社会标准,科学性标准。

① 参见[美]威廉·N·邓恩:《公共政策分析导论》(第2版),谢明、杜子芳译,中国人民大学出版社2002年版,第180～181页。

② 参见孙禹文:《浅议科学评估社会治安形势》,载《公安研究》2004年第6期;秦立强:《社会稳定的安全阀:中国犯罪预警与治安评价》,中国人民公安大学出版社2004年版,第41页。

五、社会治安综合治理的评估指标体系

评估指标也就是测量指标，是评估标准的细化与分解，或者说是对评估标准所做的操作化处理和具体化解释，一般表现为由多层指标构成的指标体系。[①] 社会治安综合治理的评估标准确定以后，需将其转化为具体的、可观测的操作性指标，才能应用于评估实践。即使选用的评估标准相同，但是由于设计了不同的测量指标，也可能产生完全不同的评估结论。

（一）指标体系设计的原则及注意事项

社会治安综合治理评估指标设计中需要处理好以下几对关系：定量指标与定性指标相结合；直接指标与间接指标相配合；指标的互斥性与相关性有机结合；指标体系的系统性、覆盖范围与重点性、针对性、简洁性相结合。[②] 具体来讲包括下列五个方面：

第一，指标的完整性。一方面，评估范围不仅包括治安综合治理的效果和产出，还应涉及工作组织领导及其贯彻实施的动态过程，反对过分结果导向型的评估，对于工作努力程度、创新性、方式方法等方面也应有所关注，指标范围过窄、重心偏后将难以对综治工作的改进提供有价值的建议。另一方面，不仅要有客观性指标，还要有主观性指标，重视对群众安全感和公众满意度的考量。

第二，指标的发展性。指标设计应与我国社会转型、国家治理和法治政府建设发展相适应，增加新的指标维度，例如民众参与度、组织协同性、投入/产出比率、法治化要素、监督考核工作情况等。

第三，指标的简洁性、代表性。指标设计应突出重点，宜精不宜滥，选择社会治安治理工作中的主要问题和最具代表性的要素，突出标准体系指向的主干性指标，无须面面俱到、泛泛罗列。例如，社会治安案件和刑事案件的种类很多，无须全部列出，而应有所侧重，尽量选择那些基础的、直接的和最重要的指标，摒弃那些可有可无、不便量化的指标。

第四，指标的可获取性、真实性。指标设计应考虑数据的易于采集和整

① 参见[美]卡尔·帕顿、大卫·沙维奇：《政策分析和规划的初步方法》，孙兰芝、胡启生译，华夏出版社2002年版，第186～187页。

② 参见牟杰、杨诚虎：《公共政策评估：理论与方法》，中国社会科学出版社2006年版，第244～245页。

理，并尽量选择那些不易弄虚作假的数据，例如杀人案件立案数、严重刑事犯罪案件立案数等，就是相对容易获取真实数据的指标。

第五，指标的可比性。不同区域、同一区域不同时段的社会治安状况往往取决于其政策状况、经济发展、社会进步等多重因素，在指标选定方面，应尽可能选择人均数、比率、时段同比、平均数等相对比较数，避免单独使用发案数、破案数等绝对性的指标，保证各区域即便在人口数、警力数等方面存在差异的情况下，也能够进行科学、公正的评估和横向、纵向比较，使不同区域、不同时段的治安评估工作处于相对平等的基点。[①]

（二）评估指标体系的设计与指标细化解释

社会治安综合治理的评估指标设计应当与政府宏观政绩评估、公安机关内部的绩效考核或治安预警方式的评估加以区分，在评估指标的选择上既不能无限扩大，也不能过度缩小，指标应当主要侧重于解释和评价功能，同时兼顾描述、监测和预警功能。评估指标应能对社会治安综合治理的工作状况、失调原因、影响因素作出合理解释；能够综合测度治安综合治理各系统之间的协调性，从而在整体上对治安状况作出客观评价，清晰界定各方在治安综合治理工作中的权责，健全社会治安综合治理的工作机制。国外关于治安评估指标的选择与国内情况既有共性又有差异，可以选择性借鉴西方发达国家最新研究成果，突破那种把警方登记刑事案件数量作为主要治安评价指标的弊端。例如在美国，评价社会治安状况的指标除了警方呈报的罪案数、报案率、破坏公共及他人财产安全的情况，还包括公众安全感、特定阶层的安全感、社会文明程度、社会服务、警民关系等。英国也提出了各类案件比例、警察与人口比例、公民权利受到保护的程度、警察价值观念与公民价值观念的一致性程度等考察角度。[②]

在指标体系设计原则指导下，结合“结构—过程—结果”逻辑架构、评估标准体系及其选择，通过文献分析、研究小组讨论、专家咨询等方法，可初步划分指标体系的维度、分析各指标的优缺点并进行三级指标的遴选。（见表 4）

---

① 参见黎伟挺：《建立我省社会治安评估体系的构想》，载《公安学刊》2004 年第 4 期；袁湘滨：《建立符合科学发展观的社会治安综合评估体系》，载《公安研究》2007 年第 1 期。

② 参见吴义来：《关于完善社会治安评估体系的若干构想》，载《公安研究》2008 年第 12 期；黄宝坤：《以科学发展观为指导建立和完善社会治安状况评估体系》，载《公安学刊》2005 年第 5 期。

表 4 社会治安综合治理评估指标体系(三级指标)[①]

<table>
<tr><td rowspan="4">综治组织管理</td><td>组织领导</td><td>◆ 综治机构组织建设
◆ 综治部门统筹协调</td></tr>
<tr><td>制度建设</td><td>◆ 制度措施
◆ 法治化程度</td></tr>
<tr><td>资源投入</td><td>◆ 治安资源投入和使用管理规定
◆ 及时性、入位率</td></tr>
<tr><td>监督管理</td><td>◆ 监督考核制度规定
◆ 管理考核机构及其权责、人员建设</td></tr>
<tr><td rowspan="2">综治工作实施</td><td>工作实施</td><td>◆ 综治政策发布和信息公开
◆ 主治部门工作执法规范性
◆ 部门协同及民众参与
◆ 经验分析和工作汇报</td></tr>
<tr><td>服务监督</td><td>◆ 信息系统管理
◆ 工作人员培训
◆ 资源使用合规性
◆ 监督考核实施</td></tr>
<tr><td rowspan="2">综治结果评价</td><td>社会效益</td><td>◆ 社会治安状况
◆ 治安防控处置能力</td></tr>
<tr><td>公众安全感及满意度</td><td>◆ 公众安全感
◆ 公众满意度</td></tr>
</table>

下面对指标内容和子指标的细化作一简要说明[②]：

1. 组织领导方面

综治机构组织建设，如综治委及下属办公室建设(定量方面涉及人员编制、设备、经费、文书档案等；定性方面可设置完善、一般、不完善、严重不完善等评价度)；组织及人员权责是否统一，有明确的制度规定。综治部门的

① 参见郑阅春、杨倩斓：《社会治安评价指标体系研究》，载《统计与咨询》2006 年第 3 期；薛德庆：《社会治安评估体系建设的调查与思考》，载《山东警察学院学报》2010 年第 1 期；金淞：《社会治安评估指标体系及其应用研究》，复旦大学 2008 年硕士学位论文。

② 参见郑晓均：《云南边境地区社会治安评价指标体系研究》，载《云南警官学院学报》2008 年第1 期。

统筹协调，如党委、政府的重视、指导和推动；政法委/综治委主导下的部门协调机制（主治部门、参治部门、帮治部门[①]的工作协调；联席工作；参治、帮治能力建设；部门之间关系明确且有制度保障）。

2. 制度建设方面

治安综合治理的政策措施、法律法规、总体工作方案、工作程序规定等制度完善性；制度质量，是否针对地方治安特点、符合上位法的要求等；法制健全和完善程度，如法律法规数量及其比率，地方性法规的立法效果。[②]

3. 资源投入方面

定量方面，诸如治安综合治理经费、政法经费、公安经费的预算投入，占财政预算支出的比例，往年同比；定性方面，如资源投入及时性（及时到位/一般及时/经常不及时/严重拖后）、入位率等（足额入位/一般足额/经常欠缺/严重欠缺）。

4. 监督管理方面

监督考核的制度规定，诸如考核程序、考核方案、考评结果通报制度、奖惩挂钩等；考核机构的组织设置、权责、人员建设等。

5. 工作实施方面

综治政策发布和信息公开的方式、范围、及时性、有效性；主治部门执法规范化、工作责任感、服务态度、执法力度、办事效率等方面的表现。部门协同及民众参与涉及公、检、法、司各系统的工作及其配合；主治、参治、帮治协调情况；民众意见征询；民众参与积极性和参与度等。经验分析和工作汇报的形式、数量、效果，工作调整与改进的方式和效果。

6. 服务监督方面

信息系统管理诸如报警网络系统建设；评估信息上报采集系统等。综治干部及工作人员培训的年度培训次数、人数；开展形式；培训内容设计及其范围（综治政策、组织文化和职业伦理、工作思路、知识、技能等）；资源投入使用合规性（是否存在腐败、侵占、挪用、浪费等）。监督考核涉及工作、执法程序的监督；专项监督整改治理；违规行为查处率及责任追究；优秀奖励情况。

---

① 主治部门主要指公安、安全、检察、法院和司法行政机关；参治部门、机关和人员主要指与防治违法犯罪发生较直接关系的部门，包括民政、监察、工商、税务、财政、劳动、教育、文化、宣传等；帮治部门包括工会、妇联、共青团等社会群众组织、社会团体及个人。

② 参见张雪筠、王志强：《法治化：社会治安综合治理的必然走向》，载《天津市政法管理干部学院学报》2000年第4期。

7. 社会效益方面

社会治安状况指标主要涉及重大群体性事件数，与往年同比；刑事发案率，与往年同比；命案（故意杀人、伤害致死和致人死亡的爆炸、投毒、放火、抢劫、强奸、绑架案件）发案率，与往年同比；命案占同期刑事案件总数的百分比，与往年同比；八类刑事暴力案件发案率，与往年同比；八类刑事案件占同期刑事案件总数的百分比，与往年同比；日均警情、“110”接报治安数，与往年同比；“两抢”“两盗”日均犯罪报警数，与往年同比；万车死亡率和万车事故率、万人交通事故死亡率，与往年同比；火灾事故数、伤亡率，与往年同比；生产安全事故率、死亡率，与往年同比。治安防控处置能力指标主要涉及每万人口警察/协警保有率，与往年同比；治安综合治理/公安经费占财政支出的实际比例、民警人均经费，往年同比；警情反应速度，装备水平；重大群体性事件成功处置率，与往年同比；命案破案率，与往年同比；百名民警八类刑事案件破案数，与往年同比；百名民警治安事件处置率/逮捕犯罪嫌疑人数，与往年同比；百名民警“两抢”“两盗”案件破案率，与往年同比；外来人口信息采集率，与往年同比；百名检察工作人员办理检察院自办案件数，与往年同比；百名法院工作人员办理一审案件数，与往年同比；百名司法行政人员人民调解数，与往年同比；群防群治力量，民主自治水平。

8. 公众安全感及满意度方面

公众安全感涉及群众对居住地的安全感，对单位、学校所在地的安全感，对公共场所的安全感等。公众满意度涉及群众对居住地治安综合打防控工作的满意度，对本地区治安综合打防控工作的满意度，对治安处警工作的满意度，对本地区民警工作的满意度等。展开来讲，设计群众安全感问卷时，应涉及群众对社会治安的直接感受、感觉“不安全”的主要原因、最影响安全感的治安问题、与上年治安状况的比较、街面见警率、对治安执法力度及公正性评价、被害人调查等。[①] 满意度部分的调查内容主要有：对本地区、居住地治安防控处置能力的评价，往年同比的变化；对本地区、居住地民警工作状况的评价；对居住地民警在警容警貌、工作责任感、执法规范化、执法力度、办事效率、服务态度等方面的评价；对治安出警速度、服务态度、处理方式及结果的评价等。[②] 可将人们对安全感/满意度的具体态度评价划分为若干测量尺度，如“优、良、中、差”“好、较好、一般、较差”等。

---

① 参见黎伟挺：《建立我省社会治安评估体系的构想》，载《公安学刊》2004年第4期。

② 参见夏德才：《建立以公众安全感为核心的社会治安评估体系探析》，载《公安研究》2009年第12期。

在设计具体评估任务时，可从中选取适当的子指标，通过制作更加细化、可操作性的评估表格和调查问卷来应用到评估实践中。

（三）指标权重及计算方法

指标权重的分配与指标选择具有同等重要的意义，因此，具体治安综合治理在评估指标权重确定过程中要做到以下几点：一是要根据各个指标对于社会治安影响作用和重要程度的不同，赋以相应的权数分值，以保证其科学性；二是要考虑各类指标数据可信度的不同，对可信度高的数据指标项分值设定可以高一点，对可信度低的数据指标权数可以设定得相对低一点；三是要适度提高工作量、资金投入等正相指标的比例，防止过分偏重逆向指标；四是要处理好权重配比精度与计算方法选择之间的关系，在计算方法上没有必要采取过于繁琐的公式定律，应使用那些保证精确度且简便可行的计算方法进行比较、计分。[①]

治安综合治理评估指标权重及其计算方法主要有以下几个步骤：第一，确定每一评价指标的方向性和权数。“德尔菲”专家调查法[②]是目前比较通用和成熟的一种方法，通过会议研讨、面访填答、电话邮件等咨询方式，运用SPSS对所得数据做定量分析，可以得到专家们对于各项指标权重的看法，然后通过一元回归方法解构评估指标间的关系。第二，对单项指标的标准化处理并计算其指数。标准化处理的通用计算公式为：正向指标 $Y_n = X_{1n}/X_{0n}$，逆向指标 $Y_n = X_{0n}/X_{1n}$；公式中，0 表示基期，1 表示报告期，n 表示指标序号，X_{0n} 为第 n 个评价指标的基期数值，X_{1n} 为这一指标的报告期数值，Yn 为第 n 个指标经标准化处理后的数值。然后将某一项指标经标准化处理后的数值(Y_n)乘以其权数，即得到这一指标的单项指数。第三，计算领域指数和总指数。将每一领域中各单项指数相加即可得该领域指数，将各领域指数相加即可得总指数（综合评价）。计算公式为：全部指标综合得分 $=\sum$（单项指标得分）；如果数值无法除尽，其值选择为 0，即不予考虑其影响因素。[③]

---

① 参见陈本兰：《社会治安状况评估指标体系和评估方法研究》，载《福建公安高等专科学校学报》2005 年第 6 期。

② 德尔菲法(Delphi Method)由美国的著名咨询机构兰德公司于 20 世纪 50 年代初发明，其实质是“有反馈的函询调查”和“控制论公断”。它把需要回答的问题编成意见征询表向各类专家征询意见，组织者将专家意见进行统计处理，然后将综合结果反馈给专家，并允许专家根据总体意见对自己的意见进行修改；必要时，这样的反馈和征询可进行多次，直到大多数专家的意见看法趋于一致才获得结论。它的优点是匿名性，可有效地避免专家会议可能出现的附和、权威等倾向，因而具有更高的科学性。

③ 参见福建省公安厅办公室：《社会治安状况评估机制研究》，载《公安研究》2006 年第 12 期。

六、社会治安综合治理的评估方法

(一)评估方法及其选择

评估问题决定评估方法,不同的政策对象需要与之相适应的评估方法,既使针对同一个政策的不同方面(例如政策方案、执行过程、政策效果效能等),采用的评估方法也不尽相同。按照政策实施的时间顺序,可以将评估方法做如下归类:第一,对政策方案的评估一般被称为"预评估",与政策执行的"后评估"相比,预评估的难度和不确定性更大。采用的方法主要有:政治、经济和技术可行性评估法、外推预测法、理论模型预测技术等。第二,对政策执行过程进行评估的方法主要有:社会审计、社会实验、社会系统核算、综合实例研究等。第三,对政策效果和效能进行评估的方法。政策效果评估的定性方法主要有整体评估法和层次评估法,定量方法主要有前后对比法、投射—实施后对比法、有政策—无政策对比法、控制对象—实验对象对比法、模糊综合评价法等;政策效能评估的方法主要有成本—收益分析法、成本效能分析法等。

对于社会治安综合治理工作而言,政策文本的分析可主要采用可行性评估法和预测法;对综治执行过程的评估可以选用社会审计、社会系统核算、综合实例研究法;对综治工作结果的评估可以选用整体评估法、前后对比法、有政策—无政策对比法和成本效能分析法。

(二)信息收集与分析方法

治安综合治理评估需要大量的真实信息作支撑,治安综合治理过程中的各项信息的获取与分析,是决定评估结果是否客观的基础,也是评估方法中较为重要的一种。治安综合治理评估中所使用的信息资料收集方法主要有文献法、观察法、调查法和实验法等,一般来说,观察法和实验法运用得较少,文献法和调查法使用得较多。在具体政策评估中,需要依据所需信息资料的类型、规模、信息来源、获取信息的难度等因素来确定选择哪一种或几种信息收集方法。收集到的信息还需要经过统计、分析才可使用,信息综合与分析的方法主要有定性分析、定量分析两大类,两种方法各有利弊,评估者需要根据评估目的和信息特征予以适当选择。

社会治安综合治理评估工作可以采用的信息收集方法包括访谈、函调、问卷调查、机构调查、专家讨论、现场观察等,其中可以调查法和观察法为主,在评估工作的不同阶段,信息收集方法的选择亦应有所侧重和不同。

(三)定量评估的困境

通过对经济成本、效益、效率的定量评估,可以衡量资源投入与产出的合理性，为资源投入方向提供依据，避免综治政策制定和执行过程中完全不计代价或只计算部分成本的现象。但在社会治安综合治理评估中，其经济成本、效益评估与定量分析面临着诸多困境：第一，评估对象难以量化。公共政策成本和效益的表现形式与经济部门之间存在巨大差异，诸多对综治工作过程和产出进行考察的经济指标在实践中都很难量化，同时，定量评估方法与技术往往不容易被掌握和使用。第二，综治工作成本及效果的范围难以界定。综治投入的成本及效果可能非常广泛，有些甚至是隐性的；同时社会治安的变化往往源于多重因素的共同作用，未必是综治工作单一因素影响的结果，想要准确辨别并滤除非政策效果是存在困难的。第三，衡量综治工作效果的指标不统一。例如，效率标准与效益标准就未必是统一的或者成正比例的，一种高效率的综治工作执行方式未必一定带来高效益的结果。在评估实践中，应加大对界定综治工作经济成本及其效果范围的专门性研究，探索辨别和滤除非政策效果的更多方法，归纳并形成完善的方法体系。

社会治安综合治理的沿袭、演进和发展，是与我国法治化进程、政府职能转变、地方实践以及第三部门兴起、社会力量壮大的脉络相伴生的，无论是基于对其基本理念的阐明、学理界限的厘清，还是历史演变的梳理、既存问题的展现，抑或是借鉴先发国家成功经验和我国本土化应用，都是社会治安综合治理不断趋向民主化、科学化、系统化、体系化、法治化的路径变迁，未来社会治安综合治理将在更加具体、明确的法律框架内，在专门性法律规范的指引和确认下，在政府倡导、规制、监督和服务的作用下，实现国家、市场和社会三方力量的促动与整合，并依托消解社会矛盾，解决社会治安问题的机制平台，最终实现社会治安综合治理目标判断和价值选择的融合与统一。一套完整、科学的社会治安综合治理指标体系是实现上述目标的必要工具。

附　录

社会治安综合治理地方立法一览表

社会治安综合治理地方立法一览表

地方性立法 / 行政区划	地方性法规	地方政府规章	数　量
北京市	《北京市社会治安综合治理条例》(1992年通过,附北京市人民代表大会常务委员会关于修改部分地方性法规的决定,2010年修改)		1
天津市	1.《天津市人民代表大会常务委员会关于加强社会治安综合治理的决定》(1991年通过) 2.《天津市社会治安综合治理条例》(1993年通过,现已失效) 3.《天津市社会治安综合治理条例》(2004年通过)		3
河北省	1.《河北省社会治安综合治理条例》(1991年通过,已被修正) 2.《河北省人民代表大会常务委员会关于修改〈河北省社会治安综合治理条例〉的决定》(2004年通过)		2

续表

地方性立法 行政区划	地方性法规	地方政府规章	数　量
山西省	1.《山西省社会治安综合治理条例》(1992 年通过,现已失效) 2.《山西省社会治安综合治理条例》(2009 年通过)		2
内蒙古自治区	1.《包头市社会治安综合治理条例》(1991 通过,已被修正) 2.《呼和浩特市社会治安综合治理条例》(1991 年通过,已失效) 3.《呼和浩特市人民代表大会常务委员会关于修改〈呼和浩特市社会治安综合治理条例〉的决定》(1997 年通过) 4.《内蒙古自治区社会治安综合治理条例》(1992 年制定,现已失效) 5.《内蒙古自治区社会治安综合治理条例》(2003 年通过) 6.《包头市社会治安综合治理条例》(修订本,2008 年通过)		6
辽宁省	1.《鞍山市社会治安综合治理暂行条例》(1991 年通过) 2.《辽宁省社会治安综合治理条例》(1994 年通过,已被修正) 3.《辽宁省人民代表大会常务委员会关于修改〈辽宁省社会治安综合治理条例〉的决定》(2006 年通过) 4.《抚顺市社会治安综合治理若干规定》(1996 年通过,现已失效) 5.《抚顺市社会治安综合治理条例》(2008 年通过)		5

续表

地方性立法 行政区划	地方性法规	地方政府规章	数　量
吉林省	1.《吉林省社会治安综合治理若干规定》(1992 年通过,现已失效) 2.《吉林省社会治安综合治理条例》(2008 年通过)		2
黑龙江省	《黑龙江省社会治安综合治理条例》(1992 年通过)		1
上海市	《上海市社会治安综合治理条例》(2010 年通过)		1
江苏省	《江苏省社会治安综合治理条例》(1991 年通过)		1
浙江省	1.《浙江省社会治安综合治理条例》(2002 年通过,现已失效) 2.《浙江省社会治安综合治理条例》(修订本 2007 年通过)		2
安徽省	1.《合肥市社会治安综合治理条例》(试行)(1990 年通过,现已失效) 2.《合肥市社会治安综合治理条例》(1995 年通过) 3.《安徽省社会治安综合治理条例》(1992 年通过,已被修正)		3

续表

地方性立法 行政区划	地方性法规	地方政府规章	数　量
福建省	1.《福建省社会治安综合治理条例》（1995年通过，已被修正） 2.《福建省人大常委会关于修改〈福建省社会治安综合治理条例〉的决定》（2003年通过） 3.《厦门市人民代表大会常务委员会关于进一步加强社会治安综合治理的决定》（2001年通过）		3
江西省	1.《江西省社会治安综合治理条例》（1992年通过，已被修正） 2.《江西省人民代表大会常务委员会关于修改〈江西省社会治安综合治理条例〉的决定》（1997年通过，已被修正） 3.《江西省社会治安综合治理条例》（修订本，2003年通过）		3
山东省	1.《山东省社会治安综合治理若干规定》（1992年通过） 2.《济南市社会治安综合治理条例》（1993年通过）		2
河南省	《河南省社会治安综合治理条例》（2004年通过）		1
湖北省	《湖北省社会治安综合治理条例》（2007年通过）		1

续表

地方性立法 行政区划	地方性法规	地方政府规章	数　量
湖南省	1.《湖南省社会治安综合治理条例》(1993 年通过,已被修正) 2.《湖南省人民代表大会常务委员会关于修改〈湖南省社会治安综合治理条例〉的决定》(2002 年通过)		2
广东省	1.《广州市社会治安综合治理条例》(1991 年通过) 2.《深圳经济特区社会治安综合治理条例》(1994 年通过,已被修正) 3.《深圳市人民代表大会常务委员会关于修改〈深圳经济特区社会治安综合治理条例〉的决定》(2003 年通过)		3
广西壮族自治区	1.《广西壮族自治区社会治安综合治理条例》(1994 年通过,已被修正) 2.《广西壮族自治区社会治安综合治理条例修正案》(2003 年通过) 3.《广西壮族自治区社会治安综合治理条例》(2010 年通过)		3
海南省	《海南省社会治安综合治理条例》(1994 年通过)		1
四川省	1.《四川省社会治安综合治理条例》(1995 年通过,已被修正) 2.《四川省人民代表大会常务委员会关于修改〈四川省社会治安综合治理条例〉的决定》(2006 年通过)		2

续表

地方性立法 行政区划	地方性法规	地方政府规章	数　量
重庆市	1.《重庆市社会治安综合治理条例》(1992 年通过,现已失效) 2.《重庆市社会治安综合治理条例》(1998 年通过) 3.《重庆市人民代表大会常务委员会关于废止〈重庆市社会治安综合治理条例〉第二十五条第三款的决定》(2003 年通过)		3
贵州省		1.《贵州省社会治安综合治理工作规定》(1991 年通过) 2.《贵州省社会治安综合治理一票否决权制办法》(试行)(1994 年通过) 3.《贵州省社会治安综合治理属地管理办法》(试行)(1994 年通过)	3

续表

地方性立法 / 行政区划	地方性法规	地方政府规章	数　量
云南省	1.《云南省社会治安综合治理条例》(1992年通过,已被修正) 2.《西双版纳傣族自治州社会治安综合治理条例》(1994年通过) 3.《云南省人民代表大会常务委员会关于修改〈云南省社会治安综合治理条例〉的决定》(2003年通过)		3
西藏自治区	1.《西藏自治区社会治安综合治理暂行条例》(1994年通过,已被修正) 2.《西藏自治区人民代表大会常务委员会关于修改〈西藏自治区社会治安综合治理暂行条例〉的决定》(2002年通过,现已失效) 3.《西藏自治区社会治安综合治理条例》(2007年通过)		3
陕西省	1.《陕西省社会治安综合治理条例》(1993年通过,已被修正) 2.《陕西省人民代表大会常务委员会关于修改〈陕西省社会治安综合治理条例〉的决定》(2002年通过,已被修正) 3.《陕西省人民代表大会常务委员会关于修改〈陕西省社会治安综合治理条例〉的决定》(2003年通过)		3

续表

地方性立法 行政区划	地方性法规	地方政府规章	数　量
甘肃省	1.《甘肃省人民代表大会常务委员会关于继续坚持“严打”斗争加强社会治安综合治理的决议》(1987 年通过) 2.《甘肃省人民代表大会常务委员会关于加强社会治安综合治理的决议》(1991 年通过,现已失效) 3.《甘肃省社会治安综合治理条例》(1993 年通过,已被修正) 4.《甘肃省人民代表大会常务委员会关于废止〈甘肃省实施《中华人民共和国食品卫生法(试行)》的若干规定〉〈甘肃省人大常委会关于进一步深入扫除“六害”的决议〉〈甘肃省人大常委会关于加强社会治安综合治理的决议〉的决定》(1997 年通过) 5.《甘肃省人民代表大会常务委员会关于修改〈甘肃省社会治安综合治理条例〉的决定》(2003 年通过) 6.《甘肃省甘南藏族自治州社会治安综合治理条例》(2004 年通过) 7.《甘肃省社会治安综合治理条例》(2010 年通过)		7

续表

地方性立法 / 行政区划	地方性法规	地方政府规章	数　量
青海省	1.《西宁市社会治安综合治理条例》(1992 年通过,已被修正) 2.《海西蒙古族藏族自治州社会治安综合治理条例》(1995 年通过,已被修正) 3.《海南藏族自治州社会治安综合治理条例》(2000 年通过) 4.《玉树藏族自治州社会治安综合治理条例》(2001 年通过) 5.《海北藏族自治州社会治安综合治理条例》(2002 年通过) 6.《西宁市人民代表大会常务委员会关于修改〈西宁市社会治安综合治理条例〉的决定》(2003 年通过) 7.《海西蒙古族藏族自治州人民代表大会关于修改〈海西蒙古族藏族自治州社会治安综合治理条例〉的决定》(2005 年通过) 8.《青海省社会治安综合治理条例》(2006 年通过) 9.《果洛藏族自治州社会治安综合治理条例》(2006 年通过)		9
宁夏回族自治区	1.《宁夏回族自治区社会治安综合治理条例》(1990 年通过,已被修正) 2.《宁夏回族自治区人大常委会关于修改〈宁夏回族自治区社会治安综合治理条例〉的决定》(1996 年通过)		2

续表

地方性立法 行政区划	地方性法规	地方政府规章	数　量
新疆维吾尔自治区	1.《新疆维吾尔自治区人民代表大会常务委员会关于加强社会治安综合治理的决议》(1990年通过) 2.《新疆维吾尔自治区社会治安综合治理条例》(1994年通过,已被修正) 3.《乌鲁木齐市社会治安综合治理若干规定》(1995年通过) 4.《新疆维吾尔自治区人民代表大会常务委员会关于修改〈新疆维吾尔自治区社会治安综合治理条例〉的决定》(1997年通过) 5.《新疆维吾尔自治区社会治安综合治理条例》(2009年通过)		5
总计	85	3	88

主要参考文献

一、著作类

1.《列宁选集》第 3 卷，人民出版社 1995 年版。

2.《邓小平文选》第 2 卷，人民出版社 1994 年版。

3. 王仲方:《中国社会治安综合治理的理论与实践》，群众出版社 1989 年版。

4. 马结:《中国社会治安综合治理研究》，法律出版社 1990 年版。

5. 王定国等编:《谢觉哉论民主与法制》，法律出版社 1996 年版。

6. 郑杭生:《转型中的中国社会和中国社会的转型》，首都师范大学出版社 1996 年版。

7. 康树华:《犯罪学通论》，北京大学出版社 1996 年版。

8. 费孝通:《乡土中国　生育制度》，北京大学出版社 1998 年版。

9. 朱福惠:《宪法至上——法治之本》，法律出版社 2000 年版。

10. 王宽弘等:《警察学总论》，五南图书出版股份有限公司 2001 年版。

11. 徐永祥:《社区发展论》，华东理工大学出版社 2001 年版。

12. 湛中乐:《法治国家与行政法治》，中国政法大学出版社 2002 年版。

13. 谢子传:《治安管理法学》，中国人民公安大学出版社 2002 年版。

14. 严浩主编:《我国城市社区发展政策研究》，中国计划出版社 2002 年版。

15. 章剑生:《行政程序法基本理论》，法律出版社 2003 年版。

16. 林万亿:《当代社会工作——理论与方法》，五南图书出版股份有限公司 2003 年版。

17. 郑杭生主编:《社会学概论新修》,中国人民大学出版社 2003 年版。

18. 宋镇照:《社会学》,五南图书出版股份有限公司 2004 年版。

19. 胡建淼:《行政法学》,法律出版社 2004 年版。

20. 周旺生:《立法学》,法律出版社 2004 年版。

21. 肖金明:《法治行政的逻辑》,中国政法大学出版社 2004 年版。

22. 闫月梅等编译:《社区治安与犯罪问题解决》,中国社会出版社 2004 年版。

23. 张晋藩:《中国司法制度史》,人民法院出版社 2004 年版。

24. 许章润主编:《犯罪学》(第 2 版),法律出版社 2004 年版。

25. 王青山、刘继同:《中国社区建设模式研究》,中国社会科学出版社 2004 年版。

26. 张俊芳:《中国城市社区的组织与管理》,东南大学出版社 2004 年版。

27. 陈伟东:《社区自治:自组织网络与制度设置》,中国社会科学出版社 2004 年版。

28. 于燕燕:《社区自治与政府职能转变》,中国社会出版社 2005 年版。

29. 王牧主编:《新犯罪学》,高等教育出版社 2005 年版。

30. 侯宏林:《刑事政策的价值分析》,中国政法大学出版社 2005 年版。

31. 夏菲主编:《治安管理研究》,中国方正出版社 2005 年版。

32. 施祖麟:《社会治安综合治理实践与探索》,人民武警出版社 2005 年版。

33. 李震山等:《保全业与治安》,五南图书出版公司 2005 年版。

34. 贾征、刘华杰:《社区治安与综合治理》,中国社会出版社 2005 年版。

35. 刘惠恕:《社会治安综合治理理论》,上海社会科学院出版社 2006 年版。

36. 黄文艺:《比较法:原理与应用》,高等教育出版社 2006 年版。

37. 娄成武、孙萍主编:《社区管理学》,高等教育出版社 2006 年版。

38. 马西恒等:《中加社区治理模式比较研究》,上海人民出版社 2006 年版。

39. 何艳玲:《都市街区中的国家与社会——乐街调查》,社会科学文献出版社 2007 年版。

40. 顾建键主编:《现代社区管理概论》,上海人民出版社 2007 年版。

41. 王大伟主编:《欧美警察科学原理——世界警务革命向何处去》,中国人民公安大学出版社 2007 年版。

42. 张国庆:《公共行政学》,北京大学出版社 2007 年版。

43. 张兴杰:《社区管理》,华南理工大学出版社 2007 年版。

44. 唐皇凤:《社会转型与组织化调控:中国社会治安综合治理组织网络研究》,武汉大学出版社 2008 年版。

45. 但未丽:《社区矫正:立论基础与制度构建》,中国人民公安大学出版社 2008 年版。

46. 胡联合等:《当代中国社会稳定问题报告》,红旗出版社 2009 年版。

47. 中央社会治安综合治理委员会办公室:《社会治安综合治理工作读本》,中国长安出版社 2009 年版。

48. 王巍:《社区治理结构变迁中的国家与社会》,中国社会科学出版社 2009 年版。

49. 郑孟望:《社区安全管理与服务》,湖南大学出版社 2009 年版。

50. 沈德咏:《中国特色社会主义司法制度论纲》,人民法院出版社 2009 年版。

51. 强世功:《惩罚与法治——当代法治的兴起(1976～1981)》,法律出版社 2009 年版。

52. 邹东升:《契约治理视域的治安承包》,中国检察出版社 2009 年版。

53. 史云贵:《中国现代国家构建进程中的社会治理研究:一种基于公共理性的研究路径》,上海人民出版社 2010 年版。

54. 连玉明、武建忠主编:《中国社情报告——领导决策信息年度报告》,中国时代经济出版社 2010 年版。

55. 朱景文主编:《比较法学专题研究》,中国人民大学出版社 2010 年版。

56. 张玮:《平安建设与社会治安研究》,山东人民出版社 2012 年版。

57. 王名:《社会组织论纲》,社会科学文献出版社 2013 年版。

58. 季卫东:《大变局下的中国法治》,北京大学出版社 2013 年版。

59. 滕五晓:《社区安全治理:理论与实务》,上海三联书店 2014 年版。

60.[法]托克维尔:《论美国的民主》(上),董果良译,商务印书馆1987年版。

61.[美]R·麦克法夸尔、费正清编:《剑桥中华人民共和国史:革命的中国的兴起1949～1965年》上卷,中国社会科学出版社1990年版。

62.[美]R·麦克法夸尔、费正清编:《剑桥中华人民共和国史:中国革命内部的革命1966～1982年》下卷,中国社会科学出版社1992年版。

63.[美]黄仁宇:《中国大历史》,三联书店1997年版。

64.[日]盐野宏:《行政法》,杨建顺译,法律出版社1999年版。

65.[美]詹姆斯·罗西瑙:《没有政府的治理》,张胜军、刘小林译,江西人民出版社2001年版。

66.[美]尼古拉斯·亨利:《公共行政与公共事务》(第7版),项龙译,华夏出版社2001年版。

67.[澳]欧文·E·休斯:《公共管理导论》,张成福等译,中国人民大学出版社2001年版。

68.[美]彼得·罗西等:《项目评估:方法与技术》(第6版),丘泽奇译,华夏出版社2002年版。

69.[美]卡尔·帕顿、大卫·沙维奇:《政策分析和规划的初步方法》,孙兰芝、胡启生译,华夏出版社2002年版。

70.[美]威廉·N·邓恩:《公共政策分析导论》(第2版),谢明、杜子芳译,中国人民大学出版社2002年版。

71.[美]理查德·C·博克斯:《公民治理:引领21世纪的美国社区》,孙柏瑛等译,中国人民大学出版社2005年版。

72.[美]曼昆:《经济学原理》(英文版),清华大学出版社2006年版。

73.[英]罗伯特·雷纳:《警察与政治》,易继苍、朱俊瑞译,知识产权出版社2008年版。

二、论文类

1. 李鸿儒:《关于社会治安综合治理情况的调查》,载《中国法学》1986年第3期。

2. 马结、常远:《论社会治安综合治理的目标与指标体系》,载《政法论坛》1989年第3期。

3. 王仲方:《论社会治安综合治理》,载《中国法学》1989 年第 4 期。

4. 邹爱国、张益俊:《加强政法工作,维护社会稳定——乔石、任建新答记者问》,载《瞭望》1991 年第 1 期。

5. 陆健:《什么是社会治安综合治理学》,载《社会》1991 年第 10 期。

6. 朱启禄、王大伟:《中西警务评价指标体系与比较》,载《公安大学学报》1995 年第 4 期。

7. 田晓虹:《日本社区建设管窥》,载《学术月刊》1996 年第 4 期。

8. 黎津平:《试论世界警务的四次革命》,载《警学研究》1996 年第 2 期。

9. [日]中田实:《日本的居民自治组织"町内会"的特点与研究意义》,载《社会学研究》1997 年第 4 期。

10. 姜文赞:《论社会治安综合治理的概念》,载《政法论坛》1998 年第 4 期。

11. 俞可平:《治理与善治引论》,载《马克思主义与现实》1999 年第 5 期。

12. [美]鲍勃·杰索普:《治理的兴起及其失败的风险:以经济发展为例的论述》,载《国际社会科学》1999 年第 2 期。

13. [英]格里·斯托克、华夏风:《作为理论的治理:五个论点》,载《国际社会科学》1999 年版第 2 期。

14. 杨来胜、郭之文:《社会治安综合治理辞义新解》,载《云南公安高等专科学校学报》2000 年第 1 期。

15. 河浚:《中国社会治理方式的历史考察与现实选择》,载《山西财经大学学报》2000 年第 5 期。

16. 张雪筠、王志强:《法治化:社会治安综合治理的必然走向》,载《天津市政法管理干部学院学报》2000 年第 4 期。

17. 谢闻歌:《英美现代警察探源及其社会控制职能透析》,载《世界历史》2000 年第 6 期。

18. 冯新华:《社会治安综合治理立法探要》,载《湖北公安高等专科学校学报》2000 年第 2 期。

19. 俞可平等:《中国离"善治"有多远——"治理与善治"学术笔谈》,载《中国行政管理》2001 年第 9 期。

20. 王大伟:《西方警务改革的历史与趋势》,载《人民公安》2001 年第 23 期。

21. 林尚立:《社区:中国政治建设的战略性空间》,载《毛泽东邓小平理论研究》2002 年第 2 期。

22. 刘祖云:《当前中国社会转型特征再探讨》,载《武汉大学学报》2002 年第 6 期。

23. 张玮:《关于社会治安综合治理的立法问题》,载《东岳论丛》2002 年第 3 期。

24. 王璘:《中国与加拿大社区建设比较》,载《岭南学刊》2003 年第 4 期。

25. 夏勇、张小建、王焰编译:《美国警务发展的三个历史时期》,载《江苏警官学院学报》2003 年第 3 期。

26. 马勇霞:《论我国转型时期的社会治安及其防控机制》,载《宁夏社会科学》2003 年第 2 期。

27. 游伟、谢锡美:《"严打"政策的回顾与科学定位》,载《法学论坛》2004 年第 1 期。

28. 周仕平、郁贝红:《新型社区治安综合治理系统工程构建之探析》,载《兰州学刊》2004 年第 3 期。

29. 张超:《探索长治久安之路——社会治安综合治理的梳理与展望》,载《河南公安高等专科学校学报》2004 年第 2 期。

30. 朱云:《社会制约:一种治理行政权力腐败的途径研究》,载《中南大学学报》2004 年第 4 期。

31. 杨正鸣、姚建龙:《转型社会中的社会治安综合治理体系改革》,载《政治与法律》2004 年第 2 期。

32. 董少平:《从治理体制优化到社会结构优化的转变——社会治安与社会稳定的生态分析》,载《湖北行政学院学报》2004 年第 1 期。

33. 黎伟挺:《建立我省社会治安评估体系的构想》,载《公安学刊》2004 年第 4 期。

34. 孙禹文:《浅议科学评估社会治安形势》,载《公安研究》2004 年第 6 期。

35. 陈本兰:《社会治安状况评估指标体系和评估方法研究》,载《福建公安高等专科学校学报》2005 年第 6 期。

36. 郑列、王瑞山:《社会转型时期治安防控体系的思考》,载《理论研究》2005 年第 5 期。

37. 高永宏:《青海省社会治安综合治理工作法制化问题探析》,载《攀登》2005 年第 2 期。

38. 黄宝坤:《以科学发展观为指导建立和完善社会治安状况评估体系》,载《公安学刊》2005 年第 5 期。

39. 关越:《关于社会治安综合治理和构建和谐社会的法律思考》,载《公安研究》2006 年第 2 期。

40. 福建省公安厅办公室:《社会治安状况评估机制研究》,载《公安研究》2006 年第 12 期。

41. 陈建中、杨鞠:《推进社区治安资源整合　构建社会防控体系》,载《上海公安高等专科学校学报》2006 年第 3 期。

42. 陆世宏:《协同治理与和谐社会的构建》,载《广西民族大学学报(哲学社会科学版)》2006 年第 6 期。

43. 滕世华:《全球治理进程中的政府改革》,载《当代世界社会主义问题》2006 年第 2 期。

44. 袁广林:《美国警察专业化运动述评》,载《中国人民公安大学学报(社会科学版)》2006 年第 2 期。

45. 袁湘滨:《建立符合科学发展观的社会治安综合评估体系》,载《公安研究》2007 年第 1 期。

46. 吴家庆、王毅:《中国与西方治理理论之比较》,载《湖南师范大学学报》2007 年第 2 期。

47. 肖金明:《政治文明视野中法治国家的核心内涵》,载《法学论坛》2007 年第 5 期。

48. 范铁中:《西方国家治理理论对我国构建和谐社会的启示》,载《理论前沿》2007 年第 7 期。

49. 唐皇凤:《常态社会与运动式治理——中国社会治安治理中的“严打”政策研究》,载《开放时代》2007 年第 3 期。

50. 周忠伟:《对社会治安综合治理政策的分析》,载《武汉公安干部学院学报》2007 年第 1 期。

51. 展江:《新世纪的舆论监督》,载《青年记者》2007 年第 6 期(上)。

52. 唐皇凤:《社会成长与国家治理》,载《中南大学学报(社会科学版)》2007 年第 2 期。

53. 胡祎、曹娜、孙景建、姚运玲:《美国警察制度与中国警察制度之比较——浅析我国警察制度的完善》,载《天府新论》2007 年第 S1 期。

54. 袁广林:《警察职业素质论纲:专业化的视角》,载《中国人民公安大学学报(社会科学版)》2007 年第 4 期。

55. 吴义来:《关于完善社会治安评估体系的若干构想》,载《公安研究》2008 年第 12 期。

56. 郑晓均:《云南边境地区社会治安评价指标体系研究》,载《云南警官学院学报》2008 年第 1 期。

57. 郭继:《新时期上海推进社会治安综合治理的实践及启示》,载《上海党史与党建》2008 年第 5 期。

58. 胡盛仪:《我国地方立法比较概略》,载《江汉论坛》2008 年第 3 期。

59. 郑晓东:《美国城市社区自治的现状与趋势》,载《浙江学刊》2008 年第 5 期。

60. 施雪华、孔凡义:《美国社区治理及其启示》,载《山西大学学报(哲学社会科学版)》2008 年第 4 期。

61. 房绪兴:《"宽严相济"与"轻轻重重"的刑事政策》,载《中国人民公安大学学报(社会科学版)》2008 年第 1 期。

62. 王小海:《英美与我国警察公共服务职能的历史变迁》,载《上海公安高等专科学校学报》2008 年第 1 期。

63. 徐镇强:《警察专业化发展问题研究》,载《江苏警官学院学报》2009 年第 1 期。

64. 华乃强:《社会治安综合治理概念源头考》,载《公安学刊》2009 年第 3 期。

65. 谌洪果:《"枫桥经验"与中国特色的法治生成模式》,载《法律科学》2009 年第 1 期。

66. 陈相雨:《媒体舆论监督和公众政治参与》,载《西南民族大学学报(人文社科版)》2009 年第 7 期。

67. 王焱:《社会治安综合治理模式转型与要素整合》,载《江苏警官学院学报》2009 年第 2 期。

68. 夏德才:《建立以公众安全感为核心的社会治安评估体系探析》,载《公安研究》2009 年第 12 期。

69. 薛德庆:《社会治安评估体系建设的调查与思考》,载《山东警察学院学报》2010 年第 1 期。

70. 田小穹:《社会治安综合治理定义探析》,载《河北法学》2010 年第 8 期。

71. 张莉:《论社会治安综合治理与和谐社会构建》,载《法学论丛》2010 年第 6 期。

72. 徐虎:《河南省农村社会治安综合治理现状与对策》,载《中共郑州市委党校学报》2010 年第 4 期。

73. 纪荣荣:《中部六省地方立法比较研究》,载《人大研究》2010 年第 7 期。

74. 王春梅:《警察职业专业化探源——从英美警察的专业化谈起》,载《公安学刊》2010 年第 5 期。

75. 邵守臻、张明:《创新社会治安综合治理的几点思考》,载《北京人民警察学院学报》2010 年第 4 期。

76. 包雅钧:《当前中国社会治理评估的思考》,载《科学决策》2011 年第 7 期。

77. 金其高:《论社会主义法治与社会治安综合治理的关系》,载《江西警察学院学报》2011 年第 2 期。

78. 辛科:《社会治安综合治理:问题与对策》,载《中国政法大学学报》2011 年第 3 期。

79. 韩大元、于文豪:《法院、检察院和公安机关的宪法关系》,载《法学研究》2011 年第 3 期。

80. 康均心、周亮:《从"综治"到"法治":犯罪控制的科学之路——写在社会治安综合治理两个〈决定〉颁布 20 周年之际》,载《法治研究》2011 年第 8 期。

81. 包雅钧:《当前中国社会治理评估的思考》,载《科学决策》2011 年第 7 期。

82. 熊剑锋、赵季文:《"严打":三十年效益曲线》,载《凤凰周刊》2011 年第 5 期。

83. 姜雷、陈敬良:《美国城市社区治理实践及其对我国社区工作的启示》,载《北京工业大学学报(社会科学版)》2011 年第 5 期。

84. 王焱:《社会治安综合治理理论和工作模式的重新审视》,载《江苏警官学院学报》2012 年第 1 期。

85. 安东:《论法律的安全价值》,载《法学评论》2012 年第 3 期。

86. 王大伟:《新警察专业化论——第五次警务革命向何处去》,载《中国人民公安大学学报(社会科学版)》2012 年第 6 期。

87. 李晓明、何星:《论"社会治安问题"的内涵》,载《法治研究》2012 年第 2 期。

88. 谢子传:《基于公共治理理论的社会治安综合治理治道变革研究》,载《福建警察学院学报》2013 年第 1 期。

89. 郭为桂:《从社会管理到社会治理:中国语境下的治道变革》,载《中共福建省委党校学报》2013 年第 12 期。

90. 马俊霞、陈爽:《我国社会转型与社会治安综合治理模式的发展》,载《广州市公安管理干部学院学报》2013 年第 2 期。

91. 孙其昂、叶方兴、孙旭友:《发达国家城市社区管理模式及其对我国的启示》,载《南京工业大学(社会科学版)》2013 年第 1 期。

92. 王莹莹:《西方社会管理模式的发展变迁及启示》,载《政法论丛》2013 年第 4 期。

93. 江必新:《推进国家治理体系和治理能力现代化》,载 2013 年 11 月 15 日《光明日报》。

94. 涂明君:《综合治理观的兴起——简析现代中国建设时期的综合治理与科学治理观念》,载《自然辩证法研究》2014 年第 12 期。

95. 杜飞进:《中国现代化的一个全新维度——论国家治理体系和治理能力现代化》,载《社会科学研究》2014 年第 5 期。

96. 游祥斌、李祥:《反思与重构:基于协商视角的社会治安综合治理体制改革研究》,载《中国行政管理》2014 年第 12 期。

97. 向德平、苏海:《"社会治理"的理论内涵和实践路径》,载《新疆师范大学学报》2014 年第 6 期。

98. 向鑫:《从社会管理到社会治理的逻辑转换探究》,载《理论建设》2014 年第 4 期。

99. 金太军:《创新社会治理与社会稳定长效机制的重点场域》,载《江苏行政学院学报》2014 年第 5 期。

100. 邵光学、刘娟:《从“社会管理”到“社会治理”——浅谈中国共产党执政理念的新变化》,载《学术论坛》2014 年第 2 期。

101. 夏德峰:《复合社会治理中的多维联动机制》,载《云南社会科学》2014 年第 6 期。

102. 魏治勋、白利寅:《法学视域下的社会治理问题》,载《南通大学学报》2014 年第 5 期。

103. 施煜:《深入推进我国社会治理方式的转型》,载《西安政治学院学报》2014 年第 5 期。

104. 郭星华、石任昊:《从社会管制、社会管理到社会治理——改革开放以来中国现代法治建设的变迁》,载《黑龙江社会科学》2014 年第 6 期。

105. 陈勇、李呈:《城市基层社会治理面临的现实挑战和应对维度》,载《北京政法职业学院学报》2014 年第 4 期。

106. 唐皇凤:《法治建设:转型中国社会治理现代化的战略路径》,载《江汉论坛》2014 年第 9 期。

107. 周红云:《法治与社会治理》,载《马克思主义与现实》2014 年第 6 期。

108. 陈成文、赵杏梓:《社会治理:一个概念的社会学考评及其意义》,载《湖南师范大学社会科学学报》2014 年第 5 期。

109. 殷昭举:《中国社会治理的现代化》,载《社会学评论》2014 年第 3 期。

110. 殷星辰:《社会治理创新:关于“第五个现代化”的深义与断想》,载《甘肃理论学刊》2014 年第 3 期。

111. 周镭:《社会治安综合治理中相关风险的应对策略》,载《管理观察》2014 年 12 月。

112. 邓云清:《转型时期伦敦的堂区政府与社区自治》,载《社会科学战线》2014 年第 6 期。

113. 阎耀军、李佳佳:《英国政府社区治理政策与实践及对我国的启示》,载《北京工业大学学报(社会科学版)》2014 年第 4 期。

114. 冀祥德:《国家治理现代化与社会治安综合治理法治化》,载《贵州民族大学学报》2015 年第 2 期。

115. 范逢春、尤佳:《社会治理现代化:理念、制度与过程的三维重构》,

载《河南社会科学》2015 年第 1 期。

116. 朱士群等:《从社会管理到社会治理:动力、逻辑和制度发展》,载《学术界》2015 年第 3 期。

117. 卢学晖:《日本社区治理的模式、理念与结构——以混合型模式为中心的分析》,载《日本研究》2015 年第 2 期。

118. 王小海:《社区警务是这样产生的——美国警察的理念与实践》,载《贵州社会科学》2015 年第 1 期。

三、学位论文类

1. 赵晓力:《通过法律的治理:农村基层法院研究》,北京大学博士学位论文 1999 年。

2. 张传发:《当代中国社会转型与社会治安综合治理创新》,华中师范大学硕士学位论文,2004 年。

3. 付于江:《转型期我国社会治安综合治理体系改革》,四川大学硕士学位论文,2006 年。

4. 陈进科:《广州市社会治安评估系统研究与发现》,国防科学技术大学硕士学位论文,2007 年。

5. 金淞:《社会治安评估指标体系及其应用研究》,复旦大学硕士学位论文,2008 年。

6. 高家林:《新形势下社会治安综合治理的法治化思考》,苏州大学硕士学位论文,2008 年。

7. 王永:《公共政策评估方案设计若干问题初探》,山东大学硕士学位论文,2009 年。

8. 夏菲:《论英国警察权的变迁》,华东政法大学博士学位论文,2010 年。

9. 刘奇耀:《社会治安综合治理法治化研究》,山东大学博士学位论文,2014 年。

10. 王洁:《社会治安综合治理立法研究》,山东大学硕士学位论文,2014 年。

11. 许王斌:《配套立法制度研究》,山东大学硕士学位论文,2012 年。

四、英文文献类

1. Alan C. Miller, "Law Strips Guard Force at Airport of Authority," *Los Angeles Times*, 26 May 1987.

2. Cass R. Sunstein,"Congress Constitutional Moments,and the Cost-Benefit State," *Stanford Law Review*,Vol. 48,No. 2, 1996.

3. Charles Feinstein, *Privatization Possibilities among Pacific Island Countries*, Honolulu: East-West Center,1986.

4. Dale Pancake,"Cooperation between Police Department and Private Security," *Police Chief*, June 1983.

5. E. S. Savas, *Privatizing the Public Sector*, Chatham, N J: Chatham, House,1982.

6. Harold F. Kaufman,"Toward an International Conception of Community," in By M. Warren, L. Roland, eds. *Perspectives on the American Community*, Chicago: Rand McNally &Company,1969.

7. James Glanz and Alissa J. Rubin, "From Errand to Fatal Shot to Hail of Fire to 17 Deaths", *N Y Times* A1, Oct. 3,2007.

8. Karen Hess and Henry M. Wrobleski, *Introduction to Private Security*, New York: West, 1982, Conversation with Lieutenant William Kennedy, University of Southern California, *Campus Police*, Jan. 1987.

9. Laura A. Dickenson, Outsourcing War and Peace: Preserving Public Values in a World of Privatized Foreign Affairs 1-22 (2011).

10. "Oro Valley Must Hire Own Police," *Arizona Territory*, 19 Feb. 1976.

11. R. A. W. Rhodes, *Understanding Governance*, *Policy Networks*, *Governance*, *Reflexivity and Accountability*, Buckingham:Open University Press, 1997.

12. Richard Frankel, "Regulating Privatized Government through 1983," *The University of Chicago Law Review*, Vol. 76, No. 4, 2009.

13. Philip E. Fixler, Jr., Robert W. Poole, Jr., "Can Police Services Be Privatized?" *The Annals of the American Academy of Political and*

Social Science, Vol. 498, The Private Security Industry: Issues and Trends, Jul., 1988.

14. Sorrel Wildhorn and James Kakalik, *The Law and Private Police*, LEAA report R-872-DOJ, Washington, DC: Government Printing Office, 1971.

15. David Johnston and John M. Broder, "F. B. I. Says Guards Killed 14 Iraqis without Cause," *NY Times* Al, Nov. 14,2007.

16. Schurmann Herbert Franz, *Ideology and Organization in Communist China*, Berkeley: University of California Press, 1968.

17. Wackenhut Corp., "Court Officers Now in 21 States," *Wackenhut Pipeline*, Dec. 1984.

后　记

1981年，改革开放之前沉淀下来的治安问题与伴随改革开放新生的治安问题合成的社会治安压力，催生了综合治理社会治安问题的社会治安基本工作思路。1991年，中共中央、国务院和全国人大常委会相继出台关于加强社会治安综合治理的决定，明确了社会治安综合治理是解决社会治安问题的根本出路。2001年，中共中央、国务院再次作出加强社会治安综合治理的决定，进一步将社会治安综合治理确定为实现和维护社会治安的基本道路。2011年，“社会治安综合治理”更新为“社会管理综合治理”，十八大以后又从“社会管理综合治理”恢复为“社会治安综合治理”，社会治安综合治理成为创新社会治理、维护社会安全的必由之路。三十多年来，随着社会治安综合治理工作方针不断完善及其深入实践，随着社会治安综合治理工作格局逐步形成及其深化发展，社会治安综合治理对保护人民群众生命、人身和财产安全，不断满足人民群众对安定环境、安全秩序和安宁生活的现实需求，维护人心宁定、社会稳定和政治安定，产生了积极而有效的作用。经过三十多年社会治安综合治理的实践，以平安中国建设和法治中国建设为双引，以党对社会治安综合治理工作的政治组织思想领导和人民群众积极参与社会治安综合治理为双本，以化解社会矛盾和打击违法犯罪为两线，以政府管理和政法保障为两翼，中国特色的社会治安综合治理模式日渐成熟。

党的十八大以来，尤其是十八届三中、四中、五中全会以来，愈加显现的全面建成小康社会、全面深化改革、全面推进依法治国、全面从严治党、全面推进国家治理现代化的宏大背景和宏观布局，为创新社会治安综合治理理论与实践提供了新的契机、新的思维和新的动力。以全面推进法治、创新社会治理、深化基层治理、建设法治社会等为依托，以社会治安善治诉求和综合治理法治导向为主线，积极主动、有力有效地面向社会治安新的问题、新的形势和新的挑战，对社会治安综合治理走向法治和善治具有重大和深远的意义。创新社会治安综合治理是一项系统工程，包括创新社会治安综合治理思想观念，突出法治和善治理念对社会治安综合治理的引领和指导作用；创新社会治安综合治理制度体系，突出法治原则和制度对社会治安综合治理的基础和轨道作用；创新社会治安综合治理体制机制，突出法治机理和机制对社会治安综合治理的更新和改进作用；创新社会治安综合治理方式方法，突出法治方式和措施在社会治安综合治理中的先导和主导作用；创新社会治安综合治理能力水平，突出法治能力和水平在社会治安综合治理中的促进和支撑作用；创新社会治安综合治理效果效用，突出法治效果与善治效果相结合、法律效果与社会效果相统一的综合效用。

社会治安综合治理法治建设无疑是一项事关人民主体地位和权益、社会公平正义和稳定、党的领导地位和执政前途、国家治理体系和治理能力现代化等重大理论和实践课题。山东大学政治文明与宪政研究中心一直关注和调研社会治安综合治理的新问题、新对策和新进展，获得了山东大学“985工程”创新项目“社会管理创新与社会组织治理”课题的长期支持，并以“社会治安综合治理体制改革研究”为课题获得教育部人文社会科学规划立项资助。随着相关研究的不断展开和深化，课题研究逐步聚焦在社会治安综合治理法治建设若干重大理论和实践问题上。该课题研究历经三年有余，形成了最终研究成果《社会治安综合治理法治研究》一书。

该书的“导论”是结合各章撰写的概要形成的，各章撰写分工如下：第一章：王仰文（聊城大学法学院副教授）；第二章：刘奇耀（山东财经大学讲师）；第三章：赵宝华（潍坊学院法学院教授）；第四章：苗雨（山东政法学院法学院讲师）、王洁（天津市人民检察院第二分院）；第五章：胡明（中国政法大学法与经济学研究中心博士研究生）、李勤通（厦门大学法学院博士研究生）；第六章：刘宇（山东大学政治学与公共管理学院博士研究生）、王仰文(聊城大学法学院副教授);结语:王永(临沂市人民检察院)。

感谢曾经一起共事的山东大学学术研究部的赵显、魏建、张希华、张荣林、房瑞、宋沁潞、周琳等同事,他们对我的关心和帮助不限于学术,这种关心和帮助也不仅是基于对学者的尊重和责任,还有同事之间的感情和友谊,近些年来他们中的多数仍在更名后的学术管理机构工作,一如既往地关注和支持我的工作,这让我特别感动。感谢山东大学政治学与公共管理学院曹现强教授、王佃利教授、邢占军教授。他们同处行政管理专业人才培养团队,而我的专业教学和研究尤其是行政管理学与行政法学的交叉研究,因此我们相互之间的交流与合作受益颇多,该课题研究也在一定程度上受此影响。感谢我所负责的山东大学政治文明与宪政研究中心的所有成员,我们一起组建的若干课题组承担了政治文明与宪政、法治政府理论与实践、司法改革理论与实践、社会法治理论与实践等领域和方向上的若干项国家和省部级课题,长期保持的学术活跃状态、团队合作精神和一同前行的共识尤其令人愉快。在"社会治安综合治理法治研究"最终成果形成过程中,山东政法学院相焕伟博士做了大量的组织、协调工作,中国政法大学人权研究院博士研究生张晓冰和山东大学宪政专业硕士研究生王超、张弘嘉、刘敏、卢媛、郭元元、张海涛等做了精细的文字校对甚至包括一些专业校准工作,感谢他们理解和力行团队精神,所付出的具体努力和辛苦。

肖金明
2015 年 10 月